上篇 —— **儒学发展**

国家出版基金项目
NATIONAL PUBLICATION FOUNDATION

中华优秀传统文化大家谈·第二辑

温海明 赵 薇 主编

儒学发展与文化复兴

朱汉民 著

山东城市出版传媒集团·济南出版社

图书在版编目(CIP)数据

儒学发展与文化复兴/朱汉民著. —济南:
济南出版社,2022.9
(中华优秀传统文化大家谈/温海明,赵薇主编.第二辑)
ISBN 978 - 7 - 5488 - 4906 - 3

Ⅰ.①儒…　Ⅱ.①朱…　Ⅲ.①儒学—研究
Ⅳ.①B222.05

中国版本图书馆 CIP 数据核字(2022)第 038300 号

儒学发展与文化复兴
RUXUE FAZHAN YU WENHUA FUXING

出 版 人　田俊林
责任编辑　任肖琳　孔　燕
封面设计　帛书文化

出版发行　济南出版社
地　　址　山东省济南市二环南路 1 号(250002)
编辑热线　0531 - 82890802
发行热线　0531 - 86922073　67817923
　　　　　　　　 86131701　86131704
印　　刷　山东临沂新华印刷物流集团有限责任公司
版　　次　2022 年 9 月第 1 版
印　　次　2022 年 9 月第 1 次印刷
成品尺寸　170mm×240mm　16 开
印　　张　16.75
字　　数　256 千字
定　　价　79.00 元

(济南版图书,如有印装错误,请与出版社联系调换。联系电话:0531 - 86131736)

出版前言

"文化是一个国家、一个民族的灵魂。文化兴国运兴，文化强民族强。"党的十九大报告强调，中国特色社会主义文化源自中华民族五千多年文明历史所孕育的中华优秀传统文化，要加强对中华优秀传统文化的研究阐释与普及教育。中共中央办公厅、国务院办公厅印发的《关于实施中华优秀传统文化传承发展工程的意见》，明确要求加强中华文化研究阐释工作，深入研究阐释中华文化的历史渊源、发展脉络、基本走向，着力构建有中国底蕴、中国特色的思想体系、学术体系和话语体系。深入研究和阐发中华优秀传统文化，彰显中华文化魅力，坚定文化自信，成为摆在每一个从事文化研究和出版传播者面前的重要课题。

当前，对中华优秀传统文化的研究阐释正形成一股全国热潮，涌现出一大批有影响力的专家学者。他们从不同视角深研中国传统文化，汲取精华，关照现实，展望未来，取得丰硕研究成果。系统地挖掘整理他们的研究成果，集中展示他们的学术观点，有助于推动中华优秀传统文化研究的纵深发展。

为此，我们精心策划了"中华优秀传统文化大家谈"项目，搭建中华优秀传统文化研究平台，集中介绍国内名家学者关于中华优秀传统文化研究的核心思想、观点，较为系统、全面地反映当前中国传统文化研究尤其是儒学研究的整体状况和发展趋势，以期推动学术交流，服务学术创新，同时使广大读者能够了解、感受、领略中华优秀传统文化的深邃内涵和精神魅力。名为"大家谈",意在汇聚名家、大家,选取的作品均为当代中华传统文化研究的名家名作;同时也有"众人谈"之意,意在百家争鸣,繁荣学术研究。

却顾所来径,苍苍横翠微。项目从策划到出版,皆赖专家学者们的学术热情与鼎力支持。对此,我们深为感佩,并衷心感谢!同时也希望更多学界大家加入我们的行列,使更多高水平、高质量的研究成果能够与广大读者见面。

《中华优秀传统文化大家谈》项目组

2019 年 12 月

目录

上篇　儒学发展

003 / 儒学与"六经"

017 / 儒家主体性伦理与安身立命

030 / 儒学是学问,更是一种文明体系

032 / 玄学、理学对《论语》学的拓展

044 / 义理易学与中国传统思维方式

055 / 师道复兴与宋学崛起

069 / 圣贤气象与宋儒的价值关怀

078 / 范仲淹易学的宋学精神

090 / 宋学研究的现代视域

102 / 船山诠释与文化建构

111 / 中华文化的仁爱精神

115 / 儒家人文信仰的价值重估

目录

下篇　文化复兴

121 / 中国"文化"的"软实力"内涵

128 / 全球化、本土化与中和文化观

139 / 文化复兴与书院中国

154 / 如何立心立命?

177 / 国学:中国的知识传统与民族精神的双重建构

188 / 找回为天地立心的精神气魄

194 / 中国文化的近代化与主体性重建

206 / 湖湘文化与中国文化主体性建构

217 / 中国书院的精神及当代意义

231 / 中国书院的历史价值与现代意义

235 / 激活书院,功莫大焉

237 / 中国知识传统的审思

247 / 回归经典,重建经学

250 / 道德与养生

259 / 和谐文化建设的传统资源

儒学与“六经”

　　“六经”是儒学的思想源泉，是儒学的文化母体，这一普遍性看法有一定的道理，《史记》早就提出“夫儒者以六艺为法”。此说反映了一个重要事实：儒家学者是通过学习、效法“六经”中先王的政治智慧、伦理价值、礼乐文化，继承了三代的思想文化传统，才创立了儒学学派。但是，我们还应该注意另一个事实，作为学派的儒学，是在春秋战国时期才逐步形成的，而作为经典的《诗》《书》《礼》《乐》《易》《春秋》，则是由一代代儒家学者不断收集、整理、诠释才逐步成形的。所以，我们应该进一步追问：是“六经”孕育了儒学，还是儒学衍生出了“六经”？儒学和“六经”究竟是一种什么关系？

一、 儒学、“六经”同源于三代文明

　　儒学与“六经”其实同时形成于春秋战国时期。如果要追溯文化渊源，二者均以三代文明为其共同的思想文化依据。一方面，儒学学派源于三代时期官师一体的王官贵族；另一方面，作为经典的《诗》《书》《礼》《乐》《易》《春秋》，也是由三代王官之学演变而成。也就是说，“六经”与儒学均以三代文明为母体，“六经”与儒学同源。

　　三代时期，学在官府，文化知识的主体是由王室贵族垄断的王官之学。春秋战国时期，文化下移，产生了脱离贵族文化垄断的诸子百家之学。诸子百家之学与夏商周王官之学是什么关系？这一问题引发了持续两千多年的学术思考和思想论战。诸多学者认为，春秋战国诸子之学源于夏商周王官之学。班固早在《汉书·艺文志》中就提出，儒家、道家、阴阳家、法家、墨家、纵横家、杂家、农家等均与三代王官之学有密切联系，三代职官有不同的专业知识，这种王官之学下移到民间就是春秋战国诸子之学。

儒学是指春秋时期由孔子创立的学派，其思想主张多源于三代王官之学。关于"儒"的起源，汉初即有史家讨论，认为"儒"直接起源于官师一体的"司徒之官"。据班固《汉书·艺文志》的解释，儒家学者"游文于《六经》之中，留意于仁义之际，祖述尧舜，宪章文武"，是因为他们与西周社会主要从事教化的"司徒之官"有密切关系。据《周礼·地官·司徒》载，司徒之官即为履行国家教化职能的官员。值得注意的是，这些教务之职与儒家教育学说之间确有着重要联系，如《周礼·大司徒》中"十二教"之职就与"六经"的礼乐教化思想十分接近，而且大司徒从事教化的内容是六德、六行、六艺合成的"乡三物"，这也是后来儒家倡导的社会政治的教化内容，"以乡三物教万民而宾兴之：一曰六德，知、仁、圣、义、忠、和；二曰六行，孝、友、睦、姻、任、恤；三曰六艺，礼、乐、射、御、书、数"①。十分明显，儒家的思想理念即源于大司徒职务的相关职能。由此可见，儒家学派与司徒之职存在着思想和文化的渊源关系。

金文中的职官与《周礼》有许多相合处，这就证明《周礼》一书是有文献依据的，故而是我们考证儒家起源的重要文献资料。《周礼》中关于司徒之职的记载，确能揭示儒家起源。儒家源于西周时期被称为司徒以及师、儒的教职人员，恰好反映出西周社会"学在官府""政教合一"的特点。

由此可见，儒家重视教育并整理"六经"，与三代文明有着紧密的联系。儒家学者从三代的王官之学及相关文献档案中收集、整理"六经"文本，与他们"司徒""师儒"之职的思想传统、文化影响相关。儒家重视教育的思想和信念，与"司徒"的长期治理和教化的历史经验有关。"司徒""师儒"常讲的"有德行以教民者""有六艺以教民者"② 以及"三德""三行"等，成为儒学学派建构"六经"的重要思想和学术宗旨。所以，为了让三代文明能够长久地保留下来，儒家将西周贵族教育的礼、乐、射、御、书、数"六艺之学"，发展为儒家士人教育的《诗》《书》《礼》《乐》《易》《春秋》"六艺之学"，也就是将一种贵族的技能素质教育发展为士人的经典文化教育。

"儒"与三代文明有密切的渊源关系，"六经"同样如此，与三代时期的王官之学及相关文献档案有着密切的文化渊源关系。

　　"六经"作为经典体系成形于春秋战国时期，但是"六经"经文本身却来自上古的三代文明。孔子之前的漫长历史时期是中华文明的孕育时期，也被称为"前轴心文明"时期。这相当于历史文献记载的从尧、舜、禹到夏、商、周的三代文明建构时期。这一时期正是华夏文明的奠基时期，华夏民族的物质文明、制度文明、精神文明均取得了重大进步。三代时期留下了许多文献典籍，成为上古三代文明的载体被保存下来。正如《尚书·五子之歌》中所载："明明我祖，万邦之君。有典有则，贻厥子孙。"[①] 夏、商、周三代的天子、君主在治理天下时，注重保存记载历朝历代各种典章制度、政治经验、宗教信仰、道德观念等文献典籍。三代文明遗留的"典"与"则"，就是孔子及其儒家学派建构"六经"的文献基础；"六经"与三代皇室文献档案的"典""则"有着文化传承、思想影响的渊源关系。

　　孔子及儒家学者一直特别关注三代文献档案的"典""则"，他们为了传承三代文明创造的思想传统、文化精华，倡导"述而不作"的原则，从三代文明留下的浩繁档案文献中，以"司徒之官"的政治经验、思想视角挑选、整理体现三代君主道德理性、政治经验的典籍，即《诗》《书》《礼》《乐》《易》《春秋》。儒家学者强调这些典籍是三代先王留下来的，承载着先王治世大法、恒常之道，故而将其称为"经"。

　　那么，孔子及其后学是如何通过整理三代王室的文献档案，从而创立中华经典体系的呢？

　　作为"群经之首"的《周易》由《易经》《易传》两部分构成，分别为三代王室的历史文献和春秋战国时期孔子及其后学的思想诠释。早在新石器时代晚期就开始盛行各种占卜的巫术，而《周易》的筮占只是诸多占卜术中的一种，根据蓍草的数字排列等变化来预测吉凶。与其他龟卜、骨卜等占卜形式相比较，筮占因在形式上的系统性、有序性、完整性而具有特殊的优势，获得了进一步演进发展的机会。殷周之际卦辞、爻辞文字符号的出现，使得每一卦、每一爻均有了确切而丰富的思想文化意义，蕴含

　　① 李学勤：《十三经注疏·尚书正义》，北京大学出版社 1999 年版，第 179 页。

着丰富的政治观念、道德思想、宗教信仰、哲学智慧。儒家学者从中选取特别具有思想价值的内容，加以整理和系统化，形成了《易经》的经文部分。

《书》是上古时期国家政治文献档案的汇编。早在上古时期，记载王朝君主言行的史官文化就很发达，《汉书·艺文志》载："古之王者世有史官，君举必书，所以慎言行，昭法式也。左史记言，右史记事，事为《春秋》，言为《尚书》。"① 史官的记录包括记事与记言，故而留下分门别类的档案文献，这些记载帝王言行的文献档案大量收藏在王室，向来为君主帝王所重视。春秋战国时期文化下移，孔子和儒家学派在从事民间教育的时候需要教材，于是他们从这一类记载帝王言行的"书"的文献档案中选取、整理出一部分，作为他们民间讲学之用。这就是后来所称的《尚书》。《孔子世家》载："孔子之时，周室微而礼乐废，《诗》《书》缺。追迹三代之礼，序《书传》，上纪唐虞之际，下至秦缪，编次其事。"② 孔子收集、整理的《书》只是历朝历代众多"书"中极少的一部分，其标准就是"司徒""师儒"的"德行""六艺"，主要选取能够代表、体现三代先王王道思想的诰言、誓词和大事记等。儒家学派认为这一部分文献代表了先王的政治理念、文化思想，故而是后世历代王朝必须学习、效法的经典。

三代时期的政治生活、社会生活均以"礼"为核心，特别是周公"制礼作乐"，进一步推动了西周礼乐文明的建设。所以，礼、乐一直是三代王官之学的重要内容，并保留在王室的档案文献中。"儒"在三代时是"司徒之官"和"师儒"，他们从事"六艺以教民"，故而特别重视礼教，熟悉有关礼的各种典籍。春秋战国时期，孔子及其弟子以三代礼乐文明为国家政治的典范，重视有关"礼"的文献收集和整理。现存的《周礼》《仪礼》，就是孔子及其门人收集、整理的"礼"的文献。《周礼》又名《周官》，主要内容是周王室官制和战国时期各国制度，并根据儒家政治思想做了一些修订。关于《周礼》一书的作者，意见不一，但其中包含大量西周礼制的文献是可以确认的，因为《周礼》的一些内容可以与西周青铜器铭文相互

①《汉书·艺文志》。
②《史记·孔子世家》。

印证。《仪礼》简称《礼》，又称《礼经》或《士礼》，系从西周到春秋战国时期部分礼制的汇编，共17篇。《乐》没有保留下来，但和《礼》一样，是西周礼乐文明的文献记载。儒家学者推崇的《礼》《乐》文献，应该是三代文明特别是西周礼乐文明的文化遗存，具有深厚的历史文化基础。

从来源来说，"诗"是西周礼乐文明的重要组成部分，周公"制礼作乐"包括"诗"，"诗"在贵族的政治社会生活中占有十分重要的地位，体现了西周王朝观风俗、重礼乐、崇教化的礼治精神。顾颉刚在谈到春秋战国时期诗与乐关系的变化时说："从西周到春秋中叶，诗与乐是合一的，乐与礼是合一的。"① 先秦时期流行的"诗"，后来能够被列为儒家经典，是孔子及其弟子对西周留下的大量诗歌不断收集、整理的结果。也就是说，儒家学者整理的《诗经》，同样是三代文明特别是西周礼乐文明的文化遗存。

《春秋》本来是中国古代第一部编年体史书，它按年代记载了春秋时期自鲁隐公元年至鲁哀公十四年的历史。三代史官文化发达，《汉书·艺文志》载："左史记言，右史记事，事为《春秋》，言为《尚书》。"可见"春秋"在当时是一类史书的通名。《墨子·明鬼篇》有"周之春秋""燕之春秋""宋之春秋""齐之春秋"的提法。《孟子·离娄下》亦载："晋之《乘》，楚之《梼杌》，鲁之《春秋》，一也。"孔子及其弟子为代表的儒家学派主要形成于鲁国，鲁史素为儒家所特别重视，孔子整理了"鲁之《春秋》"。随着儒家影响的扩大，"春秋"也就逐渐成了鲁史的专名。孔子对"鲁之《春秋》"的整理，不是一般的历史记录和文献整理，而是通过对鲁国的历史记录和文献整理，达到对西周礼乐文明的继承和弘扬。

由此可见，《诗》《书》《礼》《乐》《易》《春秋》是孔子及其门人通过收集、整理形成的，其经文的文本原是三代时期王室的文献档案。与儒家源于三代王官一样，儒家经典渊源于三代的王官之学。

二、 诸子学派与经典诞生

春秋战国时期是古代中国的轴心文明时代，亦被称为"哲学突破"的

---

① 顾颉刚：《〈诗经〉在春秋战国间的地位》，《古史辨》第3册，上海古籍出版社1982年版，第366页。

时代。在这个时代，思想界、学术界和社会各界都在强烈地呼唤创立作为价值信仰、思想依据的"经"。

什么是"经"？"经"是具有普遍性、恒常性价值的重要典籍的特称。《释名·释典艺》释曰："经，径也，常典也，如径路无所不通，可常用也。"在儒、道、墨、法等诸子学派创立初期，还没有将某些书称为"经"的说法。但到了诸子学派进一步发展的战国时期，诸子各家学派的思想体系均已成熟，其中一个特别鲜明的标志，就是出现了代表各自价值体系、思想依据的重要著作，即形成了各自的经典体系。

墨子很早就在历史上提出圣王传道是通过"书之竹帛，镂之金石，传遗后世子孙，欲后世子孙法之也"的观念，但有一个矛盾的现象，就是墨家学派对儒家重视历史文献整理十分不满。《墨子·耕柱》载，"公孟子曰：吾子不作，术（述）而已。子墨子曰：不然，今之善者则作之，欲善之益多矣"。墨家学派主张"善者则作之"，所以，墨家学派不重视对三代历史文献的研究和整理，这可能与墨家学派的成员大多是"农与工肆之人"的庶民社会身份有关。墨家学派不赞成从王官之学中寻求治国思想，而是针对现实社会问题建立自己的思想体系。墨子后学在编辑墨子的著作时，往往将墨子的著述称为"经"。《庄子·天下》载："相里勤之弟子五侯之徒，南方之墨者苦获、已齿、邓陵子之属，俱诵《墨经》而倍谲不同，相谓别墨。"这里出现了《墨经》之名。因为《墨子》一书有《经上》《经下》《经说上》《经说下》，许多人以此为《墨经》。但是学界有不同意见，认为《墨经》还要加上《大取》《小取》，或者还要加上《兼爱》《非攻》等。不管《墨经》具体所指是哪些文献，但均是墨家后学确立的墨子的著作，其目的是提升墨子及其著作的影响力。正如谭戒甫《墨辩发微·墨经证义》所说："大抵经名之起，疑尚在三墨晚年；其时弟子众多，龙象卓越，结集群议，尊以经名，且决定后之墨者俱诵此经。"墨子后学确立的经典，体现出墨家学派对具有普遍、恒常价值的相关典籍的认同。

道家的代表人物是老子、庄子，和墨子的庶民出身不同，老子与王官之学有着密切的联系。《汉书·艺文志》载："道家者流，盖出于史官，历记成败存亡祸福古今之道。"老子本人就是周室史官。但老子的道家思想与他作为史官记载的历史典籍不完全是一回事。他已经对人类历史的成败、存亡、祸福之变做了深入的思考，并探寻、论述了这一主宰人类历史的成败、存亡、祸福之道，最终由老子后学整理完成《老子》一书，后来又称《道德经》。《史记·老子韩非列传》载："老子修道德，其学以自隐无名为务……著书上下篇，言道德之意五千余言。"最初，《老子》一书还不是以"经"名。随着《老子》的逐步完善和地位进一步提升，《老子》才被称为《道德经》，可见《道德经》是道家将这部书经典化以后的书名。

据《汉书·艺文志》载："法家者流，盖出于理官，信赏必罚，以辅礼制。"理官在历史上是主持狱讼的官员，可见，法家与王官之学也有密切联系。但是，法家形成学派比较晚，由于战国时代社会动荡，政治秩序混乱，许多诸侯国君主为了加强统治，大力加重刑罚，故而形成了十分重视法治在国家治理中的地位的法家。显然，法家的兴趣在于刑罚对国家治理的效能上，对整理历史典籍没有兴趣。法家的代表著作有《李子》《商君》《申子》《韩子》，均和三代文献没有直接关系，而是涉及具体的刑罚制度、君权之术，均是子学著作。但后来法家为了张扬自己的学术主张，将创始人李悝的著作称为《法经》。所谓"《法经》"，其实就是李悝"集诸国刑典"①而成。《晋书·刑法志》载，李悝"撰次诸国法，著《法经》。以为王者之政，莫急于盗贼，故其律始于《盗》《贼》。盗贼须劾捕，故著《网》《捕》二篇。其轻狡、越城、博戏、借假不廉、淫侈逾制，以为《杂律》一篇，又以《具律》具其加减。是故所著六篇而已，然皆罪名之制也。商君受之以相秦"。可见，李悝的《法经》提升为法家经典，完全是法家后学所为。

先秦诸子普遍崇拜上古时期的"圣王""圣人"，墨家学派提出："圣王之道，天下之大利也。"② "圣人之德盖总乎天地者也。"③ 道家学派提出："圣人者，原天地之美，而达万物之理。"④ 法家学派提出："圣人之所以为圣人者，善分民也。圣人不能分民，则犹百姓也。于己不足，安得名圣？"⑤ "谨修所事，待命于天，毋失其要，乃为圣人。"⑥ 但他们并没有将圣王与传

---

①《唐律疏议》卷一，《四库全书》第 672 册，上海古籍出版社 1987 年版，第 25 页。

②《墨子·节用上》。

③《墨子·尚贤中》。

④《庄子·知北游》。

⑤《管子·乘马》。

⑥《韩非子·扬权》。

经联系起来，只有儒家将圣人崇拜和三代典籍结合在一起。儒家意识到，圣王传道的文献才是"经"，故而将圣王与传经联系起来。先秦儒家认为，真正的经典必须来自上古时期的先王，即唐、虞、夏、商、周时期的"圣王""圣人"之言。所以，先秦儒家十分崇拜上古时期的"圣王""圣人"。《论语》末篇《尧曰》称颂尧、舜、汤、武等圣王的"保民而王"，并指出"四海困穷，天禄永终"。子贡曾经问孔子："如有博施于民，而能济众，何如？可谓仁乎？"孔子回答："何事于仁，必也圣乎！尧、舜其犹病诸。"[1]孟子也十分向往尧舜的圣人之道，提出"尧舜既没，圣人之道衰，暴君代作"[2]。故儒家希望从"三代圣王"留下的文献中寻求普遍意义的大道，并将这些载道的典籍称为"经"，这正是儒家之"经"产生的思想基础。

可见，在春秋战国时期的诸子百家中，只有孔子及其儒家学派是通过收集、整理三代时期的档案材料、历史文献来建立自己的经典体系和学术思想的。从传世文献和出土文献来考察，《诗》《书》《礼》《乐》《易》《春秋》，就是经孔子及其弟子的整理后才逐步成形，并被合称为"六经"的。也就是说，在夏、商、周的"前轴心时代"，"六经"建构的主体即儒家士人还没有产生，只有官师一体的王官贵族；被视为有着恒常价值和普遍意义的载道之"经"也没有产生，只有被皇室收藏的各种文献档案。中华原典的《诗》《书》《礼》《乐》《易》《春秋》虽然有着十分久远的历史文化源头，但它们定型为"六经"的经典体系，却是由孔子及其后学建构起来的。

由此可见，"经"是春秋战国时期诸子百家产生以后才出现的一种文化现象。尽管其他学派也与三代王官之学有一些联系，但他们并不重视对三代文献的研究整理，往往是脱离三代留下的珍贵文献档案，而建立自己独立的学术思想体系。道、墨、法诸家的宗师们针对现实问题而提出自己的学说，各家学派的弟子们均将本学派创始人的重要原创典籍称为"经"。但唯独儒家学派有一种华夏文化的自觉意识，主动从三代文献中寻求历史智慧、价值理念、文化传统，进而整理出代表华夏思想文化传统的经典。

①《论语·雍也》。
②《孟子·滕文公下》。

三、儒学与"六经"的相互生成

如上所述，在春秋战国以前，既无"六经"，又无儒学；春秋战国以后，"六经"与儒学同时产生。从文化渊源角度来考察"六经"与儒学，它们均是三代文明的产物；从思想建构角度来考察"六经"与儒学，二者则是一种相互生成的关系。

一方面，"六经"原典的思想文化孕育、滋养了儒学。儒家学派是通过整理学习上古文献、深受三代文明的道德精神和人文理性的影响而形成的，没有三代历史文献的礼乐文化、政治理念、道德价值的浸染，也就没有儒者，没有"游文于《六经》之中，留意于仁义之际，祖述尧舜，宪章文武"的儒家学派。春秋战国时期，孔子为代表的儒家以"述而不作"为宗旨，从三代文明留下的浩繁的档案文献中汲取思想营养。《史记·孔子世家》载："孔子布衣，传十余世，学者宗之。自天子王侯，中国言六艺者，折中于夫子，可谓至圣矣。"孔子等早期儒家通过不断地学习这些文献典籍，即从《诗》《书》《礼》《乐》《易》《春秋》经文的原始文献典籍中获得精神文化的源泉。他们强调这些典籍是三代圣王留下来的，并以"六经"典籍为自己的思想来源、学术基础、信仰依据，从而形成了以三代礼乐文明为文化母体的儒家学派。

另一方面，儒家学派建构了"六经"的经典体系。三代文明留下的浩繁的档案文献、王官之学，恰恰是由于儒家士人的收集、选择、整理、诠释，才最终演变为中华文明的"经典"，故可以说儒家是"六经"的建构主体。也就是说，没有儒家学者对"六经"的原始形态即三代文献档案的收集、选择、整理、诠释，就没有"六经"经典的形成，更不可能产生代表三代文明的"六经"系统。在孔子及其儒家学派整理这些经典之前，这些典籍不过是三代时期的巫史、王官留下的各种文献档案。这些典籍的文献形式包括各种典章、公文、档案、实录等，其思想内容则是各类杂芜的政治经验、宗教信仰、社会观念。正是这些具有深厚华夏文化使命感和强烈社会关怀的思想革新精神的儒家学者，坚持以三代文明留下来的历史文化为出发点，才从浩繁的文献档案中选取、整理出可供时人学习文化、建设文明的经典文本，即《诗》《书》《礼》《乐》《易》《春秋》。为了将这些经典与治理天下、文化建设的现实需求结合起来，儒家对这些原典做出了创造性的诠释，使"六经"的文化传承和时代创新结合起来。孔子赋予了"六经"一系列新的价值和意义，他说："六艺于治一也。《礼》以节人，《乐》以发和，《书》以道事，《诗》以达意，《易》以神化，《春秋》以义。"① "入其国，其教可知也。其为人也温柔敦厚，《诗》教也。疏通知远，《书》教也。广博易良，《乐》教也。洁静精微，《易》教也。恭俭庄敬，《礼》教也。属辞比事，《春秋》教也。"② "经"之所以能够在后世继续发挥作用，就在于它承载了儒家赋予的思想意义和建构的价值体系。所以也可以说，是孔子及其儒家学派创建了"六经"的经典体系。儒家学派的最大特点，就在于他们通过"六经"的建构，自觉地完成了"六经"作为"恒常之道""治世大法"的思想创造和文化建构。

由此可见，"六经"与儒学是一种相互生成的关系。首先孔子对《易》有着浓厚的兴趣，帛书《要》篇为我们提供了孔子晚年"好《易》"的新证据，"夫子老而好《易》，居则在席，行则在囊"③。《易》为卜筮之书，孔子晚年对《易》产生兴趣，使他的弟子感到不解，孔子意识到这可能也让后人感到困惑。据《要》载，子赣曰："夫子何以老而好之乎？"夫子曰："子言以矩方也。前祥而至者，弗祥而巧也。察其要者，不诡其德。《尚书》多疏矣，《周易》未失也，且有古之遗言焉。予非安其用也。"子赣又问："夫子亦信其筮乎？"孔子回答说："史巫之筮，向之而未也，好之而非也。后世之士疑丘者，或以《易》乎？吾求其德而已，吾与史巫同涂而殊归者也。"④ 可见，孔子对《易经》原始文本的态度和见解是"不安其用而乐其辞"，即不沉迷于卜筮，而是深入思考和追求其"德义"。他提出《易》乃"古之遗言焉"，这一"古之遗言"就是指周文王通过《易经》原始文本而表达的德义。在孔子看来，"文王仁，不得其志以成其虑。纣乃无道，文王作。讳而辟咎，然后《易》始兴也"。孔子为"求其德"而阅读、整理

---

① 《史记·滑稽列传》。
② 李学勤：《十三经注疏·礼记正义》下，北京大学出版社1999年版，第1368页。
③ 陈松长、廖名春：《帛书〈二三子问〉〈易之义〉〈要〉释文》，《道家文化研究》第3辑，上海古籍出版社1993年版，第434页。
④ 陈松长、廖名春：《帛书〈二三子问〉〈易之义〉〈要〉释文》，《道家文化研究》第3辑，第434—435页；廖名春：《帛书〈周易〉论集》，上海古籍出版社2008年版，第98—99页。

《易经》，其结果是双重的：一方面，孔子从《易经》的"古之遗言"文本中吸收了大量的人文价值和生活智慧，即所谓"吾求其德而已"，《易经》的许多观念正是儒家学派的思想基础、学术依据；另一方面，孔子在阅读、学习这些历史文献的同时，整理了这些"古之遗言"的原始文本，并且对这些经文做出了创造性的诠释，使《易经》的"德义"更加理性化、系统化，故而这些"史巫之筮"成为后来儒家学者崇尚的《易经》。孔子及其后学通过对经文的整理和诠释，使得原来是"卜筮之学"原型的筮占符号和卦辞爻辞，最终成为儒家学者普遍崇尚的"群经之首"。可见，《周易》与儒学是一种相互生成的"共生"关系：一方面，孔子能够从《易经》的"古之遗言"文本中获得"德义"的精神营养，儒学许多重要的哲学智慧、价值观念、思维方式得益于原本是"卜筮之学"的《周易》；另一方面，那些原本只是为考察、证明卜筮灵验而保留下来的文献档案资料，经过孔子及其儒家学者的文献整理、思想提升，其学术价值、思想内涵均发生了质的飞跃，没有儒家学者的整理、诠释，《周易》则不可能成为经典。

孔子及其儒家学者编纂《尚书》的过程，也体现了儒学与《尚书》的一种相互生成的"共生"过程。一方面，孔子及其门人通过对上古先王留下的文献典籍的学习，获得了先王政治、道德方面的王道思想和政治智慧，唐、虞、夏、商、周先王的"以德配天""民为邦本"等道德思想、政治理念，为儒家学派提供了一整套关于治理国家、平定天下的指导思想，奠定了儒家治学、讲学的思想基础。另一方面，孔子和儒家士大夫通过收集唐、虞、夏、商、周代的部分诰言、誓词等政治文献，将对后世帝王有借鉴、告诫、警示作用的文献整理出来作为重要经典，希望后世帝王从中学习治国、修身的指导思想、伦理观念以及各种历史文化知识，这就是《尚书》产生的历史因缘。可见，儒家学者主要通过对三代王朝档案文献的学习，从而形成了自己的治国理念，《尚书》原典中丰富的政治观念奠定了儒家学派的思想基础。与此同时，成形的只有数十篇文献的《尚书》成为经典，则又是儒家学者根据自己的思想立场、政治视域而建构起来的。

同样，孔子编纂《礼》《乐》的过程，也体现了儒学与《礼》《乐》的一种相互生成的"共生"过程。孔子及其后学本来就是西周礼乐文明陶冶出来的士人群体，故而又是礼乐文化的继承者。孔子之所以反复强调"生，事之以礼；死，葬之以礼，祭之以礼"，就是因为他们是一个浸润了西周礼乐文化的士人群体。他们的思想体系就是建立在礼乐文化的基础上，他们的学术体系就是围绕礼乐文化而展开的。可以说，没有西周礼乐传统，就没有儒家学派。同样，没有孔子等儒家学者整理三代的礼乐文献，也就没有《礼》《乐》的经典。《史记·儒林列传》载："《礼》固自孔子时而其经不具，及至秦焚书，书散亡益多，于今独有《士礼》，高堂生能言之。"《周礼》《仪礼》作为学校教学的内容，主要能提供与儒家价值理想相契合的一整套规范系统，包括中国古代的礼仪制度、政治制度，它们是后人学习了解中国古代的礼制、学制、封国、职官、田赋、乐律、刑法、名物、占卜等人文知识的重要典籍。

另外，与西周礼乐文明相关的还有《诗经》。《诗》本来就是礼乐文化的产物，是礼乐文化的重要组成部分。所以，一方面，儒家士人群体是由西周时期的诗歌陶冶出来的士人群体，特别是诗歌又与周公礼乐文明有紧密关系，故而儒家学者又通过"诗"得其道德意义、政治意义、文化修养的熏陶，"诗"已经成为他们个人素养、社会交往、政治生活方面的重要组成部分。在先秦儒家文献中，儒家学者常常在自己的社会交往、政治生活和文章写作中引用《诗》，可见诗歌对儒家士人群体形成的影响有多么重要。另一方面，儒家是《诗经》的收集、整理者，特别是对《诗经》的经典化起到了重要的推动作用，成为收集、整理、编定一个合乎儒家价值理念的《诗经》的完成者。关于孔子如何整理《诗》，他自己有一个简略的叙述："吾自卫反鲁，然后乐正，《雅》《颂》各得其所。"[1] 而司马迁对孔子编《诗》有一个更详细的论述："古者《诗》三千余篇，及至孔子，去其重，取可施于礼义，上采契后稷，中述殷周之盛，至幽厉之缺，始于衽席，故曰《关雎》之乱以为《风》始，《鹿鸣》为《小雅》始，《文王》为《大雅》始，《清庙》为《颂》始。""三百五篇孔子皆弦歌之，以求合《韶》《武》《雅》《颂》之音。礼乐自此可得而述，以备王道，成六艺。"[2]《诗》的编纂经历了一个由"三千余篇"到"三百余篇"的简化过程，经

---

① 《论语·子罕》。
② 《史记·孔子世家》。

孔子编订的《诗经》只有305篇，分为《风》《雅》《颂》三大类，主要是从周初至春秋中期的作品。孔子对《诗》的文化价值、教育功能提出了一系列新的见解。孔子说："《诗》三百，一言以蔽之，曰'思无邪'。"①"《诗》可以兴、可以观、可以群、可以怨。迩之事父，远之事君；多识于鸟兽草木之名。"②"不学《诗》，无以言。"③孔子所云的《诗》继承了西周文明以"诗"作为礼乐文化的意义，同时更进一步提升出《诗》的道德意义、政治意义及其各种人文价值，其"诗教"就具有了经典教育的意义。故而也可以说，没有《诗》的礼乐教育传统，就没有儒家学派；同样，没有孔子等儒家学者的整理，也就没有能够体现儒家道德意义、政治意义的《诗经》。儒学和《诗经》也是在相互生成中获得新的意义的。

《春秋》是如何产生的？学界历来有不同看法。从孟子以来，儒家就把孔子与《春秋》紧密地联系在一起。孟子说："世衰道微，邪说暴行有作，臣弑其君者有之，子弑其父者有之。孔子惧，作《春秋》。《春秋》，天子之事也，是故孔子曰：'知我者其惟《春秋》乎！罪我者其惟《春秋》乎！'"又说："孔子成《春秋》而乱臣贼子惧。"④孟子肯定孔子"作《春秋》"，但这一个"作"是什么意义？后来有学者解释是孔子"笔削"《春秋》。《春秋》是周朝一种比较普遍的编年史，各诸侯国均将自己的编年史命名为《春秋》。而后来成为儒家经典的《春秋》是鲁之《春秋》。其实，鲁之《春秋》应该是鲁国史官所为，但是孔子做了"笔削"的整理工作，对鲁之《春秋》赋予了许多新的道德意义和政治意义。《史记·孔子世家》载："孔子在位听讼，文辞有可与人共者，弗独有也；至于为《春秋》，笔则笔，削则削，子夏之徒不能赞一辞。"《春秋》之所以成为儒家经典，主要是由于《春秋》经孔子加"笔削褒贬"，"垂空文以断礼义"⑤。这种"褒贬""礼义"则充分体现出儒家人文价值的取向，后代儒生学习《春秋》，就是要从历史叙述中领悟这种价值取向。可见，孔子及其儒家学派是《春秋》经典文本的制作者、创立者。但是孔子创立的儒家学派的道德观念、政治思想，

①《论语·为政》。
②《论语·阳货》。
③《论语·季氏》。
④《孟子·滕文公下》。
⑤《史记·太史公自序》。

其实恰恰离不开包括《春秋》在内的各种史官记载的历史文献，这些历史文献记载了夏、商、周三代先王政治、道德方面的王道思想和政治智慧，是儒家产生的文化基础和思想渊源。正如《汉书·艺文志》所云："古之王者世有史官，君举必书，所以慎言行、昭法式也。"其实，这些史官留下的"春秋"类史书，恰恰是儒家思想的源头。儒学和《春秋》史书也是一种相互生成的关系。

（原载于《天津社会科学》2017 年第 1 期）

儒家主体性伦理与安身立命

人类文明的日益发展，使得人的主体精神日益独立，随之而来的，就是这个愈来愈独立的主体精神，如何在浩瀚的宇宙间安顿自己，即如何安身立命的问题。

历史上各个不同的文化系统都对安身立命做出了自己的回答。在主体精神日益崛起、安身立命日益重要的今天，重新考察各个不同文化系统的安身立命方式及其现代意义无疑是非常重要的。本文的主题，就是论述居中国文化体系核心的儒家伦理的主体性精神和安身立命的关系，由此展示儒家文化在解决安身立命问题上的独特方式，以及这种独特方式的现代意义。

一、 儒家主体性伦理的崛起

所谓"主体性道德"，是指从道德主体的人本身，来说明道德价值的源泉、自由意志对善恶的选择，而不是把这一切归之于某种外在权威的强制和传习习俗。以孔孟为代表的儒家伦理正是这样一种主体性伦理学说。孔子创立了以"仁"为核心的伦理学说，开始从人本身来说明道德价值源泉，并把仁的实现归结为道德主体的自由选择，从而使得中华民族文化道德意识水平达到"主体性道德"和"自律道德"的高度。

"仁"是儒家学说、儒家伦理的核心。儒家的主体性伦理观，就体现在其仁说之中。在儒学中，"仁"包括伦理学和哲学两个理论层面的意义。这里先从伦理学层面讲起。孔子在《论语》中，对"仁"一词的伦理学意义有各种不同的解释。在《阳货》篇中，他提出仁包括恭、宽、信、敏、惠五者。在《子路》篇中，他以"居处恭，执事敬，与人忠"为仁，又认为"刚毅木讷近仁"；在《颜渊》篇中，他以"爱人""克己复礼"解释仁，以"出门如见大宾，使民如承大祭；己所不欲，勿施于人。在邦无怨，在家无怨"解释仁；在《宪问》篇中指出，"仁者必有勇"；在《雍也》篇中主张"仁者先难而后获"；在《学而》篇中，他又主张"巧言令色，鲜矣仁"。如此等等。由此可见，仁作为重要的儒家伦理学的范畴，是一个兼含诸德的总体道德规范，也是一个极难达到的最高德行。所以孔子从不轻易赞许人为"仁"，他在谈到自己时也说："若圣与仁，则吾岂敢？"①

以上是从道德规范意义上论述仁。然而，"仁"作为儒家伦理的一个重要范畴，绝不仅仅局限于这种道德规范的意义。孔子常常是以仁解礼，以仁覆礼，提出："一日克己复礼，天下归仁焉。"② 以孔子为代表的儒家所倡导的仁说，是归之于人的个体自我内在欲求、道德意志的自由选择，从而形成了一种以个体自我、自由选择为特征的主体性伦理观。它具体体现在以下两个方面。

第一，儒家仁说是一种主体性伦理观，首先在于，孔孟等人把这种最高德行、全德总称的仁归之于个体自我的内在情感欲求，试图从道德主体自身寻求道德价值之源，否定了那种把道德归于鬼神、祖宗等外在权威的强制以及趋福避祸的功利欲求的他律道德。孟子说："仁也者人也，合而言之，道也。"③ 可见，仁是每个人成其为人的自身要求，而不是某种脱离人本身的外在要求、命令，具体而言，仁的道德规范和每个人的内在情感、欲望等感性心理是分不开的，从主体的自我感性存在中即可找到那些规范的内在价值之源。如孔子坚持儿子应为父母居丧三年的传统礼制，并把它作为仁的标准之一。但是为什么要"居丧"呢？孔子认为这是源于儿子对父母的爱，是由于"食旨不甘，闻乐不乐，居处不安"④ 的内在情感和欲望。实质上，孔子是从包含着人天然情感的人心、人性的内部来探讨道德价值的起源，以使作为客体的、外在的道德规范主体化、内在化。孟子继承、发展了孔子这种从主体内在的心理情感寻求道德本源的思路，进一步提出性善论、恻隐之心的伦理学说，完成了这种从主体自身寻求价值之源

①《论语·述而》。
②《论语·颜渊》。
③《孟子·尽心下》。
④《论语·阳货》。

的主体性道德观。孟子说："所以谓人皆有不忍人之心者，今人乍见孺子将入于井，皆有怵惕恻隐之心，非所以内交于孺子之父母也，非所以要誉于乡党朋友也，非恶其声而然也。……恻隐之心，仁之端也。"① 进一步肯定说明仁并不是脱离人的某种外在强制，而是源于主体自我的"恻隐之心"的本然呈现。可见，道德主体的内在的"恻隐之心"是以仁为核心的道德价值的源泉。由于这种爱人的情感、恻隐之心是天然的，生而有之的，故孟子称其为"良知""良能"，说："人之所不学而能者，其良能也；所不虑而知者，其良知也。"② 由此，孟子肯定人性本来是善良的，并进一步肯定作为道德规范的仁则正是人心、人性的体现，即所谓"仁，人心也"③，从而完善了儒学"仁源于人心"的主体性伦理观。

第二，儒家仁说作为一种主体性伦理观，还表现在他们把仁看作是人类道德生活中主体意志自由的确证，从而肯定个体自我具有独立于外在权威、鬼神强制的道德选择的自由。主体性伦理的最大特征，就是强调主体意志的自由。孔子在论仁时，尽管曾经从规范的意义上谈到人们必须服从它，但是，他又坚持认为，主体在道德生活中具有意志自由，仁的追求和仁的实现，完全是主体自由意志的自我实现。孔子说：

为仁由己，而由人乎哉？④

仁远乎哉？我欲仁，斯仁至矣。⑤

显然，仁作为一种道德规范，不是外在权威的规定和强制而是主体自由意志的自觉追求，每一个人都有这种自由意志，因而每一个人都可以实现仁德。孔子说："有能一日用其力于仁矣乎？我未见力不足者。"⑥ 这种"力"即主体自身的意志力量。也许人们会问，既然仁是每个人的内在心理欲求，主体自我在追求、实践仁时，为什么还需要这种意志力量呢？似乎运用这种意志力量就证明人们并不是自由的。其实，人作为一种感性的个体存在，总是会有各种感性欲求。一般而言，儒家对这种感性欲求并不持

①《孟子·公孙丑上》。
②《孟子·尽心上》。
③《孟子·告子上》。
④《论语·颜渊》。
⑤《论语·述而》。
⑥《论语·里仁》。

排斥的态度，但是，当人的道德要求和利欲要求发生矛盾冲突时，就出现一个道德选择的问题：仁德和利欲都是个体自我的要求，应该选择哪一种呢？这种自我选择的过程本身就体现出个体的意志自由，而主体运用意志力量克服感性利欲的诱惑、遵循仁德的要求这一过程，也体现了个体的自由意志。孔子在谈到道德意志的自由选择时说：

> 富与贵，是人之所欲也，不以其道得之，不处也；贫与贱，是人之所恶也，不以其道得之，不去也。君子去仁，恶乎成名？君子无终食之间违仁，造次必于是，颠沛必于是。①

作为理想道德人格的君子，在面临富贵与仁道只能择一的处境时，必然会选择仁道。这一点恰恰体现了君子的主体意识和自由意志。

将孔子上述的自由意志、自由选择做了进一步发挥的仍是孟子。孟子从性善论出发，肯定一切仁道的行为取决于主体自我，他主张，道德之善总是"求则得之，舍则失之……求在我者也。"② 而且，仁道的选择往往体现了主体意志对一种更高价值的自由追求，孟子在论述主体自由选择时有一段著名的论述：

> 鱼我所欲也，熊掌亦我所欲也，二者不可得兼，舍鱼而取熊掌者也。……生亦我所欲，所欲有甚于生者，故不为苟得也。死亦我所恶，所恶有甚于死者，故患有所不辟也。③

在生命与道义"不可得兼"的价值选择中，孟子主张选择道义而放弃生命，这是因为在价值等级上，道义的价值高于生命的价值。而个体自我能够在价值选择中放弃对感性存在而言最为珍贵的生命，正体现了主体在价值选择时的高度意志自由。由于儒家将最高道德的"仁"看作是个体存在的自我欲求、道德意志的自由选择，从这个意义上说，儒家仁学的出现，标志着一种新的伦理观——主体性伦理观的兴起。

二、 儒家伦理主体的"安身"

现在的问题在于，儒学中崛起的主体自我如何在浩浩世界中安顿自己。

---

① 《论语·里仁》。
② 《孟子·尽心上》。
③ 《孟子·告子上》。

在主体性道德中，生存意义的确定、多种人生价值的选择，都取决于作为主体存在的个体自我，每个主体都会遇到内在自我的一系列发问：我为什么要选择仁道作为最高的人生价值？我为什么要服从"恻隐之心"的内在要求？尤其严峻的是：作为个体存在的自我是有限的、短暂的，但是有限的自我总是寻求超越，总是追求体验一种终极价值，这样，个体存在才会真正拥有自己的精神家园。这时，"安身立命"的问题就必然会提出来。

对于儒家伦理的主体自我而言，"安身立命"包含着两个重要的问题：第一，个体自我和群体社会的关系问题，也就是寻求自我需求、自我满足的伦理主体如何在群体中"安身"的问题；第二，有限的个体存在与永恒的终极存在的关系问题，也就是伦理主体如何寻求终极价值、终极存在的"立命"问题。这里首先论述儒家伦理主体的"安身"问题。

儒家的伦理主体性是与集体主义文化价值观紧密结合在一起的。当儒家伦理的主体精神从"实体性"和"他律"的道德中崛起之时，一方面，主体自我因摆脱了外在的鬼神、天帝等神秘权威的强制而日益独立，另一方面，主体自我并没有因这种日益独立而陷入孤独、寂寞的境地，而是重新在社会群体中找到了安身之处。出现这种结果的原因在于，儒学的主体精神是一种伦理主体，儒家将仁道作为主体自我的内在需求选择的对象，而仁道本身，就体现着一种伦理性的社会秩序和群体价值。于是，儒家的主体性精神和社会群体的安身形成一种内在的、本质的联系。儒家的主体精神愈得到发展、高扬，则愈不会陷入孤独、寂寞的境地，反而能够因安身于社会群体而产生一种充满亲情的满足感。

如前所述，儒家的主体性伦理就体现在其仁说之中，而"仁"就其本义而言，就是指一种亲密和谐的社会关系。从语源上来说，"仁"是一种"二人为耦，则相亲密"的社会关系。许慎《说文解字》称："仁，亲也，从人，从二。"孔子在创立儒学的主体性伦理观时，主张仁道是个体自我的内在欲求和自由选择，强调个体自我只有在社会群体中才能够真正"安身"。也就是说，社会存在不是外在于个体存在的，而是一切个体存在的内在本质和感性现实，是一切个体自我得以存在、发展的内在条件。可见，儒家仁说中所体现的伦理主体性精神，其目标完全是为了要形成一个和谐完美的社会群体。

儒家认为，个体自我是不能脱离社会群体而独立生存的，孔子说："鸟兽不可同群，吾非斯人之徒与而谁与？"① 荀子更进一步提出："力不若牛，走不若马，而牛马为用，何也？曰：人能群，彼不能群也。人何以能群？曰：分。分何以能行？曰：义。"② 人在本质上是必须生活在社会群体之中的生物，这是人能够从整个大自然中独立出来的根本原因。儒家认为，由于人所赖以生存的社会群体应该是体现为君臣、父子、夫妇、朋友等各种社会关系的，那么，人应该以积极、主动的态度去实现这种社会关系，而不是背离放弃它。正如孔子所说的："长幼之节，不可废也；君臣之义，如之何其废之？欲洁其身而乱大伦。君子之仕也，行其义也。"③ 因此，孔子所建立的以仁为标志的主体性道德，正是要求每一个具有主体精神的人能把这种社会群体的价值和规范作为自己的内在欲求和价值选择自觉承担起来。

儒家仁说不仅要证明君臣、父子、夫妇、兄弟、朋友等社会关系是一切个体自我的安身之处，尤其是论述了人们应该如何建立这种和谐的社会关系，以使自我能在这充满人情味的融和群体社会中安身。他们认为个体能和社会群体融为一体的根本途径是"爱"，在《论语》中孔子这样谈到仁：

> 樊迟问仁，子曰："爱人。"④
>
> 惟仁者能好人，能恶人。⑤

"仁者爱人"的思想，是其仁说中的精要。因此，他进一步指出爱人的方法和途径，这包括"夫仁者，己欲立而立人，己欲达而达人"⑥。"子贡问曰：'有一言而可以终身行之者乎？'子曰：'其恕乎！己所不欲，勿施于人。'"⑦ 通过这种由近及远、推己及人的方式，每一个自我均可做到爱人、利人，从而使得"老者安之，朋友信之，少者怀之"⑧。这样一个和谐的社

---

① 《论语·微子》。
② 《荀子·王制》。
③ 《论语·微子》。
④ 《论语·颜渊》。
⑤ 《论语·里仁》。
⑥ 《论语·雍也》。
⑦ 《论语·卫灵公》。
⑧ 《论语·公冶长》。

会群体，正是伦理主体所欲寻求的安身之处。可见，儒家"仁者爱人"的思想，是儒家伦理主体得以在社会群体中"安身"的根本原因。"爱人"的理念和实践，一方面可以充分发展主体性伦理的内在心理欲求和道德意志自由，从而保持了主体性的道德能动性、自主性；另一方面，"爱人"又使得个体自我和他人、社会建立起亲密无间的联系，建立起一个和谐的社会群体。那么，作为伦理主体即可将这个和谐的社会作为自己的安身之所，不至于在主体精神崛起之时产生无家可归的孤独和失落感。

正是由于"爱人"是实现伦理主体在社会群体中安身的根本途径，所以后来的儒家学者继续阐述并充分发展儒家的"仁爱"学说。孟子说："仁者以其所爱，及其所不爱；不仁者以其所不爱，及其所爱。""仁者无不爱也。"[1] 肯定仁学的基本思想就是爱人。汉儒董仲舒也进一步明确爱人是仁的中心内容，并将爱的内容做了扩大，他说："故仁者所以爱人类也。"[2]"质于爱民以下，至于鸟兽昆虫，莫不爱，不爱，奚足为仁？仁者，爱人之名也。"[3] 他由爱民、爱人类，扩大到爱鸟兽昆虫等一切生物，这样，才反映出仁者的宽厚、博大的爱之胸怀。宋明儒对"仁爱"的精神做了更进一步的发展，他们主张由爱人类扩展到爱天地万物，这一点，在张载被称为"深发圣人之微意"的《西铭》一文中做了十分精彩的论述。张载说："乾称父，坤称母，予兹藐焉，乃浑然中处。故天地之塞，吾其体；天地之帅，吾其性。民吾同胞，物吾与也。大君者，吾父母之宗子；其大臣，宗子之家相也。尊高年，所以长其长；慈孤弱，所以幼吾幼。圣其合德，贤其秀也；凡天下疲癃残疾，茕独鳏寡，皆吾兄弟之颠连而无告者也。"仁爱精神，使伦理主体能"安身"于一个更为博大的人情世界当中，将儒家伦理主体的"安身"思想，做了最精当的概述和最充分的发挥。

三、 儒家伦理主体的"立命"

作为伦理主体的个体自我，除了要面临如何在社会群体中"安身"的问题之外，还有一个关于自我生命的终极意义以及自我与终极存在的关系

---

[1]《孟子·尽心上》。
[2]《春秋繁露·必仁且智》。
[3]《春秋繁露·仁义法》。

这一更为重要的问题，也就是"立命"的问题。

伦理主体所以要解决"立命"这一根本问题，首先起源于个体存在的"终极关怀"。本来，任何个体自我存在于这个世界都是偶然的，他的生命也都是有限的。但是，伦理主体具有对自我生命的自主意识，这一觉醒了的生命意识、自由意志不会满足于内在的道德欲求，他总是要超越自我，寻求个体生命的终极意义、终极价值，使自我依托于这个代表终极意义和价值的终极存在。如果没有这个终极存在，伦理主体就会陷入迷惘、痛苦以及精神失落感之中，就会面临精神危机。其次，儒家的伦理主体积极、主动地建立一个和谐的社会群体，以在这个群体中安身处世，但是，他所追求的忠孝仁义等伦理价值，都只具有形而下的世俗价值，而一切世俗价值和意义都是短暂的、相对的、有限的。要维系一切个体的价值信念、社会群体的和谐友善，就得使形而下的世俗价值获得形而上的超越意义，信仰和体验那个代表着终极意义和价值的终极实体。

儒家伦理哲学的"立命"，其目的就是要为伦理主体寻求一个达到形上超越的最高精神依托，重建这一代表人类个体和群体的终极意义、终极价值的终极存在。由于孔子创立的仁学标志着主体性伦理的崛起，使得那种盲目尊崇鬼神、天帝等外在权威的"他律道德"发展成服从自我良心、道德意志的"自律道德"。所以，孔子对鬼神之类的粗俗迷信持不相信的态度，他"不语怪、力、乱、神"①，主张"未能事人，焉能事鬼?"②。这反映了他的仁学体系，已使伦理主体脱离了鬼神等外在权威的强制。但是，在"为仁由己"的伦理主体性中，作为主体的"己"毕竟只是偶然来人世的个体存在，不仅他的生命是有限的，他所实现的道德也是形而下的感性心理、社会功利意义上的。伦理主体必须寻求生命的超越意义，必须使他追求的道德价值成为一种终极价值，依托于形而上的终极存在。一句话，他还必须"立命"。所以，孔子在否定了鬼神等外在权威之后，仍然肯定了天、天命的存在，孔子多次说：

　　　　道之将行也与，命也；道之将废也与，命也。③

---

① 《论语·述而》。
② 《论语·先进》。
③ 《论语·宪问》。

天生德于予，桓魋其如予何？①

子罕言利，与命与仁。②

在这里，天或天命已不具有那种人格化的神学意义，而是为仁、德等形而下的感性心理、社会功利价值提供终极意义的终极存在。也就是说，在孔子这里，伦理主体的心理欲求，也不仅仅是为了建立一个和谐的社会群体，而是体现了天、命的绝对要求，这样，仁、德等伦理价值就超越了主体自我、也超越了群体社会，具有了形而上的终极意义。孔子声称："下学而上达，知我者，其天乎？"③ 在这里，"下学"只是指对行仁道所必具的文化知识、社会规范的学习而言，是仁道的形而下的一面；但是，"上达"则是对仁道的形上价值的直觉和体验。显然，这种直觉和体验是以充分肯定作为道德形而上学的终极实体——天为前提。孔子相信"知我者，其天乎"，即是肯定了"天"是道德的终极实体。

由此可见，孔子创立的仁学，一方面体现出伦理主体性精神，强调个体自我道德价值的自由选择；另一方面，又体现出道德形而上学的超验意义，强调个体自我对形上本体的体验认同。尤其值得注意的是，儒家的形上本体是一种道德本体，它不是外在于个体自我的自在实体，而是内在于一切伦理主体的心性之中，并通过主体的自为活动以展示其终极意义、终极目的的价值本体。自我愈能自由、自主地履行仁道，就愈能体现终极存在的永恒价值，这一点，在孟子那里，得到了进一步的阐释。孟子一方面更加明确地将仁主体化，提出仁内在于人性之中（性善），仁是主体的道德自觉状态（仁心）；另一方面，他肯定主体的内在心性具有形而上的终极意义，是终极存在的"天"的具体体现。孟子说："尽其心者，知其性也，知其性则知天矣。"④ 就是说，伦理主体充分发展自己的道德意识、自由意志（即"尽心"），不仅可以充分实现自己的善良本性，且由于人的善良本性是作为终极存在的"天"的体现，因而还具有超越的终极意义，还可以充分实现形而上的无限伦理本体。

---

① 《论语·述而》。
② 《论语·子罕》。
③ 《论语·宪问》。
④ 《孟子·尽心上》。

孔子的"下学而上达"，孟子的"尽心、知性、知天"，都是主张伦理主体从内在仁德出发而寻求生命的终极意义和宇宙的终极存在，以达到为主体自我"立命"的目的。这一"立命"的完成，对于儒家所建立的主体性伦理而言，确实具有重要的意义。

儒家伦理主体性的崛起，使那些外在的鬼神、天帝等权威失去了强制的力量，代之而起的，是人的良心、道德意志及人格等内在力量。但是，伦理主体毕竟是有限的个体存在，他需要以那个终极存在作为精神依托。当他从自我的内在心性中体验、认同了超越的伦理本体时，他已从自己有限的自然生命中体认到无限的道德生命，从瞬间的道德心灵中体认到永恒的终极存在，从偶然的感性存在中领悟到必然的绝对命令。这样，伦理主体就不会因自己具有道德判断、道德选择的自由意志但又失去终极存在的依托而感到惶恐和空虚，也不会因自己所选择、追求的道德价值具有相对性、世俗性而感到茫然和困惑。孔子常常提及的"天生德于予""五十而知天命""知我者其天乎"，就包含着这种对终极存在的体验和认同。这种独特的体认具有形而上的超验意义，它使孔子在危难中镇静自若，在困惑中执守信念。总之，"天""天命"等观念为儒家伦理的价值系统提供了可供依托的终极存在。

尤其重要的是，儒家的"天""天命""天道""太极"等虽然是形而上的终极存在，但又是内在于个体自我的心性中的，由"下学"而可"上达"，由"尽心"而可"知天"。这样，伦理主体和伦理本体统一起来：一切作为个体存在的伦理主体都具有形而上的本体意义，都能创造出终极价值；而形而上的本体不是一个自在的、超然的终极存在，它总是体现为每一个伦理主体的自我存在。这样，就实现了儒家"立命"的目的，主体的道德意志、道德心灵都有了形而上的超越意义，作为个体的自我存在和那个"天""天命"的终极存在具有了内在联系，于是，伦理主体可以继续充分发展自己的意志自由和道德能动性，而无须做"天""天命"权威下唯唯诺诺的仆从。这就是儒家的"立命"。这种既充分发挥主体性精神，又充分实现终极存在的"立命"，是儒学思想对人类文化的重要贡献。

四、儒学"安身立命"的现代启示

从上可见，儒家的主体性伦理通过"个体自我—群体社会""个体存在—终极存在"的联结、沟通、融合，从而解决了伦理主体性所必然面临的"安身立命"问题。现在的问题是，儒学的"安身立命"方式，对生活于现代社会中的人们究竟有何种启示呢？

如果我们纵观人类历史的发展和人类文化的兴衰，可以发现，儒学确实有着自身致命的弱点。就儒学的"安身立命"而言，当儒家将其崛起的伦理主体消融在君臣父子的社会群体关系之中时，每个人却因此而失去了个体的权利意识和价值意识；而近现代社会所赖以存在的商品经济、民主政治必须有这种文化观念上的个体权利意识和价值意识与之相适应。儒学主张终极存在就是人的内在心性，要求伦理主体以直觉的方式体验并融合于终极存在（"天""命""太极"），这样，主体的认知能力得不到充分发展，故而不能发展出现代科学的理论体系；而现代社会发展到今天的辉煌成就，正依赖于科学的进步和发展：显而易见，儒学这种"安身立命"方式因上述致命弱点，以致在近代以来已不可避免地衰落下去。

但是，儒家"安身立命"的思想作为一种历史悠久的文化遗产，却仍有着发人沉思的现代意义。众所周知，尽管现代社会科学技术充分发展，物质财富大量增长，但这并不能解决现代人的生存意义的问题。相反，随着工业文明的发展，人的主体意识也大大加强，因而，人的"安身立命"问题也日益突出。生活于生命节奏大大加快、社会组织化程度日益提高、工具理性极度发展的现代社会之中的现代人常常会感到生存意义失落、缺乏生命目的。对于这种情况，重新反思儒家所提倡的"安身立命"思想，无疑会带给我们重要的启迪。这种启迪可以从"安身"和"立命"两个方面来考察。

首先，儒家主张伦理主体以积极、主动的精神去实现社会关系，以使个体自我能在社会群体中"安身"，这样即可避免因主体意义的发展而导致的个体与社会、自我与群体的对立，以及由这种对立而产生的反社会、反文化倾向。这种思路对现代社会有重要的启示。现代社会正在面临这样一个严峻的问题：技术理性的发展、社会组织的加强均要求个体绝对服从自身的合理化和组织化，而高度主体意识的自我则排斥这种机械化的技术理性和社会组织。解决这一严峻问题的思路应该是这样的：在主体自我和群体社会之间建立起一种具有张力的和谐关系。也就是说，一方面，由于技术理性发展而导致高度组织化的社会群众不仅要满足自身合理化的需要，还得满足个体存在的心理情感欲求，因为这种情感欲求的满足可以给个人带来生活意义和自我满足；另一方面，个体自我不仅要在社会群众中获得感性的情感欲求和满足，还得满足社会组织的理性化秩序的需要，因为这种理性化、组织化是社会存在和发展的需要。这样，高度主体化的自我与技术理性、组织化社会才不会"二律背反"式的对立，现代人所要寻找的，正是这样一个"安身"之处。儒家在处理自我与社会关系时，当然有其自身的弱点，如作为主体自我的情感欲求的单一化，缺乏对不合理社会群体秩序的理性批判。但是，儒家竭力在社会群体的组织化要求和自我个体的心理情感之间建立一种和谐的关系，这对于消除现代社会中因个体和社会的对立而导致的反社会、反文化倾向，无疑有重要的启迪。儒家倡导的在社会群体中寻找伦理主体"安身"之所的方式，具有重要的现代意义。

其次，儒家主体性伦理，主张一切个体从自我内在的道德心灵深处寻求生命的终极意义、终极价值，使其文化中作为信仰对象的终极存在主体化、内在化，从而真正达到了由主体自我"立命"，而不是那种拜倒在某种信仰对象下的"崇命""遵命"。儒家这种建立在主体性基础上的本体哲学，对现代社会的人们因缺乏值得信仰的终极价值而感到生命无意义、精神颓废、自我失落有重要的启迪意义。对于现代人类而言，如何"立命"确是一个异常迫切而又十分艰难的事情。自从人类社会进入近代以来，科学技术取得了令人惊奇的成就和发展，工业文明给人类带来了巨大的物质财富。正像中世纪时上帝成为人们所信仰的对象一样，近代以来，科学正在取代上帝的地位，成为人们信仰的对象。但是，就在工业文明取得巨大成就之后，人们终于发现，科学技术的发展，虽然可以给人们带来巨大的物质财富，但并不能解决人的生存意义的问题。科学技术只是一种工具理性，而生存意义所需要的是终极价值，把一种工具理性作为终极价值来加以崇拜和信仰，这是一种无根基的信仰，但是企图回到信仰上帝的道路上去并非出路。那么，出路何在呢？出路不在外部的世界，那种企图沿袭古希腊以来的"主体—客体"的二元哲学思路以在客观的"自在之物"中寻求终极价值的路数显然已经不足取；儒家从主体自身、从自我的道德心灵、道德本性中探寻生命的终极价值、体验终极存在的思路，对现代人寻求生命超越的"立命"根基，无疑有着重要的参考价值。当然，儒家在此问题上有其自身的缺陷，最突出的是，儒家的主体仅仅是一个道德主体，还不是人的全部生命活动特别是生产活动的主体，儒家从自我道德心灵、道德本性中寻求超越自我的终极存在，这种终极存在不过是被儒家绝对化了的道德律令，因而他们并没有找到自我心性的"终极存在"。那么，儒家的生命超越还只是一种道德生命的超越，这样一种道德的形而上学显然不能完成现代人类探寻终极价值、终极存在的"立命"的需要。儒学这种从主体的人本身寻找生命的终极价值的思路，可以为现代人的"立命"提供重要的启迪。如果我们把儒家的伦理主体转化成全面发展、全面实现的社会实践主体，将终极存在的"天""命"转换成由实践所统一了的"自然—社会"的存在本身，就可以让主体自我在无限广阔、无限丰富的生命活动中寻求生命超越、体验终极存在，从而为现代人完成"立命"的重要使命！

（原载于《求索》1993 年第 2 期）

儒学是学问，更是一种文明体系

儒学究竟是一门什么学问？对于许多儒学或国学的研究者来说，这并不是一个十分容易回答的问题。

记得二十多年前，我在北京参加一个儒学会议。在正式讨论之前，有学者建议：我们能否先给儒学下一个定义再讨论？大家认为这是一个好的建议。于是，到会的学者纷纷发表自己认可的儒学定义。几个小时以后，与会学者就给儒学下了二十多种不同的定义。有的是从儒学的传统含义下定义，包括将儒学看作是仁学、礼学、内圣外王之学；有的是从儒学的现代学科含义下定义，包括将儒学看作是一种文化哲学、政治学、伦理学、宗教学、教育学等。应该说，这些不同的定义都能够从不同的角度体现、表达儒学的一个方面的学术主张和学科特点。但是，我们也会发现，任何一种定义都不能完整表达儒学的丰富内涵。

事实上，儒学不是某一门具体的学科，既不是一门传统的仁学、礼学、内圣之学或外王之学，也不是一门现代的哲学、伦理学、政治学、宗教学、教育学、历史学等学科。儒学是全面涉及中国人的精神世界、文化价值、生活方式的文明体系，它广泛而深入地渗透到全体中国人和中国社会的信仰、道德、审美、政治、法律、经济、教育、习俗、心理、性格等各个方面。如果要给儒学下一个定义，似乎只能说儒学是一门涉及中国和东亚地区人民和民族的全体大用之学，是集中代表中华文明、东亚文明的价值体系与知识体系的综合性学科。

既然儒学是全体大用之学，现代学者以不同学科的多维视域，对儒学的某一方面的内涵、思想展开研究，应该是一个有意义和有价值的事情。因为任何一门现代学科的形成和发展，都是人类认识世界、建构知识体系的需要，是人类的认识水平进一步深入化、系统化的结果。学科的分门别类，有利于人类知识体系的深入发展和进一步完善。当代学者研究丰富多彩的客观世界，必须借助于不同学科的多维视域。同样，现代学者研究儒学时，从各种不同学科的视域出发，研究儒学中的信仰、道德、审美、政治、法律、经济、教育、习俗、心理、性格等各个方面，均有利于加深对代表中华文明、东亚文明的价值体系与知识体系的儒学的认识。

但是，我们应该知道，无论是传统学科或者是现代学科的视域均是有限制的，我们又不能受到学科视域的限制，将某一学科视域描述的儒学看作是儒学的全体。确实有许多学者在研究儒学时，容易将某一学科视域描述的儒学看作是儒学的全体。克服这种学术片面、狭隘的途径，就是能够以不同学科的多维视域，来研究、思考这一全体大用之学的儒学。

当然，我们也注意到，主张以多维学科视域来研究儒学，并不是现代学者以多维学科来肢解、分化儒学，不能以现代学者、现代学科的傲慢与偏见，将儒学看作是现代学者肢解、分化的对象。实际的情况是这样的，作为全体大用之学的儒学，其本身具有信仰、道德、审美、政治、法律、经济、教育、习俗、心理、性格等各个方面的丰富内涵。我们之所以要以多维学科视域来研究儒学，只是因为全体大用之学的儒学本身就具有各种学科知识的丰富内涵，为了将儒学本身就具有的各种学科知识的丰富内涵挖掘出来，我们似乎只能以多维学科视域来研究儒学，否则，就不能全面地、正确地理解和把握全体大用之学的儒学。

我的研究领域大多与儒学有关，而且往往是从几个不同的学科视域探讨儒学的思想文化特征。我自己这些年来的儒学论著中，曾分别以经学、哲学、伦理学、政治学、教育学、人格心理学、文化地理学等不同学科视域解读儒学。我认为以多维学科视域来研究儒学，对理解、解释这个全体大用之学的儒学，这个中华文明价值体系与知识体系意义的儒学，是有帮助的。

但是，我也深知，我的学科视域和知识框架仍然是狭隘的，故而我描述的儒学仍然是片面的。我深信，作为中华文明价值体系与知识体系意义的儒学，它既是历史的存在，也是现实的存在。作为历史存在，儒学是我们思考和研究的对象；作为现实存在，儒学就不仅是我们思考和研究的对象，还是我们选择、实践的价值与理念。

（原载于《北京日报》2016年1月11日）

玄学、理学对《论语》学的拓展

作为中国经学重要组成部分的《论语》学，经历了两千多年的历史发展过程。虽然《论语》学有着漫长的学术发展历史，而最引人注目的高峰却是魏晋与两宋这两个时期。这两个时期的《论语》学著述特别丰富，还出现了《论语》学史上的代表作，诸如魏晋时期何晏的《论语集解》、皇侃的《论语义疏》，两宋时期邢昺的《论语注疏》、朱熹的《论语集注》。前者正是魏晋玄学的《论语》学代表作，后者则是宋代理学的《论语》学代表作。

上述两种《论语》学各有学术成就与特色，但又有着许多共同点，如二者均是经学中的义理派，均把重点放在对中国传统内圣之道的拓展与建构上。现在拟从《论语》学史的背景上考察玄学、理学的经学诠释特色。

一

儒家学派在中国文化史上居于主体地位，孔子则是儒家学派的开创者、奠基人。虽然《诗》《书》《礼》《易》《春秋》的文献均可能与孔子有极大关联，但是，真正直接地、完整地、系统地而且是可信地表达孔子的言行及其思想的则只有《论语》。据刘歆所说："《论语》者，孔子应答弟子、时人及弟子相与言而接闻于夫子之语也。当时弟子各有所记。夫子即卒，门人相与辑而论撰，故谓之《论语》。"[1] 今人考证，《论语》是孔子弟子及再传弟子编撰而成，时间约为公元前400多年的战国初期。《论语》多方面、真实地记载和描述了孔子思想与行动的历程，成为后人学习、研究孔子及其儒家思想的最重要文献。

①《汉书·艺文志》。

《论语》在儒家经学体系中居于特殊的地位。在经学形成的先秦、秦汉时期，学者们把儒家经学体系分为经与对经的注解、诠释的传、记、注等。从这些文献的文体形式来说，"经"仅指《易》《书》《诗》《礼》《乐》《春秋》六经本身；传、记、注则是指对六经的注解、诠释的文体，包括《易传》《礼记》《春秋传》等。从这些文献的内容来说，"经"是夏商周（主要是西周）三代留下来的以各种典章制度为特征的历史文献，它们包含着三代时期合宗教、政治、伦理为一体的礼乐文化；而"传""记""注"则是春秋战国以来儒家学者对这些历史文献、典章制度的文本注释与思想发挥，是对三代礼乐文明的继承和发展。西汉常以周孔之教称儒学或儒家经学，其中周公是制礼作乐、奠定六经内容的代表；孔子是整理、诠释六经从而创立儒家学派的代表。所以，用周礼之教来指称儒家经学是十分确切的。孔子作为儒家学派的创始人，也是"六经"最重要的诠释者，有关孔子言行完整记录的《论语》多方面表达了他对西周礼乐文明的理解和创造性发展。尽管《易传》《礼记》及新出土的简帛文献均可能包括一部分孔子的作品或思想，而《论语》在汉代即无可争议地成为有关孔子思想言行的最重要著作，故而是儒家经学体系中"传"的代表之作。所以，早在西汉，就出现了"传莫大于《论语》"[①]之说，也就是说，在儒家学派对"六经"的传、记文献之中，《论语》是最权威的经典诠释者，并且具有最重要的学术地位。所以，尽管西汉时期朝廷专置《诗》《书》《礼》《易》《春秋》五经博士，儒生们往往是专治其中一经，但《论语》的独特地位使其成为所有儒生的基本教材或必读之书，以至到了东汉时期又有"七经"之说，《论语》与《孝经》亦取得了经学的重要地位。尤其是到了两宋以后，由于朱熹作《四书集注》，《论语》《孟子》《大学》《中庸》等"四书"的地位已经高于"五经"，而《论语》恰好是"四书"之首，故而，这个时期《论语》在儒家经学体系中居于更加重要的地位。

《论语》能够从记载孔子言行的文献而为诸"经"的传、"注"之首，并且又逐渐演变成为"经"，最后成为经学核心的"四书"之首，绝对不是偶然的，其深层原因是《论语》的思想内容。《论语》基本上奠定了儒家学

---

①《汉书·扬雄传》。

派的思想观念、学术主旨，建构了儒教文明的价值体系、政教理念。西周所建构的礼乐文化奠定了中华制度文明的基础，而作为儒学、儒家文明的奠基之作，《论语》一书充分地表达了孔子在继承西周礼乐文明基础上对华夏文化的进一步开拓创新。孔子在社会制度层面上将礼乐政治与仁义道德结合起来，在个体精神世界将外王的事功开拓与内圣的人文精神结合起来，从而多维度地表达出春秋以来中华文明形成期的要求和特质。社会与个体两个层面均说明了这一点。

首先，从社会层面来看，西周建立和完善了以血缘为基础的宗法制度，周公通过"制礼作乐"而建立完善了合宗教、政治、伦理为一体的礼乐文化。孔子及其《论语》继承并发展了西周的礼乐文明，使得"周孔之教"的儒教文明开始形成。《论语》一书表明：孔子固然对西周礼乐文化做了全面继承，但更是通过以仁释礼，从而全面改造、提升了礼乐文化。他强调礼作为一种外在的社会规范，必须与仁的内在道德情操、心理欲求结合起来。孔子对西周礼乐文化的改造与提升进一步淡化、消解了礼乐文化中的宗教因素，增加和强化了其中的人文道德因素，使原本合宗教、政治为一体的礼乐制度演变发展为合伦理、政治为一体的礼乐文化，从而更具有道德理性的人文色彩。正由于在周公的"尽制""尽伦"的基础上，孔子发展出一整套仁道的伦理思想，建构出一套"礼—仁"一体的儒教文明，从而奠定了不同于其他民族以宗教为精神支柱而偏重于以道德人文为特色的儒教文明。

其次，从个体精神层面来看，孔子倡导一个具有儒家文化信仰、承担社会义务的士君子人格精神。儒家文明的建设与完成必须依赖于一批独立从事精神文化生产、具有儒家价值信仰、拥有"以道易天下"的经世情怀的士君子。《论语》一书从多方面论述、展示了孔子对"圣""君子""士"这种新型理想人格的召唤与追求，并对后世两千多年的士大夫精神人格的形成、发展奠定了基础。本来，在孔子及其儒家思想中，上古时期的圣王总是既有德行又有权位，但毕竟这只是作为一种存在于遥远的上古历史时期的人格理想；到了"礼崩乐坏"的春秋时代则发生了重大历史变化，当世的国君总是有权位而无德行，士君子追求德行而无权位。以孔子为代表的儒家学者积极倡导一种士君子、圣贤的新型人格，这种人格虽然暂无权位，但总是执着于仁、智、勇的品德，将"为己之学"、修己治人作为自己永恒的人生追求。这种理想人格还坚持以天下为己任的济世之志，希望一旦显达时又能够以道易天下。当然，他们的崇高理想、热情志向在竞智尚武的春秋时代，常常显得迂腐无用。孔子周游列国后只能发出"道之不行"的悲叹。孔子在对现实政治的极度失望后也只能发出深深的感叹："不怨天，不尤人，下学而上达，知我者其天乎！"① 尽管如此，孔子本人在黑暗政治现实中对于道德理想的执着追求，《论语》关于士君子、圣贤的理想人格及其崇高德行的规定和期待，均为儒家士大夫的人格塑造奠定了基础，成为后世士大夫们追求的人格理想。

二

孔子作为三代典籍的最重要的整理者与诠释者，《论语》作为"六经"的"传""注"之首，其在外在礼乐文明制度与内在个体精神人格的建构方面均做出了历史性的贡献。但是，孔子及其《论语》也留给后人一个重大的思想难题：无论是外在社会礼乐制度，还是内在个体精神人格，其得以建构的本源与依据是什么？本来这个问题对于三代时期的人们来说是不成问题的。在孔子以前，无论是社会秩序还是个体精神世界均是靠最高主宰的"帝"与"天"来维持的，作为人格神的"帝"或"天"既是建立、维护社会礼仪秩序的最终依据，也是一切个体精神世界的终极依托。孔子及其《论语》在中国思想文化史上的最大贡献，就是将三代时期以人格神为依托的宗教文化转型为以道德人文为依据的礼乐制度文明，将完全拜倒在鬼神脚下的依附性人格转型为追求仁义价值的独立性人格。"仁"与"君子"均具有不依赖于宗教鬼神的独立性，而且，二者有着内在的联系："君子去仁，恶乎成名？"② 但是，对于孔子及其儒家学派创立者而言，脱离了天帝鬼神的宗教依托之后，此独立性的人文价值又得依托于何处呢？如何能够为社会礼制与个体人格确立一个精神上的终极依据？据《论语》记载，孔子似乎没有解答或者说是回避了这一问题：

---

① 阮元：《十三经注疏》下册，中华书局 2003 年版，第 2513 页。
② 阮元：《十三经注疏》下册，中华书局 2003 年版，第 2471 页。

子贡曰：夫子之文章，可得而闻也，夫子之言性与天道，不可得而闻也。①

在先秦的思想世界、观念体系中，能够为社会礼制、个体人格提供终极依据的核心观念应该是"性与天道"，但是，儒家学派创始人孔子却恰恰在这一十分重要的思想观念方面没有给其后学们提供必要的论述。孔子奠定的儒家思想传统在"关于宇宙与人的形而上的思路未能探幽寻微，为自己的思想理路找到终极的立足点，而过多地关注处理现世实际问题的伦理、道德与政治的思路"②。这样，早期儒学对终极问题所留下的问题，势必引发后世儒家学者更加迫切和强烈的追问与思考；而恰恰是这种迫切与强烈的追问与思考，推动了《论语》学史的进一步发展。

《论语》学史上出现的两座学术高峰是在魏晋与两宋时期，恰好这两个时期的《论语》学在"夫子之言性与天道，不可得而闻也"的关键问题上做出的种种追问与思考，大大地丰富了《论语》的思想内涵和思维空间，从而开拓了《论语》诠释的新局面、新高峰。

本来，《论语》不过是孔子及其弟子在具体的历史情境中，就有关人生、社会、政治、伦理方面的问题做出"应世随感"式的思考与讨论。后代注疏者也十分清楚《论语》的这一特点。如皇侃曾说，"夫圣人应世，事迹多端，随感而起，故为教不一"；"然此书之作，适会多途，皆夫子平生应机作教，事无常准"③。由此可见，《论语》显然不同于《易》《书》《礼》《诗》等六经那样"皆先王之政典也"④。由于《论语》具有"事迹多端，随感而起"的特点，这种具体性、偶然性、随机性的形而下之内容，如何能够获得经典必具的普遍性、永恒性、神圣性的形而上之依据呢？皇侃等后世的注疏者固然深知《论语》的内容是孔子"应机作教，事无常准"的，但是，他们更加意识到《论语》记载的圣人之言必须体现出普遍性、永恒性、神圣性的特点，并具有形而上的终极依据，才能够成为代表中华文明的基本经典。这也是他们在申诉《论语》的重要地位时所说的，《论

① 阮元：《十三经注疏》下册，中华书局 2003 年版，第 2474 页。
② 葛兆光：《七世纪前中国的知识、思想与信仰世界》，复旦大学出版社 1998 年版，第 441 页。
③《儒藏》编纂委员会：《儒藏》，北京大学出版社 2005 年版，第 9 页。
④ 叶瑛：《文史通义校注》，中华书局 2005 年版，第 1 页。

语》之书系"上以尊仰圣师，一则垂轨万代"，"万代之绳准"①。后世的儒者如何能够将原本是"应机作教，事无常准"的孔子日常言行记录诠释成为"垂轨万代""经纶今古"的经典呢？显然，仅仅是做语言文字的训诂、典章制度的考证是无法实现这一点的。《论语》学的拓展必须依赖于一种创造性的诠释，这种诠释要能够将原本是具体性、偶然性、随机性的有关生活日用、道德政治的人文智慧转化成普遍性、永恒性、神圣性的人文信仰，特别是要从形而下的事中领悟、建构起形而上之道。

所以，《论语》中孔门弟子"不可得而闻"的"性与天道"反而成了魏晋玄学家、两宋理学家特别感兴趣的问题。十分明显，在中国古典思想文化观念中，"性与天道"涉及哲学与宗教的终极理念，后世儒者只有解决了这个最为重要的终极问题，才能够使《论语》中孔子所关注的名教制度与个体人格获得最终的依托，也才能够使孔子"随感而起"的道德政治教言具有哲学的深度与宗教的执着。所以，无论是玄学家，还是理学家，他们均一致地认为，孔门弟子"不可得而闻"的"性与天道"问题，并不是孔子不曾重点思考的问题，更不是孔子仅关注现世的政治伦理而回避形而上的终极问题。他们强调，恰恰相反，孔子对此有着十分深刻的体认，他所关注并谈论的政治伦理问题均透露出形而上之道的深刻性。玄学家、理学家认为自己诠释《论语》的重大使命就是要探幽发微式地将"性与天道"的形而上的终极依据疏导发掘出来。因此这里存在一个有意思的现象：无论是玄学家还是理学家，他们均对子贡这段话做出一种新的而且是相同的理解和解释。魏晋的玄学注释家皇侃解释子贡"不可得而闻"孔子"性与天道"的教诲和议论时说：

> 言孔子六籍乃是人之所见，而六籍所言之旨，不可得而闻也。所以尔者，夫子之性，与天地元亨之道合其德致，此处深远，非凡人所知，故其言不可得闻也。②

宋代理学注释家谢良佐亦认为：

> 性与天道，夫子虽欲言之，又安得而言之，所以不可得而闻也。

---

① 《儒藏》编纂委员会：《儒藏》，北京大学出版社 2005 年版，第 9—11 页。
② 《儒藏》编纂委员会：《儒藏》，北京大学出版社 2005 年版，第 81 页。

性与天道，使子贡智不足以知之，则安能语此。则夫子可不谓善言乎！子贡可不谓善听乎！后世诸子，言性与天道多矣，其言纷纷，使人弥不识者，亦异乎夫子之言矣。[①]

无论是玄学家，还是理学家，他们在理解子贡的这段话时，均提出这个相同的看法：首先，他们均认为孔子对"性与天道"这个涉及终极关切的问题，有着深刻的内在体认，达到一个普通人难以企及的高度；其次，子贡等弟子对孔子"性与天道"的问题"不可得而闻"，不是孔子不关心这个问题，恰恰是因为孔子认为这个问题太重要、太深微，故而不会轻易对人说起。他们的结论是十分明显的，诠释《论语》就是要将孔子有着内在深刻体认的，但又从不对人轻易道破的形而上的终极问题阐发出来。

所以，尽管玄学与理学是两种思想旨趣差别甚大的学术思想，但是玄学家的《论语》学与理学家的《论语》学，其学术特点、思想成就又体现出一个共同点：他们均希望通过对《论语》的诠释而建构一种具有形而上意义的内圣之道。

三

玄学家在注释《论语》时，强调圣人之道具有十分重要的形而上之意义，它决定主宰一切形而下之事物，"举本统末"正是圣人之道的人格的基本特征；正如王弼解释《论语·阳货》所说：

子欲无言，盖欲明本，举本统末，而示物于极者也。夫立言垂教，将以通性，而弊至于淫；寄旨传辞，将以正邪，而势至于繁。即求道中，不可胜御，是以修本废言，则天而行化。[②]

王弼通过诠释孔子"子欲无言"，强调圣人之道是一种非语言文辞所能表达的形而上之本体，这也就是说，由于"性与天道"是形而上之体，圣人的"无言"恰恰是为了"明本""举本""修本"。当然，玄学认为这个"本"就是"无"，圣人为什么不言"无"呢？王弼解释说："圣人体无，无又不可以训，故不说也；《老子》是有者也，故恒言无所不足。"[③] 玄学家

① 朱熹：《朱子全书》第 7 册，上海古籍出版社 2002 年版，第 180 页。
②《儒藏》编纂委员会：《儒藏》，北京大学出版社 2005 年版，第 318 页。
③ 楼宇烈：《王弼集校释》下册，中华书局 1980 年版，第 639 页。

将《论语》的内圣外王之道归结为内圣之道，主张以内圣统外王；又将内圣之道归结为一种形而上的本体。这样，孔门儒学所倡导的一切仁义、礼乐的社会名教与圣贤、君子的个体人格均获得了一种形而上之道的依托，这正是玄学家诠释《论语》所阐发的"性与天道"。

但是，我们要特别注意的是，玄学家们在注释《论语》时所阐发的以无为本的本体论，不同于《易传》《道德经》中所论述的宇宙本体论，更非西方哲学的实体性本体论，而是理想人格的最高精神境界——一种价值本体论或者人格本体论。从形式上看，这个本体论是通过本末、有无、一多等范畴的理论思辨表现出来的；但从内容上看，玄学本体论的本末、有无之辨恰恰与价值取向上的自然名教之辨是分不开的，它们均与内圣的理想人格及精神境界密不可分。许多当代学人已指出这一点，"自然与名教之辨和本末有无之辨密不可分。无为本为体，指自然一面。有为末为用，指名教一面。自然与名教之辨通于本末有无之辨，或者说，魏晋玄学是从本体论的高度来理解和规定自然与名教之关系的"①。而无论是自然名教之辨，还是有无本末之辨，其实又均与内圣之道相关，体现为理想人格的价值取向与最终依据。

有无之辨与名教自然之辨是如何建立起内在联系的呢？它与内圣之道又是什么关系呢？魏晋玄学提出"道者，无之称也"，用"以无为本"来取代先秦道家"以道为本"，确实是与魏晋时期崇尚自然无为的社会思潮之间有着内在的关联。② 事实上，魏晋玄学所讲的"无"，并不是一种实体性的客观存在，而是一种主体性的人格境界，"无为万物之宗主或本体，实指主体心境而言；万物自生自化，乃心境之用，由心体所起的一种境界观照"③。因而，玄学所讲的本体之"无"同时也是与主体心境人生态度"无为""无执""无着""无累"相一致的"无"，这种"无"的境界就是"自然"。这一点，在玄学家们诠释孔子及其《论语》时，体现得十分充分。在玄学家看来，圣人虽然能够"大爱无私"，既有道德之善又有政治功业，但是他们又是具有"无为""无执""无累""无言"的生命境界之人，其原因就

---

① 高晨阳：《儒道会通与正始玄学》，齐鲁书社 2000 年版，第 31 页。
② 王晓毅：《王弼评传》，南京大学出版社 1996 年版，第 246 页。
③ 高晨阳：《儒道会通与正始玄学》，齐鲁书社 2000 年版，第 45 页。

在于他们在"道同自然"中进入到"无"的本体境界。孔子曾对上古圣王之崇高人格发出衷心的赞叹："大哉尧之为君也! 巍巍乎! 唯天为大, 唯尧则之。荡荡乎! 民无能名焉。"王弼则是以玄学的观念重新解读古代的圣王, 他解释说:

> 圣人有则天之德, 所以称"唯尧则之"者, 唯尧于时全则天之道也。荡荡, 无形无名之称也。夫名所名者, 生于善有所章, 而惠有所存, 善恶相须, 而名分形焉。若夫大爱无私, 惠将安在? 至美无偏, 名将何生? 故则天成化, 道同自然。[①]

王弼显然是拓展了孔子对上古圣王尧舜之德业的由衷赞叹的意义, 将其引申为一种"无为""无执"的"则天成化, 道同自然"的"无"之精神境界。作为上古圣王的尧, 他既能在名教中得到"高大可美"之称, 能"得时有天下", 此"有"完全合乎儒家名教理念中的圣王理想; 他又能达到"无形无名"的"无"的精神境界, 完全合乎道家"自然"理念, 并能达到"则天成化, 道同自然"的"无"的最高境界。可见, 这里所诠释的圣人之道既是价值意义上的名教与自然的合一, 也是本体论意义上的"有"与"无"的合一。

四

儒家思想的社会基础是中国传统宗法社会。儒学推崇维护宗法社会秩序的名教, 要求每个社会成员服从与自己名分相称的道德规范与行为准则, 包括政治典章制度与生活日用礼仪。魏晋士大夫虽然也肯定名教的正面价值, 但是当名教的规范与人的真实性情产生矛盾与隔阂时, 则往往是以名教为末, 以自然性情为本, 提出"以无为本""崇本息末"的主张。儒家的全部价值理想、思想体系是建立在维护社会的纲常、名教秩序的基础之上的, 所以宋儒不能容忍这种贬低或淡化名教的主张, 这会带来纲纪不振、社会混乱的后果。他们强调, 儒家的名教本来就具有终极性的超越意义, 而形而上之道就存于名教的日用生活之中。这里分析《论语·子张》篇中的一段话及程朱的注释:

① 《儒藏》编纂委员会:《儒藏》, 北京大学出版社 2005 年版, 第 141 页。

子游曰："子夏之门人小子，当洒扫、应对、进退，则可矣。抑末也，本之则无。如之何？"子夏闻之，曰："噫！言游过矣！君子之道，孰先传焉？孰后倦焉？譬诸草木，区以别矣。君子之道，焉可诬也？有始有卒者，其惟圣人乎！"

朱熹引程子注云："洒扫、应对，便是形而上者，理无大小故也。故君子只在慎独。"又曰："圣人之道，更无精粗，从洒扫、应对，与精义入神通贯，只一理。虽洒扫、应对，只看所以然如何。"又曰："自洒扫、应对上，便可到圣人事。"①

包括魏晋在内的历代儒者在注释子游、子夏的这段话时，都是从"学业有次"上理解洒扫应对之末与大道之本的关系，宋儒的注释也离不开对这段话文意的基本理解，所以朱熹也说："学者当循序而渐进，不可厌末而求本。"② 但是，程朱从这段话中不仅理解到"教人有序"的教学法原则，而且更进一步，他们还理解到形而上与形而下一体不分的本体论原则。在宋儒看来，洒扫应对之事是形而下者，但洒扫应对之理则是形而上者，"理"是不能有大小精粗之分的，它就是形而上之道，所以程子称洒扫应对"便是形而上者"，"是圣人之道"。可见，魏晋名士以"自然""无"作为名教的终极依据，而宋儒则以"理"作为名教的终极依据，而此理就是存在于名教之中，亦就是名教本身。

宋儒以名教为本位建构形上之学，最突出地体现在对《论语》之仁学的诠释。"仁"字虽是早于孔子及其《论语》而出现的，但是孔子又确是儒家仁学思想的奠基者。在《论语》一书中，孔子对"仁"字下了诸多定义，但其主要含义则是维护名教秩序的道德情操、道德原则，是属于与人伦情感、日用伦常相关的道德、人文的法则，并无形而上的、宇宙论的意义。但是，宋儒是以儒家伦理、名教为本位建构形而上学的，孔子及《论语》中的"仁"成为他们哲学思考、学术讨论的重点，"仁"因此成为沟通名教与天道的关键。宋儒是如何做到这一点的呢？他们总是以体用通贯的思维方式来思考仁学，从而将生活日用的仁学上升为形而上之道。宋儒认为，

①《儒藏》编纂委员会：《儒藏》，北京大学出版社 2005 年版，第 122—123 页。
②《儒藏》编纂委员会：《儒藏》，北京大学出版社 2005 年版，第 123 页。

孔子在《论语》中所谈的仁，诸如"博施于民而能济众""己欲立而立人，己欲达而达人"以及与名教相关的"尽伦""尽制"等均是仁的功用、为仁的方法，而不是仁之体。那么什么是仁之体呢？宋儒做了诸多解释：

程颢云："仁者，以天地万物为一体，莫非己也。认得为己，何所不至？若不有诸己，自不与己相干。如手足不仁，气已不贯，皆不属己。"①

谢上蔡云："仁者天之理，非杜撰也。故哭死而哀，非为生也；经德不回，非干禄也；言语必信，非正行也，天理当然而已矣。当然而为之，是为天之所为也。"②

吕大临："仁者以天下为一体，天秩天序，莫不具有。人之所以不仁，己自己，物自物，不以为同体。胜一己之私，则反乎天秩天序，则物我兼体，虽天下之大，皆归于吾仁术之中。"③

胡五峰曰："其合于天地，通于鬼神者，何也？曰：仁也，人而克仁，乃能乘天运，御六气，赞化工，生万物；与天地参，正名为人。"④

朱熹注曰："仁以理言，通乎上下。……以己及人，仁者之心也。于此观之，可以见天理之周流而无间矣。状仁之体，莫切于此。"⑤

以上所引宋儒对仁之体的诠释，尽管其具体内涵不同，或以天人一体的境界言仁之体，或以天理之周流状仁之体，但是他们的解释又有一个共同的特点，就是把《论语》中作为为人之道的仁、道德情操的仁上升为一种贯通天地万物的宇宙精神，一种主宰世界万象的普遍法则，总之是周流于天地、万物、鬼神的形而上之天道。所以，仁所实现的功效也是神奇的，即如宋儒所描述的"以天地万物为一体""乘天运，御六气，赞化工，生万物"等。在宋儒这里，仁之体完全具有形而上之天道的特征、功效，相当于魏晋玄学的"无""自然"。当然，这一切均是就"仁之体"而言的，如果就"仁之用"而言，"仁"仍然是传统宗法社会中的名教秩序、日用伦常中的德行，它总是和世俗的日用生活、政治功用一体不分的，也就是孔子

① 程颢、程颐：《二程集》上册，中华书局 2004 年版，第 15 页。
②《上蔡语录》。
③ 陈俊民：《蓝田吕氏遗著辑校》，中华书局 1993 年版，第 454 页。
④ 胡宏：《胡宏集》，中华书局 1987 年版，第 192 页。
⑤《儒藏》编纂委员会：《儒藏》，北京大学出版社 2005 年版，第 38—39 页。

在《论语》中反复申论的"博施济众""己立立人""爱人""克己复礼"等。

总之，理学家所诠释的《论语》，同样也是为了使圣人之道获得形而上意义的本体依据，只是他们把圣人之道归结为"理"或"天理"。在理学家那里，"理"既具天道的内涵，又是人性的本体，故而他们将子贡不可得而闻的"性与天道"做了深入而系统的阐发，并将"性与天道"归结为"理"。《论语》载子贡不可得而闻孔子言性与天道，但是理学家亦偏偏对孔子不言的问题做了系统的论述，朱熹在解释这段话时说：

> 性者，人所受之天理；天道者，天理自然之本体，其实一理也。言夫子之文章，日见乎外，固学者所共闻；至于性与天道，则夫子罕言之，而学者有不得闻者。盖圣门教不躐等，子贡至是始得闻之，而叹其美也。①

理学家对夫子所罕言的"性与天道"做了这种创造性诠释，不仅仅是使原始儒学在终极问题的薄弱之处获得了合理化的论证，同时也解决了社会名教制度与个体精神人格的最终依托问题。与玄学家诠释《论语》的思想旨趣与学术理路一样，理学家同样是将《论语》的内圣外王之道归结为内圣之道，强调必须以内圣统摄外王；同样将内圣之道归结为一种形而上的本体。只是理学家强调此本体是"实有"的"理"，从而回归至先秦儒学的道德精神与淑世传统，并真正完成了儒家内圣之道的形上建构。

〔原载于《湖南大学学报》（社会科学版）2009 年第 3 期〕

---

① 《儒藏》编纂委员会：《儒藏》，北京大学出版社 2005 年版，第 28 页。

义理易学与中国传统思维方式

　　由《易传》奠基，经过王弼、程颐的创造性建构和发展起来的义理形态的《易》学，不仅仅是《易》学史上的一个学术流派，也是一个与中国传统思维方式有着深刻内在联系的思想形态。要把握义理易学在中国学术史、文化史上的意义，必须深入探讨义理易学与中国传统思维方式的关系。

　　《易》学是一种具有典范意义的中国传统学术形态，因为它非常典型地体现出中国学术传统中那种合"巫术—哲学"为一体的文化思想特征。本来，世界上各种古文明的思想文化都经历了一个由巫术形态向哲学形态的过渡，各个文明的这个过渡期几乎同时发生在二千年至二千五百年前这个时间内，这就是所谓的世界文明的轴心期。这个文化形态的重大转型又被称为"哲学的突破"，后来出现的中西文化的差异就与这种"哲学的突破"的过程与结果有关。古希腊的哲学虽然也由原始巫术文化演变发展而来，但是，古希腊的哲学（包括逻辑学、科学知识、人文知识）与原始巫术之间发生了一个飞跃性变化，这种变化是质的突变。古代中国虽然也发生了"哲学的突破"，但是中国古代哲学观念与原始巫术文化之间是一种渐进性的演变，巫文化经过理性化处理后，直接进入到哲学思想体系之中。

　　正如李泽厚先生在《说巫史传统》一文中所说："西方由'巫'脱魅而走向科学（认知，由巫术中的技艺发展而来）与宗教（情感，由巫术中的情感转化而来）的分途。中国则由'巫'而'史'，而直接过渡到'礼'（人文）、'仁'（人性）的理性化塑造。"[1] 中国哲学的形成，正是这种"巫"的理性化形态。这一点，尤其突出体现在《周易》学中。《周易》一书是由《易经》与《易传》构成，《易经》主要是一种体现原始巫术文化的卜筮之书，而《易传》则主要体现出具有理性精神的"哲学的突破"。

---

　　① 李泽厚：《历史本体论·己卯五说》，生活·读书·新知三联书店 2003 年版，第 165 页。

《周易》之经传一体所形成的思想学术和"义理"形态，就是合"巫术—哲学"一体的中国式哲学。

《周易》经、传的结合，不仅仅是形成了一种合巫术与哲学为一体的义理之学，更重要的是还建构了一种表达中国文化特征的思维方式。义理之学的概念体系、学术思想的产生，只是这种独特的思维方式的形成结果。德国著名学者哈贝马斯认为，知识的创造、建构总是要受其先在文化条件的制约，他将这种先在文化条件称为知识的"先验框架"或"旨趣结构"。笔者认为，知识创造与旨趣结构应是一个互动的过程，《周易》经、传结合过程中所形成的思维方式，是制约义理易学建构的"先验框架"与"旨趣结构"；同时，义理易学的建构过程，也是中国传统思维方式即所谓"先验框架""旨趣结构"的建构与强化的过程。那么，中国传统思维方式是如何制约《周易》义理学的发展的？《周易》义理学又是如何影响着中国传统思维方式的？这正是我们所关注的问题。

关于中国传统思维方式的结构与特征，一直是关注、研究中国传统文化，重视中西文化比较的学者们热烈讨论的课题，形成了许多有价值的学术观点。尽管学界对中国传统思维方式有多种描述，但是，笔者一直认为，中国传统知识旨趣（即传统思维方式）主要具有实践性、功利性、辩证性等几个主要特征。[①] 本文所讨论的《周易》义理学的知识旨趣及思维方式，就十分鲜明地体现出这几个特征。这里，我们着重分析《周易》义理学的实践性、功利性、辩证性的几个思维方式的特征，以分析义理易学与中国传统思维方式之间的互动关系。

一、 义理易学与实践性思维

中国传统思维方式的特点之一是其具有操作实践性。古代中国人思考问题的出发点不完全是那个独立于人的对象世界，不着意于建立一套概念体系去表达天地万物的本质，而是将人与世界看作一个整体，并把思维的出发点放在主体在世界中的实践方式与操作程序上。总之，这种思维方式思考的重点不是世界是什么，而是人应该怎样。如传统数学的特色不是定

---

① 参阅朱汉民：《中国知识传统的审思》，《船山学刊》2003 年第 3 期。

义、公理的概念性数学，而是实际运算操作的程序性"算术"；传统医学的长处也不在生理、病理的理论，而是切脉、针灸、用药的医术操作。从《易传》到王弼、程颐所建构的义理易学，表现出对卦德、卦义等深刻道理的兴趣，发挥出一系列有关天人之道的义理。但是，这些所谓的义理一开始就不完全是一种对象性的客观认识，也不是主体的思维形式、语言形态，而主要是一种如何趋吉避凶的实践性知识，具有重操作性的思维方式的特点。

《周易》原本是一部卜筮之书，是古人向神灵卜问行动方案、后果的记录。也就是说，《易经》是与目标审思、行动方案直接相关的，此书的宗旨就是为人们参与政治、军事、生产、日常生活等各种实践活动提供可行性依据。《易传》所阐发的义理，同样是与各类操作活动密切相关的，《易经》把行动的结果归于某种神秘的神灵、天意，而《易传》所做的是把决定行动吉凶后果的原因归于客观的法则即义理，而在一定程度上摆脱了人格化神灵的控制。但是，寻求实践活动的吉利后果，则是《周易》经、传的共同特点。

王弼继承《易传》的义理之学的传统，尽管玄学思潮是一种贵无崇虚的学术思潮，但王弼所建构的《周易》义理学却不是一种思辨形式或静观自然的道理，他阐述的义理系统不仅仅是既"有"且"实"，而且还鲜明地体现出《易传》中重实践操作的思维方式。《论语》记载孔子自叙"五十以学《易》"，王弼曾有一段解释：

> 《易》以几、神为教。颜渊庶几有过而改，然则穷神研几可以无过。明易道深妙，戒过明训，微言精粹，熟习然后存义也。[1]

他在对《周易》做基本精神的概述时，强调《周易》是一部指导人们在变动不居的客观势态中做出正确行为选择的书。他所说的《易》"以几、神为教"，就是讲一切主体行动必须以能够把握变化的苗头、吉凶的先兆为条件。所以，王弼在《周易》各卦、爻中所解释的"义""理"，总是与主体的实践活动紧紧联系在一起，他相信"物无妄然，必由其理"，认识此理的过程是与实践活动一体不分的。在王弼的义理易学中，卦时代表客观境

① 楼宇烈：《王弼集校释》下册，中华书局1980年版，第624页。

遇，爻变代表主体行动，一切义理就存在于这种客观境遇与主体行动的关系中。所以，"常道""轨度"固然与境遇中体现的客观法则有关，同时也与主体活动的过程有关；而"动静""屈伸""行藏"固然是主体选择的行动方式、操作活动，却又是在不同境遇中的行动准则。可见，王弼从《周易》中所阐发的义理，不是一种对天地万物的静观，不是语言概念的思辨，而是一种卦时和爻变之互动过程中的实践活动与操作程序。

程颐在《周易程氏传》中所阐发的义理，同样强调这种义理与生活实践的操作、开物成务的活动是直接关联的。《外书》载："先生（尹和靖）尝问于伊川：'如何是道?'伊川曰：'行处是。'"① 易道本质上是行动而不是纯粹知识。所以，程颐在《易传序》中说：

> 易，变易也，随时变易以从道也。其为书也，广大悉备，将以顺性命之理，通幽明之故，尽事物之情，而示开物成务之道也。②

他认为《周易》一书虽是探索天地万物之变易的法则，但这些易道、易理不是与人的实践活动无关的知识，它们是客观环境与主体活动互动的结果，是主体实践活动形态的"开物成务之道"。他在《易序》的开篇语中也表达了同样的思想："《易》之为书，卦爻象象之义备，而天地万物之情见。圣人之忧天下来世，其至矣；先天下而开其物，后天下而成其务。"③《周易》中的"卦爻象象之义"固然可以使"天地万物之情见"，但它们均是圣人在"开其物""成其务"的社会实践活动中产生出来的，同时仍将继续指导后来人们开物成务的实践活动。所以，尽管程颐《易传》大谈义理，并通过"体用一源，显微无间"、万理与一理的一系列哲学思辨，使世俗世界中的儒家伦理与超越世界中的形上之理统一起来，为儒家伦理完成了寻源探本的工作，建构了一个伦理主义的理性哲学；但是，其整部《易》学仍然体现出很突出的重实践的思维方式特征。程颐的门人对其师《易传》重实践的特色深有体会，门人中流传着"先生践履尽一部《易》"之说。

总之，从《易传》开端到王弼、程颐所完成的义理易学，尽管充满哲理思辨与形上追求，但它们并不是语言、逻辑性的形式化思维，而是一种

---

① 程颢、程颐：《二程集》上册，中华书局 2004 年版，第 432 页。
② 程颢、程颐：《二程集》下册，中华书局 2004 年版，第 689 页。
③ 程颢、程颐：《二程集》下册，中华书局 2004 年版，第 690 页。

实践性的思维。也就是说，玄学、理学的易理、易道并不是脱离生活实践的玄虚、空疏的东西，相反，它们均是与生活实践息息相关的，体现出在变动不居的客观环境中不断调整主体活动过程、操作程序的实践性特色。

二、 义理易学与功利性思维

中国传统思维方式还有很突出的功利性特征，这和上述的思维实践性是密切相关的。任何实践活动均有目的性，此目的性就是广义的功利。故而那种以实践性为旨趣的义理易学，同样又是以功利性为知识旨趣的。

义理易学的功利性旨趣，同样可以追溯到《周易》的经、传。《易经》因忧虑吉凶悔吝的后果而卜问神灵，这本是基于对现实功利的追求。《易传》强调决定吉凶悔吝的不完全是那个任意的神灵，而是具有客观法则性的义理，故而《易传》并没有改变生活实践主体对吉福的功利追求，只是强调主体必须积累生活经验、重视理性主导，即在遵循义理的前提下获得对吉福的功利实现，而不是迷信一个任意主宰人间的神灵。所以，《易传》总是不断地表达出对社会功利的追求："《易》其至矣乎！夫《易》，圣人所以崇德而广业也。"[1] "爻象动乎内，吉凶见乎外，功业见乎变，圣人之情见乎辞。"[2]《易传》讲了许许多多人必须遵循的"道""理""德""义"，认为这些义理总是与"吉""利""功""事业"等联系。也就是说，《易传》有关义理的知识旨趣，总是指向一种明确的功利性追求。

王弼所建构的《周易》义理学，不仅仅是承传、发展了《易传》的义理思想观念，同时也承传、发展了这种以现实功利为知识旨趣的思维方式。王弼在《谦卦·上六注》中曾把对功利的追求看作人们普遍具有的行为动机，他说："夫吉凶悔吝，生乎动者也。动之所起，兴于利者也。"[3] 正由于人的行为动机皆可以归于"利"，故而人们在行动之前认识、遵循"理"，就都和此利益有关。王弼在《周易》卦、爻中阐发不同的义理，其实均与人对利益追求的动机有关。他论述的所谓"卦时"，其实就是指否泰时运而

---

①《十三经注疏·周易正义·系辞上》。
②《十三经注疏·周易正义·系辞下》。
③ 楼宇烈：《王弼集校释》上册，中华书局1980年版，第296页。

言；所谓"爻变"，则是指主体应根据不同的时运而选择得利的不同行为方式。这样，他重视对各个不同卦、爻的义理阐释，其实均是和现实的利害关系密切相关的。有关《周易》义理的思维方式，就是以现实的利害后果为依据的。如王弼为《乾卦·文言》作注时"全以人事明之也"，即完全是以人事的利害得失来说明以"龙"为象征形象及所体现的义理，他说："夫识物之动，则其所以然之理皆可知也。龙之为德，不为妄者也。潜而勿用，何乎？必穷处于下也；见而在田，必以时之通舍也。以爻为人，以位为时，人不妄动，则时皆可知也。"① 王弼对"所以然之理"的认识，既非对客观自然法则的静观，也非对主体语言思维的思辨，而是一种"以爻为人，以位为时"的主客互动的实践性智慧，时势的吉凶利害制约着人的动静行藏，而人的动静活动也呼应、影响着时势的变化。在这里，有关义理的思维方式，明显是以功利性为目的的。吉凶利害的现实功利既与"以位为时"的客观时势有关，也与"以爻为人"的主体行动有关。由此可见，王弼对《周易》中义理的阐述，明显表现出功利性思维方式的特征。

程颐的义理易学是对王弼之学的继承和发展。程颐的思考对象也是卦爻辞所含的义理，并往往也是从卦时、爻变的相互关系中来探讨作为人的行为依据的义理，也就是所谓"随时以取义"的思想。那么，什么是义理？如何衡量义理的客观必然性？程颐仍然是以功利性的思维方式来解决这个问题。"义理"并不是一种与人无关的所谓客观性法则，也不是主体的思维形式与逻辑必然，而是人的实践过程中必须遵循的行动原则，这是直接与人的吉凶祸福后果相关的，吉凶利害的功利性标准是衡量义理的客观必然性的依据。程颐在整部《周易传》中所一以贯之的思维方式，就是将易理的客观必然性与吉凶损益的功利效果结合起来，他反复强调：

> 君子尚消息盈虚，天行也。君子存心消息盈虚之理而能顺之，乃合乎天行也。理有消衰，有息长，有盈满，有虚损，顺之则吉，逆之则凶，君子随时敦尚，所以事天也。②

程颐所讲的"理"一方面具有客观必然性的意义，故而"君子随时敦

---

① 楼宇烈：《王弼集校释》上册，中华书局 1980 年版，第 216 页。
② 程颢、程颐：《二程集》下册，中华书局 2004 年版，第 813 页。

上篇　儒学发展

049

尚"以实现对时势的观察思考；另一方面又具有主体实践性的意义，即一种主体性的"消息盈虚"的行动。而且，行动后果的吉凶利害正是衡量主体行动是否遵循天理的标准。这样一种对易理的功利性思维，贯穿了程颐的整个义理易学的思考。譬如，他在解释《益卦·象传》中"益，动而巽，日进无疆"时说："为益之道，其动巽顺于理，则其益日进，广大无有疆限也。动而不顺于理，岂能成大益也？"① 他所说的"理"指的其实就是那种能够让主体在实践活动中必须遵循并最终能够获益的必然性，这正是一种功利性思维方式的义理观。又如程颐对《颐卦》的传注，更是鲜明地表达出他的功利性思维方式。他说：

> 圣人设卦，推养之义，大至于天地养育万物，圣人养贤及万民，与人之养生、养形、养德、养人，皆颐养之道也。动息节宣，以养生也；饮食衣服，以养形也；威仪行义，以养德也；推己及物，以养人也。

> 圣人裁成天地之道，辅相天地之宜，以养天下，至于鸟兽草木，皆有养之之政，其道配天地，故夫子推颐之道，赞天地与圣人之功曰："颐之时大矣哉！"②

程颐在对各卦"义""理"的思想阐释中，总是与"功""利"的追求联系在一起，《颐卦》的卦德、卦义，其目标就直接指向养生、养形、养德、养人的功利性要求，这正是一种功利性思维。

三、 义理易学与辩证性直觉思维

中国传统思维除了具有实践性、功利性特征之外，还是一种辩证性直觉思维。与经验归纳、概念演绎的逻辑性思维不一样，所谓直觉性思维是一种直接从经验、现象而把握认知对象的全体和本质的思维方式。一方面，直觉性思维重视对生活实践中各种具体经验、丰富现象的观察与思考；另一方面，思维主体能够在这些具体经验中直接地把握整体对象，从这种丰

---

① 程颢、程颐：《二程集》下册，中华书局 2004 年版，第 913 页。
② 程颢、程颐：《二程集》下册，中华书局 2004 年版，第 832—833 页。

富现象中直达对象的本质。同时，中国传统直觉思维是辩证性的，其突出表现就是对生活实践中所遇到的一切矛盾现象的辩证思考与直觉把握。在古代辩证法思想最丰富的《周易》《孙子兵法》《道德经》《黄帝内经》中，体现的正是这种辩证性的直觉思维。

《易传》是中国古代辩证法思想最丰富的著作之一，这种辩证思想构成《周易》义理的思想精髓与观念内核。而且，《易传》阐发义理所体现的辩证思想，同样鲜明地体现出中国传统的直觉性思维的特色。《易传》辩证思想的核心是"一阴一阳之谓道"的命题，从表面上看，《易传》的阴阳观念是对《易经》中"▬ ▬""▬▬"这两个不同爻象的表达，其实，如果真正追溯阴阳观念的来源，则应肯定它们是中国先民对大自然中天地、男女、雌雄、黑白、寒暑、冷热等矛盾现象观察、思考的结果。在《易传》的义理思想中，这一辩证性直觉思维的特征十分明显。一方面，这种阴阳观念具有鲜明的现象性、经验性的特征，无论是寒暑、日夜、冷暖、雌雄、黑白的自然现象，还是吉凶、祸福、得失、难易、是非的经验积累，均是从生活实践中直接获取的，无须纳入归纳、演绎的逻辑规则；但是另一方面，《易传》又将这种现象性、经验性的阴阳观念上升为一个普遍原理、宇宙法则，用"一阴一阳之谓道"来表达天地万物的普遍本质与法则，这种思维的飞跃发展是通过经验直觉的活动而完成的。

王弼继承了《易传》的阴阳辩证观念，故而他的义理易学也以辩证性的直觉思维为其主要特征。王弼通过卦时、爻变来阐发作为普遍原理、宇宙法则的义理，也是以阴阳辩证的方法来把握这些义理。譬如，他以"否泰"的矛盾现象说明时势的辩证法则，以"行藏"来表达主体行动的辩证法则，他说：

> 夫时有否泰，故用有行藏；卦有小大，故辞有险易。一时之制，可反而用也；一时之吉，可反而凶也。故卦以反对，而爻亦皆变。是故用无常道，事无轨度，动静屈伸，唯变所适。故名其卦，则吉凶从其类；存其时，则动静应其用。[①]

---

① 楼宇烈：《王弼集校释》下册，中华书局 1980 年版，第 604 页。

王弼从各个卦、爻中所理解的义理，均是以阴阳辩证的方式体现出来的，如卦时就体现为吉凶（或否泰）两种相反相成的类型，同时这两种对立的时势或状态是可以相互转化的，即"一时之吉，可反而凶也"。他认为爻变也是由动静（或行藏）两种相反相成的状态构成，他也以辩证思维来把握主体两种状态的转化，即"动静屈伸，唯变所适"。也就是说，王弼以吉凶、否泰来描述客观时势的相反相成的辩证关系，以动静、行藏来表达主体行动的矛盾变化的辩证关系。我们进一步来分析，他所阐述的这种辩证关系首先是经验性的。吉凶、动静均是经验性的，体现出实践主体的行动选择与客观环境的两极变化的经验积累，它们既不是概念演绎，也不是逻辑归纳，故而总是保存着非逻辑性的经验形态特征。但是，另一方面，王弼又强调"唯变所适"，这个"适"所体现的是主体行动的目的性与客观时势的必然性的和谐一致，它正体现了辩证性直觉思维的特点，即这个"适"是在吉凶、动静的经验性思维中达到对普遍原理的直觉把握的。

程颐把《易传》、王弼《易注》的辩证性直觉思维发展到一个高峰。程颐在他所建构的义理易学中，明确把"阴阳之道"作为《周易》中义理之学的根本，同时也作为人生、社会、自然乃至宇宙的普遍法则，他论述"阴阳之道"时说：

> 《易》所以定吉凶而生大业。故《易》者阴阳之道也，卦者阴阳之物也，爻者阴阳之动也。卦虽不同，所同者奇耦；爻虽不同，所同者九六。[1]

> 道者，一阴一阳也。动静无端，阴阳无始。非知道者，孰能识之？[2]

程颐所说的"阴阳之道"，一方面是《周易》之道，它是理解《周易》卦、爻所表达义理的思想精髓和内核；另一方面它又是宇宙之道，必然会体现为人生、社会、自然的普遍法则。尽管在程氏的义理易学中，阴阳之道成为一种具有一定抽象意义的普遍性法则，但它们仍然与西方那种语言、概念式的辩证法不同，而是一种在生活实践中直接把握整体的辩证性直觉

① 程颢、程颐：《二程集》下册，中华书局 2004 年版，第 690 页。
② 程颢、程颐：《二程集》下册，中华书局 2004 年版，第 1029 页。

思维。本来，程颐所说的阴阳之道，就来自自然现象（如天地、日月、刚柔、盈虚、显微等）和人事经验（进退、动静、语默、行止、安危、吉凶、祸福等）之中。他坚持认为所谓的"道""理"并不是存在于对立的某一方，更不是一种逻辑规则，而只能存在于实践活动中的"中""宜"而已。程颐在《周易》卦爻的传注中，总是从各种具体的"时势"、行动方式的"爻变"中来直觉地把握这个"中"与"宜"。

我们发现，程颐总是把"中""宜"与吉、利联系起来，因为"中""宜"正是主体在行动选择时必须遵循的必然法则。他在传《离卦》时说："所以元吉者，以其得中道也。不云正者，离以中为重，所以成文明，由中也，正在其中矣。"① 由于"中"是主体行动的必然法则，故而"中则动不失宜"。所以他强调："天地造化，养育万物，各得其宜者，亦正而已矣。"② "宜"与"中"是可以互训的，问题是如何才能"宜"或"中"，即人是如何在"动"的实践中把握"中""宜"的？程颐常常告诫其学生以经验直觉的方式来体悟其中的"中道"。譬如，他总是主张在整体合观中直觉把握阴阳之道，并提出要能整体合观，就得把握阴阳两极的关联性，即阴阳之间的"相感""相合"。如《咸卦传》即专论相感之义，他强调天地相感才构成天地之道，他说：

> 凡君臣上下，以至万物，皆有相感之道。物之相感，则有亨通之理。君臣能相感，则君臣之道通。上下能相感，则上下之志通，以至父子、夫妇、亲戚、朋友，皆情意相感，则和顺而亨通。事物皆然，故咸有亨之理也。③

他认为必须在阴阳两极的相感中才能呈现"中之道""宜之理"，并最终达到"和顺而亨通"的结果。程颐还讲"相合之道"，即在阴阳两极中把握其"合"与"同"之处，则能获得"中"与"宜"的道理，从而使天地万物无不和谐。他认为："凡天下至于一国一家，至于万事，所以不和合者，皆由有间也，无间则合矣。以至天地之生，万物之成，皆合而后能遂，

---

① 程颢、程颐：《二程集》下册，中华书局 2004 年版，第 851 页。
② 程颢、程颐：《二程集》下册，中华书局 2004 年版，第 833 页。
③ 程颢、程颐：《二程集》下册，中华书局 2004 年版，第 854—855 页。

凡未合者皆有间也。若君臣父子亲戚朋友之间，有离贰怨隙者，盖谗邪间于其间也。除去之则和合矣。故间隔者，天下之大害也。"[1] 他认为家国、万物之中的阴阳关系，诸如君臣、父子、夫妇等，其宜之理就在于阴阳之间的"和合"而"无间"，故而只能在"无间""和合"的直觉中把握此阴阳之道。

〔原载于《华南师范大学学报》（社会科学版）2009 年第 2 期〕

① 程颢、程颐：《二程集》下册，中华书局 2004 年版，第 802 页。

师道复兴与宋学崛起

南宋儒者陆九渊敏锐地发现，宋学兴起是与师道复兴紧密联系在一起的："惟本朝理学，远过汉唐，始复有师道。"① 陆九渊认为，"本朝理学"作为一种新的学术形态复活了儒家"师道"精神。这反映出一个重要问题：宋儒的"师道"精神不仅代表着宋代士大夫的学术使命和政治责任，并且推动了宋代义理之学的创造性建构。本来，所谓汉学、宋学均指一种经学形态，汉学是重视"五经"典章制度的章句之学，宋学是注重"四书"身心性命的义理之学，但是汉、宋经学形态、解经方法的背后，有着不同社会政治、思想观念的历史差异。汉学讲究的"师法"其实是强调朝廷礼义法度的官方标准，因为汉儒解经的目的是为朝廷制定礼法制度服务；宋学推崇"师道"却是希望以师儒身份成为传承"圣人之道"的文化主体，宋儒通过诠释"四书"的义理之学来传承、复兴孔孟之道，创建了不同于汉学的"本朝理学"。

在唐宋变革的大背景下，宋代士大夫引领了一场复兴师道的思想运动，推动了一种以义理之学为解经目标的学术变革，完成了宋代儒学复兴、文化转型的历史变革要求。学界已经对宋学的经学形态、解经方法等问题做过比较多的研究，本文关注的则是师道复兴与宋学兴起的关系问题：为什么说宋代士大夫的师道复兴代表了宋学精神？师道复兴对宋学思想核心的道统论产生了什么影响？师道复兴对宋代政教形态变革起到了何种推动作用？

一、 师道与宋学精神

宋代士大夫引领的师道复兴，推动了新时期的思想解放和学术重建，

_____

① 《与李省干》。

导致了一种具有士大夫精神气质的学术形态——宋学的兴起。正如钱穆所说:"宋学最先姿态,是偏重在教育的一种师道运动。"① 宋学兴起是以回归先秦儒学、复兴师道为旗帜的。但是宋学作为一种新的学术形态,之所以能够在宋代兴起,其背后隐藏着唐宋之际儒学重建、政教转型的历史要求。全祖望对宋初学术的总体情况,有一个重要概述:

> 有宋真、仁二宗之际,儒林之草昧也。当时濂、洛之徒方萌芽而未出,而睢阳戚氏在宋,泰山孙氏在齐,安定胡氏在吴,相与讲明正学,自拔于尘俗之中。亦会值贤者在朝,安阳韩忠献公、高平范文正公、乐安欧阳文忠公皆卓然有见于道之大概,左提右挈,于是学校遍于四方,师儒之道以立,而李挺之、邵古叟辈共以经术和之。②

北宋前期开始萌动一场学术巨变,儒家士大夫希望推动一股回归儒家经典以"相与讲明正学"的宋学思潮,而宋学兴起的背景是当时大量出现的"学校遍于四方,师儒之道以立"景象。我们知道,汉学兴起是因为汉武帝在朝廷推动了"罢黜百家,表彰六经"的政策,特别是建构了"兴太学,置明师,以养天下之士"③ 的政教形态。而宋代似乎不同,作为儒学变革主体力量的士大夫,他们主要是在民间或者地方推动政教变革。宋代士大夫批判了汉唐经学,也对汉唐政教形态提出质疑,他们向往和复兴了先秦儒家士人文化主体意识的师道精神,致力于对儒家经典的重新诠释,推动了儒学的一系列创新发展。

宋代士大夫推动两宋重建儒学的思想动力,来自他们内心"师儒之道以立"的主体意识。在此过程中,宋代士大夫完成了一种新的学术形态即"宋学"的建构,创造了一种适应新时代需要的新经典体系。他们标榜师道,一方面表现为一种文化主体意识,即召唤儒家士大夫"为往圣继绝学";另一方面此师道具有鲜明的政治意义,他们认为通过师道复兴能够逐渐回归三代的王道政治。所以,宋儒的师道复兴可以归因于儒家传统的政教观念,这种意识也影响了宋学的学术旨趣,演变成所谓的"宋学精神"。钱穆说,"宋学精神,厥有两端:一曰革新政令,二曰创通经义,而精神之

---

① 钱穆:《宋明理学概述》,台湾学生书局 1984 年版,第 2 页。
② 全祖望:《庆历五先生书院记》,《全祖望集汇校集注》,上海古籍出版社 2000 年版,第 1037 页。
③《汉书·董仲舒传》。

所寄则在书院"①。钱穆对"宋学精神"的概括是很精准的，革新政令、创通经义、书院教育三个方面确实表达出了崛起的"宋学精神"，而且这三个方面也能够鲜明体现出师道的主导作用。

首先，我们考察宋儒复兴师道与革新政令之间的关系。宋学并不只是空谈义理、体悟心性的无用之学，恰恰相反，宋儒普遍标榜其学术宗旨是"明体达用之学"，他们希望解决人心世道、经世治国等实际问题，强调学术必须有体有用。宋儒关怀现实、心忧天下，特别关注国家制度、政治治理，希望自己能够参与实现天下安泰的经世事业。北宋发生的几次重大而有影响的政治改革运动，正是朝野不同士大夫群体广泛参与的结果。同时，由于学术与政治的密切联系，学术领域的学派与政治领域的朋党密切相关，学派往往也是党派。荆公之学是学派，荆公新党是党派，他们是同一个群体。与之相对立的洛学、蜀学、朔学均是具有不同学术特色的宋学学派，同时也是有不同政治主张的洛党、蜀党、朔党等政治朋党。宋朝的政治形态较之汉唐确实发生了很大改变，士大夫在朝廷的主导权越来越明显。特别是宋代士大夫通过言事、劝谏、封驳、经筵、舆论等各种方式限制皇权，体现出士大夫政治的成形。

所以，宋代的师道复兴运动，首先对宋儒推动的革新政令有深刻影响，推动了宋儒对"得君行道"的期许。"庆历新政"是宋代士大夫推动的新政运动，也可以看作一场在师道精神指导下的政治改革。推动"庆历新政"的主体是以范仲淹为首的士大夫集团，他们既是一个推动政治改革、主持新政的政治集团，又是一个倡导复兴师道、重建儒学的学者集团。正如朱熹所说："文正公门下多延贤士，如胡瑗、孙复、石介、李觏之徒，与公从游，昼夜肄业。"② 作为政治集团，他们得到宋仁宗支持而发动了"庆历新政"，推动了涉及政治、经济、军事、文化、教育各个领域的革新。值得关注的是，这个士大夫集团总是将振兴师道作为新政的根本，其核心人物范仲淹认为当时"文庠不振，师道久缺，为学者不根乎经籍，从政者罕议教化"③，即由于师道不存导致了士风衰退、吏治败坏。范仲淹进一步提出：

---

① 钱穆：《中国近三百年学术史》上册，商务印书馆1997年版，第7页。
②《宋名臣言行录后集》卷十一。
③《上时相议制举书》。

"今天下久平，修理政教，制作礼乐，以防微杜渐者，道也。"① 这一个"道"既是师道，也是政道。所以范仲淹提出建议，在"诸路州郡，有学校处，奏举通经有道之士专于教授，务在兴行"②。在范仲淹看来，"立师道"应该是整个新政的重心，要推动革新政令的深入开展，必须将复兴师道置于首位。范仲淹在《上时相议制举书》中指出："夫善国者，莫先育材；育材之方，莫先劝学；劝学之要，莫尚宗经。宗经则道大，道大则才大，才大则功大。"只有实现了师道复兴，才能够培育人才、发展教育、更新学术，进而使得澄清吏治、提升行政效率等一系列政令得到实现。可见，范仲淹是宋代政治改革的先行者，他倡导的师道复兴与政治改革密切相关，所以"庆历新政"其实是宋代士大夫的行道活动。

其次，宋代士大夫的师道复兴与创通经义有密切联系。《宋元学案》的案语中谈到师道与宋学的关系："宋兴八十年，安定胡先生、泰山孙先生、徂徕石先生始以师道明正学，继而濂洛兴矣。故本朝理学虽至伊洛而精，实自三先生而始，故晦庵有'伊川不敢忘三先生'之语。"③ 所谓"以师道明正学"，道出了师道复兴对宋学兴起的深刻影响。儒学的汉学与宋学是两种不同的经学形态，汉学讲究章句训诂，宋学探究道德义理，而创通经义成为宋学的基本精神与主要特点。但是宋儒之所以敢于、善于创通经义，同样源于对师道精神的坚守。师道一方面强调"师"是文化主体性的存在，另一方面坚持"道"是回归经典的目的所在。宋儒希望通过经典来寻求圣人之道、天地之理，故而形成了创通经义的宋学。胡瑗是宋学的开创人物之一，他也是师道复兴的呼吁者。胡瑗对师道复兴与创通经义之间的关系有明确认识，他在《洪范口义》中释"八政"之"师"云："师者，师保之师也，夫能探天下之术，论圣人之道。王者北面而尊师，则有不召之师。师之犹言法也，礼义所从出也，道德以为法也……自古圣帝明王，未有不由师而后兴也。故《传》曰：'国将兴，尊师而重道。'又曰：'三王四代惟其师。'故师者，天下之根本也。"这是一个重大的思想转向，胡瑗所说的"师"不是帝王君主，而是作为儒者的"师保之师"，他们能够"探天下之

---

①《上执政书》。
②《答手诏条陈十事》。
③《宋元学案·泰山学案》。

术，论圣人之道"，因此"师"既应拥有"道"而独立于"王者"，又应受到帝王的"尊师而重道"。胡瑗认为"师"应为"天下之根本"，而由师道精神推动义理之学建构的宋学，也应成为主导天下秩序的学术。胡瑗等宋初三先生"以师道明正学"的思想行动，得到了当时诸多大儒的高度评价。如欧阳修说："师道废久矣，自明道、景祐以来，学者有师，惟先生（胡瑗）暨泰山孙明复、石守道三人。"①欧阳修肯定了胡瑗、孙复、石介对宋代师道复兴所产生的重大影响，而此三人恰恰成为推动宋学发展的"宋初三先生"。

继宋初三先生之后，宋学的经典诠释与义理建构进一步发展，特别是出现了周敦颐、张载、程颢、程颐、邵雍等创发道学的"北宋五子"，到南宋又出现了道学运动的集大成者朱熹与张栻，他们后来成为宋学思潮中的正统派，被列入《宋史·道学传》。他们之所以能够成为宋代大儒，与他们勇于复兴师道密切相关。宋代道学群体的出现，也是师道复兴运动发展的结果。师道之"道"，正是两宋兴起的"道学"之"道"，其思想核心就是体现早期儒家士人精神的"孔孟之道"。而且，宋儒在师道复兴中发展出宋学新经典体系"四书"，这正是两宋师道复兴运动的最重要的学术成果。"五经"是三代先王留下的政典，它们作为核心经典，是君师一体的三代先王的政治训诫；而《论语》《大学》《中庸》《孟子》是孔子、孟子等先秦儒者的讲学记录，它们能够成为南宋以后的核心经典，恰恰代表了早期儒家士人的师道追求。可以说，宋代崛起的师道精神推动了对"四书"圣人之道的探求；反过来说，"四书"学也为宋代的师道精神提供了经典依据和学术资源。

再次，宋儒的师道复兴与书院教育具有密切联系。如果说革新政令、创通经义是宋儒师道精神的目标追求的话，那么书院教育则是宋儒师道复兴的直接体现。关于宋儒的师道复兴与书院教育的密切联系，明清之际大儒王船山曾经有评论："咸平四年，诏赐'九经'于聚徒讲诵之所与州县学校等，此书院之始也。嗣是而孙明复、胡安定起，师道立，学者兴，以成

_____

　①《胡先生墓表》。

乎周、程、张、朱之盛。"① 他认为宋学由初起走向大盛，与以师道复兴为目标的书院密不可分。北宋初年，书院兴起，特别是孙明复、胡安定等宋初诸儒的推动，使得师道立而学者兴，推动了宋学初起，最终形成了宋学的"周、程、张、朱之盛"。确实，宋初形成的庆历士大夫集团，其中儒者均是宋学创始人，同时也是创办书院的教育改革者。他们推崇的师道思想，成为他们创办和主持书院的主要动力。范仲淹主持睢阳书院，并且为之写记以论述自己的书院教育理念。范仲淹在记文中表示书院的作用是"经以明道""文以通理"②，这正是宋代士大夫强调的师道精神。石介讲学泰山书院并作《泰山书院记》，肯定泰山书院的目标是传承儒家士人的师道，他在文中所表彰的"道统"，就是孟子、扬子、文中子、韩愈等儒家士大夫体现的师道精神之谱系。南宋前期作为民间儒学的理学大盛，同时书院也大盛。南宋理学家特别强调，作为独立于地方官学系统的书院，乃是士大夫复兴儒学、重建理学的大本营，所以他们于其中特别标榜士大夫的师道精神。朱熹在担任湖南安抚使的时候，将自己修复岳麓书院看作一种对师道复兴的追求："契勘本州州学之外复置岳麓书院，本为有志之士不远千里求师取友，至于是邦者，无所栖泊，以为优游肆业之地。故前帅枢密忠肃刘公特因旧基复创新馆，延请故本司侍讲张公先生往来其间，使四方来学之士，得以传道、授业、解惑焉，此意甚远，非世俗常见所到也。而比年以来，师道陵夷，讲论废息，士气不振，议者惜之。"③ 事实上，朱熹一直将官学之外的书院创建，看作一项复兴师道的重大举措。纵观朱熹一生，他的主要精力除了从事学术研究、理学建构外，就是大量创办或恢复书院讲学。他在福建、江西、湖南等地，到处创办或主持书院，将书院教育发展到一个繁荣的阶段。这一切，均是基于他复兴师道的精神动力。

二、 师道与宋学道统论

在师道复兴的思潮推动下，宋儒不仅推动了宋学的兴起和宋学精神的形成，还建构了以师道为主体的道统论。师道与道统论的密切联系，反映

①《宋论·真宗》。
②《南京书院题名记》。
③《潭州委教授措置岳麓书院牒》。

出师道复兴与宋学建构之间的互动关系。宋儒虽然承认三代圣王相传的先王型道统，但是更强调孔孟儒家所传承的士人型道统。士人型道统论的建构，成为宋学的一个新学说，也是师道复兴的理论成果。宋儒道统论虽然与佛学的"法统"刺激有关，但是还有一个更加深刻的政治根源，而这存在于持有人文理想的儒者与持有政治权力的帝王的紧张关系中。两宋兴起的师道复兴，推动了宋学的道统论思想建设，重新定义了儒师与帝王的关系。

按照宋儒的看法，春秋战国以来的儒者有道而无位，汉唐帝王则有位而无道，所以宋儒总是呼唤复兴师道，希望确立以孔孟精神为主体的道统论，以挽救儒家的圣人之道。宋儒建构的道统论，否定了汉儒在道统传承史上的地位。宋儒特别不满意汉唐以来"师道废久矣"①的情况，他们批判汉唐士大夫缺乏早期儒家"师道尊严"的士人精神，或者沉溺于章句训诂之学而谋取功名利禄，或者引导君主"汨于五伯功利之习"而违背孔孟的道德精神。宋儒创建以师道为主体的道统论，强调必须传承先秦儒家士人的精神传统，而这一士人精神传统就是师道型的道统论。

学界普遍关注的道统论，其实是与师道复兴同时发生的。唐宋以来道统论的倡导者，也正是师道的呼吁者。宋儒为了让师道获得神圣性权威并能够与强大的政治王权抗争，必须建构一个既有神圣性又有永恒性的道统，而且这一道统应该是由师道主导的。其实，自秦汉以来的传统中国一直存在两种权威：一种是君主权力的权威，另一种是圣人文化的权威。而且这两种权威有着密切的关联，君主的政治权威需要圣人文化权威的维护，而圣人文化权威往往需要得到君主权力的认可。值得注意的是，历史上的现实政治权力，往往会与儒家士大夫争夺圣人文化的权威。

关于"道统"这一概念的产生，过去学界一般认为是朱熹发明的。如陈荣捷在《朱子新探索》中认为，朱子在《中庸章句序》中首次提出"道统"概念。②这一观点影响较大。但是后来有学者发现，其实在朱熹之前就出现了"道统"的概念，如现存文献中可以发现在朱熹以前的几处"道统"

①《胡先生墓表》。
②陈荣捷：《朱子新探索》，华东师范大学出版社 2007 年版，第 287 页。

的用法。① 在这些材料中，我们发现一个重要的现象：在宋学兴起以前的道统论中，以帝王之位上接三代先王"道统"的说法占据主导地位。

譬如，北宋靖康初年担任太学博士的李若水撰有《上何右丞书》，他提出的道统论就特别突显帝王之位：他认为能够代表道统的人物，是那些拥有至高无上政治权力，并且创造巨大政治事功的帝王们，而与孔子以来的儒家士人没有任何关系。李若水肯定上古时代的圣王序列："盖尧、舜、禹、文、武、周公之成烈，载于《书》，咏于《诗》，杂见于传记。"② 早期儒家如孔孟等赞扬三代圣王的仁德和胸怀，是为了批判现实政治中君王的暴虐和狭隘；但是李若水推崇三代圣王的成就功业（"成烈"），则是为了推崇汉、唐、宋等大一统王朝的帝王，故而将道统归诸汉唐以来的帝王序列。他还说："周衰，私智横议者出，此道坠地。汉兴，力扶而举之，汉末复坠……至唐，力扶而举之……天厌丧乱，眷命有德。艺祖以勇智之资、不世出之才，祛迷援溺，整皇纲于既纷，续道统于已绝。"③ 在这里，李若水明确提出"道统"概念，而列入道统脉络的都是有权有位的"帝王之统"，他肯定那些在历史上能够建立统一帝国的君王就是三代道统的承接者，认定他们才是"王"与"圣"合一的道统传人。应该说，作为太学博士的李若水提出的道统论，绝不是一个孤立的现象，而是代表了帝王希望将自己"圣人"化的要求。

所以，宋学道统论不仅是在文化上与佛道争正统，更是希望通过师道复兴，建立起以孔孟之道为本位的师道型道统论。也就是说，宋儒复兴师道的最终目的之一就是消解以王位相承的帝王道统论，建构以道学相承的士人道统论。可见，宋儒的师道精神确实具有重要的道统意义。一方面，他们强调三代时期的"圣王之道"，大力表彰尧、舜、禹、汤、文、武、周公之道的历史传承；另一方面，他们大力强调春秋战国以后，能够传承道统的只有开创民间讲学的孔子、孟子等士君子。也就是说，秦汉以后那些推行霸道、悖逆仁义的暴君并不能够传承圣人之道，而开创宋学的诸多儒

---

① 参见苏费翔：《朱熹之前"道统"一词的用法》，《文化权力与政治文化——宋金元时期的〈中庸〉与道统问题》，中华书局2018年版，第213页。

②《上何右丞书》。

③《上何右丞书》。

家士大夫，将通过师道复兴来传承孔孟的道统。

道统论的系统理论是由南宋张栻、朱熹确立的，他们二人均通过师道复兴而建构儒家的士人道统论。张栻是以师道复兴而建构道统论的重要人物，他主持地方书院、创办州县学校，并将这些看作振兴儒学、复兴师道的重要举措。他曾于乾道初年主持岳麓书院，并以"传道"为根本宗旨，从而将师道复兴与书院创建结合起来，推动了理学学统与书院师道的密切结合。张栻还通过创建周敦颐、二程等道学学者祠堂的方式，既推动师道复兴，也进行宋代道统的思想建构。在张栻看来，师道、道学、道统是同一件事情，三代圣王之道至东周不得其传，幸亏孔孟以师道方式传承了此道，但是自秦汉以来，往往是言治者汨于五霸功利之习，求道者沦于异端空虚之说。如何才能够传承三代圣王之道呢？张栻认为秦汉以后的帝王不可能成为道统的传承者，所以只能将希望寄托于士人传承的师道。张栻在为静江府学宫创建周敦颐、二程等道学学者的"三先生祠堂"时，向士林表明这一切均是为了复兴师道，他反复指明师道的意义所在：

> 师道之不可不立也久矣！良才美质，何世无之，而后世之人才所以不古如者，以夫师道之不立故也。……幸而有先觉者出，得其传于千载之下，私淑诸人，使学者知夫儒学之真，求之有道，进之有序，以免于异端之归，去孔孟之世虽远，而与亲炙之者故亦何以相异，独非幸哉？是则秦汉以来师道之立，宜莫盛于今也。（《三先生祠记》）

张栻反复强调要复兴孔孟奠定的师道，就是希望宋代士人能够承担和传承三代圣王创建的道统。可见，他期望通过书院、学校开创出"秦汉以来师道之立，宜莫盛于今也"的局面，将师道与道统统一起来。

如果说张栻希望从士人之师道过渡到士人之道统，那么朱熹就是这一师道化道统的全面建构者。朱熹完成的道统论，不仅是一种理论建构，还特别体现在经典建设和教育制度建设两方面。其一，朱熹通过结集《论语》《大学》《中庸》《孟子》而合称"四书"，并以毕生精力完成了《四书章句集注》一书。朱熹关注的重点不再是作为三代先王政典的"五经"体系，而独创一套早期儒家士人经典的"四书"体系，他还通过为"四书"作序，系统阐发了其道统论思想。朱熹在《大学章句序》中，首先肯定的道统人物是"君师"合一的上古圣王，他们创造了"教治"合一的道统："此伏羲、神农、黄帝、尧、舜所以继天立极，而司徒之职、典乐之官所由设也。"① 在《中庸章句序》中，朱熹则特别强调"子思子忧道学失其传而作"的道统意义："盖自上古圣神，继天立极，而道统之传有自来矣。其见于经，则'允执厥中'者，尧之所以授舜也；'人心惟危，道心惟微，惟精惟一，允执厥中'者，舜之所以授禹也。尧之一言，至矣尽矣；而舜复益之以三言者，则所以明夫尧之一言，必如是而后可庶几也。""若吾夫子，则虽不得其位，而所以继往圣，开来学，其功反有贤于尧舜者。然当是时，见而知之者，惟颜氏、曾氏之传得其宗。及曾氏之再传，而复得夫子之孙子思。"② 朱熹进一步在《大学章句序》中将宋代道学学派列入孔孟之道的道统脉络中："于是河南程氏两夫子出，而有以接乎孟氏之传……虽以熹之不敏，亦幸私淑而与有闻焉。"③

其二，朱熹通过承载师道理想的书院，将其道统思想落实到具体现实。宋代书院的兴起与宋代师道复兴运动本来就是密不可分的，宋儒通过书院制度的建立，希望进一步确立具有师道精神的道统论。朱熹在他主持的沧洲书院中，特意将代表师道精神的道统与书院的祭祀制度结合起来："维绍熙五年岁次甲寅十有二月丁巳朔十有三日己巳，后学朱熹敢昭告于先圣至圣文宣王：恭惟道统，远自羲、轩，集厥大成，允属元圣，述古垂训……今以吉日，谨率诸生恭修释菜之礼，以先师兖国公颜氏、郕侯曾氏、沂水侯孔氏、邹国公孟氏，配濂溪周先生、明道程先生、伊川程先生、康节邵先生、横渠张先生、温国司马文正公、延平李先生，从祀尚飨。"④ 从孔、颜、曾、孟，到周、程、邵、张、司马、李，他们均是士人师道精神的典范，也是道统的传承者。朱熹特别将自己的老师李侗列为道统人物，更是表达了自己要传承这一千年师道精神的宏愿。南宋时期，逐渐有大量书院开始创建本学派宗师的专门祠堂，这既体现出对学统的尊崇，更使师道观念和道统意识落实到书院制度中。

由此可见，由道学派集大成者朱熹完成的道统论，其实是唐宋以来师

①《四书章句集注》。
②《四书章句集注》。
③《四书章句集注》。
④《沧洲精舍告先圣文》。

道复兴运动的思想成果。元代官修《宋史》专列《道学传》，其之所以称周敦颐、二程、朱熹为"道学"并单独列传，是因为他们以孔孟的师道精神传承了三代之道。《道学传》的依据就是程颐为程颢撰写的《墓志铭》中的道统论："周公没，圣人之道不行；孟轲死，圣人之学不传。……先生生于千四百年之后，得不传之学于遗经，以兴起斯文为己任，辨异端，辟邪说，使圣人之道焕然复明于世，盖自孟子之后，一人而已。"① 可见，宋儒通过复兴师道而建构的道统论，其实是士大夫主体精神的理论建构，体现了先秦儒家师道精神的思想传统。

三、 师道与政教转型

两宋的师道复兴，推动了宋学的兴起和发展，同时还引发了一个重要的历史转型，即从汉学型的政教形态转型为宋学型的政教形态。从儒家学派产生开始，儒者就以"师"的身份成为文化传承和知识创新的主体，并活跃于历史舞台。无论是汉学的"师法"还是宋学的"师道"，均对汉、宋学术的思想演变与学术授受产生了重要影响。的确，儒家尊师的思想传统与中国传统政教形态密切相关。而唐宋之际出现的师道复兴，特别是宋代士大夫"以师道自居"之责任担当带来的两宋时期的思想解放和儒学复兴，其实就是一场以师道复兴为契机而由两宋士大夫完成的政教转型。

从春秋战国到西汉时期衍生出的"士大夫"阶层，是将官员与学者两种身份合一的群体。但是在具体的现实情境中，每一个士大夫对自我身份的认同有很大差别：或者是首先认同其官员（大夫）的政治身份，或者是首先认同其学者或师者（士）的文化身份。与此相关，春秋战国以来的"师"也一直有两重身份：辅助帝王的官员与承担价值的学者。我们发现，"士大夫"与"师"的身份认同和历史上不同的学术形态也有密切关系。汉学强调"师法"，汉儒之"师"首先是朝廷的大夫，突显的是朝廷政治身份的认同；宋儒强调"师道"，宋儒之"师"的身份首先是"志于道"的士人身份认同。所以在两千多年的儒学史中，发展出两种士大夫类型：一种是大夫型的汉儒，另一种是士人型的宋儒。大夫型汉儒拥有庙堂儒家的地

①《宋史·道学一》。

位，他们在学术上标榜"师法"，其"师"的身份是朝廷的"博士"，突显其官员（大夫）政治身份的认同；士人型的宋儒具有山林儒家的风貌，他们在学术上张扬"师道"，其"师"的身份是孔子所谓"志于道"的士人身份认同，他们希望自己是"道"的承担者、推行者。

其实，师道复兴不仅涉及教育领域、学术思想领域的问题，还涉及一个更加重大的问题：宋代儒者强调继承早期儒家的士人精神，重建由儒家之道主宰的庙堂之治，实现儒家政教文明的转型。所以在唐宋变革的大背景下，儒家士大夫不满汉代由王权主导的政教体系，而推动了一场由士人之师道精神主导的复兴先秦儒学、重建儒学的宋学思潮。虽然宋代学术仍是传统政教形态的组成部分，但它是由宋代士大夫主导并表达士大夫对两宋政教形态转型之要求的新儒学。因此，两宋时期的师道复兴和士大夫主体精神，在中国历史上具有政教文明演进的特别意义。

我们可以发现一个重要历史现象：两汉确立的学术思想、政教形态在历史上被称为"周孔之教"；两宋确立的学术思想、政教形态则被称为"孔孟之道"。为什么唐宋变革以来，儒者开始将"周孔之教"转型为"孔孟之道"？这不仅是一个名称表述的差别，其背后正是政教形态转型的影响。那么，汉学型"周孔之教"与宋学型"孔孟之道"之间究竟有哪些重要差别呢？

其一，政教形态的主导者不同。汉代建构的政教形态是"秦政"与"周孔之教"的结合，"秦政"决定了帝王的集权不仅要主导"政"，同时要主导"教"。在"周孔之教"体系中，以体现三代先王典章制度的"周"为主，而"孔"为辅，因此历代帝王可以很方便地改造"周孔之教"以满足"秦政"的需要。所谓"师法"其实是希望庙堂之上的经师通过经义解说，为朝廷建构"秦政"的制度与治理提供文献咨询与理论论证。宋代士大夫希望推动的政教形态转型和建构的孔孟之道，体现的是春秋战国时期儒家士人的思想视角，而"孔孟之道"恰恰是士人人格和师道精神的典范。宋儒希望重新张扬先秦孔孟等儒家士人的师道精神，努力推动宋代政教形态的转型，并致力于由掌握师道的士大夫来主导新的政教形态。

其二，主要经典体系不同。"周孔之教"以"五经"为核心经典体系，而作为汉学型政教形态的"五经"源于三代的王官之学，其内容是记载三代时期关于礼乐政典方面内容的王室档案。《尚书·五子之歌》曰："明明我祖，万邦之君。有典有则，贻厥子孙。"三代文明遗留的"典"与"则"，就是"五经"的文献基础。汉儒以"五经"为核心经典而建立的"儒术"，就是这样一种学术类型，这正是陈寅恪所说的"儒学"特征："故二千年来华夏民族所受儒家学说之影响最深最巨者，实在制度法律公私生活之方面，而关于学说思想之方面，或转有不如佛道二教者。"① 陈寅恪所说儒家对政治社会一切公私行动影响"最深最巨者"的法典，正是以"五经"体系为根本的汉学型"周孔之教"。而宋学型"孔孟之道"是以"四书"为核心经典体系的，"四书"原本属于"六经以外立说"的儒家子学体系。"四书"作为民间士人的讲学记录，突显出儒家士人希望在政教形态中居于主导地位的要求，弘扬的是士人的师道精神。特别是宋儒诠释的"四书"学，成为一种能够兼容并取代佛道二教的思想与学术。可见，"五经""四书"之间有着重要的思想区别：如果说"五经"的思想主体是君主的话，那么儒家子学便是春秋战国时期在民间讲学的士人之"立说"；如果说"五经"的思想核心在君王求治的话，那么儒家子学的思想核心便在士人求道。所以，宋儒诠释的"四书"学，更加明显地体现出宋学型政教形态的特点。

由于上述两个方面的重要差别，导致汉学因"师法"而关注礼法典章，宋学因"师道"而强调道德义理。宋代士大夫希望以宋学型的"四书"学来取代汉学型的"五经"学，其实就是希望以更能够表达儒家士人价值理想的"孔孟之道"，来代替满足朝廷政治需求的"周孔之教"，从而推动两宋政教形态的转型。由于汉代的政教形态是"秦政"与"周孔之教"的结合，所以儒家士大夫面对现实政治中"尽是尊君卑臣之事"的"秦之法"②而无可奈何。这正如张栻所说："自秦汉以来，言治者汩于五伯功利之习，求道者沦于异端空虚之说，而于先王发政施仁之实，圣人天理人伦之教，莫克推寻而讲明之。故言治者若无预于学，而求道者反不涉于事。"③ 张栻认为，只有由主动承担"道"的儒者来主导和推动政教转型，才能够实现"五伯功利之习无以乱其正，异端空虚之说无以申其诬，求道者有其序，而言治者有所本"④。唐宋变革为汉唐政教形态的转型提供了历史条件；宋代

<hr>

① 陈寅恪：《金明馆丛稿二编》，生活·读书·新知三联书店 2001 年版，第 283 页。
②《朱子语类》卷一百三十四。
③《南康军新立濂溪祠记》。
④《南康军新立濂溪祠记》。

士大夫不仅在文化领域强化了其主体地位，在政治领域的地位也不断提升。这样，宋代士大夫推动的师道复兴、儒学重建和文化教育下移等一系列思想文化变革，均体现出他们希望推动政教形态转型的努力。

还有一个与此密切相关的现象，即宋代儒家士大夫在推动师道复兴的同时，也在追求王道的复兴。甚至可以说，他们之所以追求师道，乃是基于王道理想。所以我们在讨论宋儒推动师道复兴时，需要厘清宋儒对师道与王道关系的看法。从一般意义上看，"师"与"王"之间可能存在明显的权力紧张与政治冲突。但是，因为儒家称道的"王"原本指三代圣王，春秋战国以后，圣王已死而王道不继，现实的君王都是一些暴虐、私利之徒，孔孟儒家不得不以民间之"师"的身份，承担起复兴"天下之道"的责任和使命，所以儒家士人不能够以"王"者身份、只能够以"师"者身份进入中国传统的政教相通的政治现实中。因此，春秋战国时期的师道兴起，其实是在儒家士人追求实现天下之道与君主帝王现实争霸的紧张中产生的。西汉确立儒学的主导地位以后，儒学的发展史便是有志于道的"师"与争夺权位的"王"之间不断合作又充满紧张的历史。可见，师道与王道本来就是密切相关的，宋儒复兴的"师道"，也就是儒家士人在春秋战国时期宣讲的"王道"，它是儒家士人引导甚至对抗王权的"尚方宝剑"。按照宋儒杨时的说法："人主无仁心，则不足以得人。故人臣能使其君视民如伤，则王道行矣。"[1] 士大夫必须具有师道精神，才有可能以人臣的身份使君主推行王道。

根据宋儒的看法，师道是在王道不可实现的历史局面下，儒家士人不得已的追求，而且王道的实现并不像汉唐一样完全依赖于帝王。两宋时期的三代王道理想，恰恰依赖于儒家士大夫复兴的师道。因此，要在两宋以后真正实现王道型的政教理想，最根本的出路是士大夫主导的师道复兴。由此也可以说，在宋儒推动的政教转型运动中，师道复兴是他们的唯一希望所在。

（原载于《哲学动态》2020 年第 7 期）

---

[1]《宋元学案·龟山学案》。

圣贤气象与宋儒的价值关怀

　　唐宋时期，中国的政治社会结构发生巨大的变革，使得士大夫的价值观念与人格理念也发生重大变化。北宋初开始，士大夫们普遍倡导一种新的理想人格，这就是所谓的"圣贤气象"。魏晋的士大夫虽然也推崇周孔等儒家圣人，但他们从不把圣人作为自己追求、实践的人生目标，而仅仅希望自己成为率性自由的风流名士。而宋儒则不同，他们不仅推崇儒家圣贤，而且强调每个士大夫均要通过修齐治平的道路做圣贤，以圣贤的人格理想作为自己毕生追求、实践的人生目标。

　　那么，宋儒所追求的"圣贤气象"体现了什么价值关怀呢？

　　首先，在宋儒眼中具有"圣贤气象"的士大夫，必须能够关怀社会、心忧天下，具有"民胞物与"的博大胸怀，以社会和谐、国家富强、天下安泰为己任，积极参加治国平天下的经世济民的活动。本来，关怀社会、心忧天下就是儒家的核心价值，东汉党锢之祸前后士大夫及太学生为了政治清明而和宦官、外戚等黑暗政治势力相抗争，他们为了"忠义名士"的名节而受到史家的褒奖。因专制皇权的打击，魏晋士大夫开始推崇那种以个体生命价值为核心的风流名士及其人生理想，并且产生了"魏阙"与"江湖"的心灵徘徊，"有济世志"与"不与世事"的双重人格。而到了晚唐及五代，"礼乐崩坏，三纲五常之道绝"①，重新恢复儒家传统的价值观念与人格理想，就成为宋初的一种文化风尚与社会风习。加之北宋士大夫政治地位显著提高，与君主"同治天下"的政治主体意识拓展，故而，宋代的士大夫普遍地具有"以天下为己任"的社会志向，具有"名节相高"的"忠义之气"。正如《宋史》作者对宋初士风所描述的："士大夫忠义之气，至于五季，变化殆尽。……真、仁之世，田锡、王禹偁、范仲淹、欧阳修、

---

①　欧阳修：《新五代史》第 1 册，中华书局 1974 年版，第 188 页。

唐介诸贤，以直言谠论倡于朝，于是中外缙绅知以名节相高、廉耻相尚，尽去五季之陋矣。"①

两宋时期士大夫群体中这种心忧天下、名节相高的士林风习，促成了他们对传统儒家人格理想——圣贤气象的执着追求。在原始儒学那里，尧、舜、文、武、周公等圣人均是那种具有以天下为己任的胸怀、能够完成博施济众事业的理想人格，而宋代士大夫就明确以这些圣贤为自己效法的榜样。范仲淹是倡导心忧天下、名节相高的开风气人物，他总是"言政权之源流，议风俗之厚薄，陈圣贤之事业，论文武之得失"②。这种"先天下之忧而忧，后天下之乐而乐"的担当精神，正是宋代士大夫所推崇的"圣贤气象"的核心价值。朱熹深为范仲淹的胸襟与气象所感染，衷心赞扬道："范公平日胸襟豁达，毅然以天下国家为己任。"③ 特别是范仲淹后来在不畏权势、大胆进谏、重招贬责之事中所体现的精神，更在当时及后世产生了矫厉名节、救时行道的深远影响。可以发现，从苏轼的"以救时行道为贤"到石介的"严气正性"，从周敦颐的以"师道立"而致"天下治"到张载的"民吾同胞，物吾与也"，从北宋元祐党人的"舍身行事"到南宋庆元党禁的冒死抗争，从挽救国家危难的奋勇抗金到舍生取义的抗元死节等，无不表现出两宋时期的士大夫追求"以名节相高、廉耻相尚"的气象。

宋儒在追求和标榜"圣贤气象"时，所倡导的就是这种能够"以天下为己任""以名节相高"的人格精神。二程在教授弟子读儒家经典时，强调要通过孔子、子由、颜子等人的人文关怀与道义承担的精神中寻找"圣贤气象"，他说：

> 凡看文字，非只是要理会语言，要识得圣贤气象。如孔子曰："盍各言尔志。"而由曰："愿车马，衣轻裘，与朋友共，敝之而无憾。"颜子曰："愿无伐善，无施劳。"孔子曰："老者安之，朋友信之，少者怀之。"观此数句，便见圣贤气象大段不同。若读此不见得圣贤气象，他

---

① 脱脱等：《宋史》第38册，中华书局1985年版，第1314页。
②《范文正公集·奏上时务书》。
③《朱子语类》卷一二九。

处也难见。学者须要理会得圣贤气象。①

二程对忧患天下、承担道义的"圣贤气象"的推崇，其实只是两宋时期儒家士大夫们一种普遍的价值观念与人格理想。程颢曾作有《下山偶成》诗一首："襟裾三日绝尘埃，欲上篮舆首重回。不是吾儒本经济，等闲争肯出山来？"② 他不像魏晋名士那样无限向往出世的山林生活，而是将入世的经世济民看作是自己的使命和责任，他所表达的正是这种充满人文关怀、社会道义的"圣贤气象"。

但是，我们还要注意的是，宋儒所推崇的"圣贤气象"除了具有东汉"节义名士"及儒家传统的救时行道、名节相高的社会道德内涵之外，同时还有老庄道家、魏晋名士所追求的洒落自得、闲适安乐的个体人格及其精神超越，这是值得深入思考和探讨的。

从两宋开始，士大夫群体中盛行追求"孔颜乐处"。二程十四五岁从学于理学开山周敦颐，周子并没有向他们传授什么深奥的哲理与经典的解读，而是教他们"寻颜子、仲尼乐处，所乐何事"③。据说后来程颢"自再见周茂叔后，吟风弄月而归，有'吾与点也'之意"④。他显然是从周敦颐那里领悟了"孔颜乐处"的深刻含义。据《论语》记载，孔子曾自述"饭疏食饮水，曲肱而枕之，乐亦在其中矣"⑤。另外，孔子还赞扬弟子颜回，说："贤哉，回也！一箪食，一瓢饮，在陋巷。人不堪其忧，回也不改其乐。贤哉，回也！"⑥ 在宋儒看来，孔子、颜子能够在"人不堪其忧"的艰苦生活中感到精神上的快乐，具有十分深刻的思想内涵和人生指导意义。这一"圣贤之乐"正应该是他们深思的，也应是他们效法的。

孔颜之乐的深刻意义在哪里呢？其实它表达的正是"圣贤气象"中追求个体精神洒落自得的一面。圣贤内心所达到"与物同体""天人合一"的

---

① 程颢、程颐：《二程集》，中华书局1981年版，第284页。
② 程颢、程颐：《二程集》，中华书局1981年版，第476页。
③ 程颢、程颐：《二程集》，中华书局1981年版，第16页。
④ 钱基博：《近百年湖南学风》，岳麓书社2009年版，第3页。
⑤《论语·述而》。
⑥《论语·雍也》。

精神境界，表现于外就是一种洒落自得、悠然安乐的"圣贤气象"。① 这一点，在指导二程兄弟寻孔颜乐处的周敦颐那里，就表现得十分明显。周敦颐是一个追求并达到这样一个悠然自得的人生境界的人，据记载，周子"人品甚高，胸中洒落，如光风霁月"②。这正说明他的人生境界透露出宋儒所推崇的"圣贤气象"，所以李桐赞叹说："此句形容有道者气象绝佳。"③可见，"孔颜乐处"与"圣贤气象"有着深刻的联系。

其实，儒家士大夫均普遍表达出对这种圣贤气象及孔颜乐处的思考与追求，不仅仅是周敦颐"如光风霁月"，其他宋儒均是如此。他们在保持儒家忧患意识、人文关怀的同时，普遍地追求个人的精神洒落、心灵安乐，"孔颜乐处"成为宋儒十分热衷探讨并努力追求的人生目标。胡瑗主讲太学时对"孔颜乐处"甚为热衷，曾以《颜子所好何学论》为题试诸生。二程兄弟从学周敦颐以后，就一直重视寻孔颜乐处及所乐何事。程颢主张从"反身而诚"中寻得"大乐"，认为"孟子言'万物皆备于我矣'，须反身而诚，乃为大乐"④。程颐也和弟子反复讨论"颜子何以不能改其乐"，其门人鲜于侁认为颜子是"乐道而已"，而程颐则认为"使颜子以道为可乐而乐乎，则非颜子矣"⑤。张载在进入圣学门槛时，也是从孔颜乐处开始的。据《宋史·道学传》记载，张载年少时喜谈兵，"年二十一，以书谒范仲淹，一见知其远器，乃警之曰：'儒者自有名教可乐，何事于兵！'因劝读《中庸》"。可见，"名教可乐"问题同样是张载深入圣学、建构道学理论的关键。总之，由于北宋儒家士大夫对"孔颜乐处""名教可乐"极其重视，这个问题已经成为大理学派如濂、洛、关、闽等著名理学家的道学相传之要。所以当代学者指出，"名教可乐"是北宋学术的"问题意识"，这种问题意识"正是道学的萌芽"。⑥

由此可见，宋代士大夫们所推崇的"圣贤气象"，不仅具有心忧天下、救时行道的一面，同时还有洒落自得、闲适安乐的另一面。在当时的儒林

---

① 冯友兰：《中国哲学史新编》第5册，人民出版社，1988年版，第121—123页。
② 黄庭坚：《濂溪诗》，《豫章黄先生文集》卷一。
③ 朱熹：《延平答问》。
④ 程颢、程颐：《二程集》，中华书局1981年版，第17页。
⑤ 程颢、程颐：《二程集》，中华书局1981年版，第1237页。
⑥ 参阅卢国龙：《宋儒微言》，华夏出版社2001年版，第248页。

中，许多士大夫考虑到思想文化界对此重视不够，因此往往特别在意后者，将其作为是否有"圣贤气象"的重要标志。他们总是借助于《论语》中的孔子、颜回、曾点等圣贤对"乐"的追求，而表达自我的心灵世界中对自由、自在、自得、自乐的无限向往与追求。在他们的诗文言谈中，无不流露出对自己精神自得的喜乐，这种种思想境界与心理状况常常表现得与魏晋的风流名士十分接近。譬如，我们可以看到周敦颐的风雅："倚梧或欹枕，风月盈中襟。或吟或冥默，或酒或鸣琴。数十黄卷轴，贤圣谈无音。"[1] 他家庭院草木繁茂、绿满窗前而不除，他从中看到"与自家意思一般"，这种怡然、风雅的气象所显露的是他自由自在的心灵境界。再如程颢有诗："两事到头须有得，我心处处自优游。""闲来无事不从容，睡觉东窗日已红。"[2]"静听禽声乐，闲招月色过。"[3] 程颢所表达的"闲适""优游"的精神快乐，正体现出他的"放这身来，都在万物中一例看，大小大快活"[4] 中的孔颜乐处。邵雍更是体现出一种旷达、超然的气象，他明确标榜自己的学问是为"乐"而起，"学不至于乐，不可谓之学"，并将自己的寓所命名"安乐窝"，他在自己的"安乐窝"中吟道："安乐窝中事事无，惟存一卷伏羲书。""灯前烛下三千日，水畔花间二十年。有主山河难占籍，无争风月任收权。闲吟闲咏人休问，此个功夫世不传。"[5] 他所追求的"观物之乐""闲静之乐"的境界，体现了一种"天挺人豪，英迈盖世""闲中今古，醉里乾坤"的气象！总之，北宋理学家们对"孔颜乐处"的追求和标榜，成为一种十分突出的文化现象。

由于这些道学大师对"孔颜乐处"的普遍追求，所以在士大夫群体中往往将是否达到"乐"的境界作为得道与否的标志。宋儒罗大经说：

> 吾辈学道，须是打叠教心下快活。古曰无闷，曰不愠，曰乐则生矣，曰乐莫大焉。夫子有曲肱饮水之乐，颜子有陋巷箪瓢之乐，曾点有浴沂咏归之乐，曾参有履穿肘见、歌若金石之乐，周程有爱莲观草、弄月吟风、望花随柳之乐。学道而至于乐，方能真有所得。大概于世

①周敦颐：《周敦颐集》，岳麓书社2002年版，第68页。
②程颢、程颐：《二程集》，中华书局1981年版，第482页。
③程颢、程颐：《二程集》，中华书局1981年版，第484页。
④程颢、程颐：《二程集》，中华书局1981年版，第33—34页。
⑤邵雍：《伊川击壤集》，中华书局2013年版，第339页。

间一切声色嗜好洗得净，一切荣辱得失看得破，然后快活意思方自此生。①

他们认定，从孔颜到周程，都无不追求这种"心下快活"的人生境界。周程等道学家所具有的爱莲观草、吟风弄月的快乐人生，实际上是他们达到了"与道为一"的人生境界，故而能够在日常生活中呈现出一种圣贤气象。这种"乐处""气象"是由于他们能够经过修炼而实现作为个体自我与天地万物、天道天理合为一体的最高人生境界。程颢早就描述过这一精神境界的博大与崇高，他说："学者须先识仁。仁者，浑然与物同体……孟子言'万物皆备于我'，须反身而诚，乃为大乐。若反身未诚，则犹是二物有对，以己合彼，终未有之，又安得乐？"② 以后的道学家们，亦纷纷从自我身心与天理万物合一的境界来谈孔颜乐处与圣贤气象。

由此可见，宋明的"圣贤气象"包括了上述两个重要方面：社会责任与个人自在、忧患意识与闲适心态、道义情怀与洒落胸襟。对于西汉以来的儒家士大夫来说，这两个侧面一直存在着一种对立的紧张关系。东汉的名士为表达自己的社会责任、忧患意识、道义情怀而与宦官、外戚政治集团展开殊死搏斗，不仅放弃了个人的自在、闲适，甚至放弃了自由和生命；而魏晋名士过于追求个人的身心自在、闲适心态、洒落胸襟，又走向对名教的悖逆和行为的放荡。宋代士大夫却希望将两者结合起来。一方面，他们有志于复兴儒学人格理想，他们在面临"礼乐崩坏，三纲五常之道绝"的危急时刻，希望通过重振儒家伦理，激励士大夫承担起"以天下为己任"的宏大志向和创立救世济民的尧舜事业，所以，他们始终把"有济世志"、社会关怀作为理想人格的核心价值，并严厉批判佛道宗教、魏晋名士以及汉唐儒家对此价值理想的背离。然而，另一方面，两宋的士大夫群体对魏晋时代觉醒的个体生命价值、独立人格有深切的认同，对晋唐以来佛道宗教超然的精神境界和闲适的人生态度有广泛的汲取，所以他们又主张"孔颜乐处""名教可乐"，希望将"名教"的社会关怀与"乐"的个体追求结合起来，也就是希望一切具有"圣贤气象"的理想人格，在承担社会责任

---

① 罗大经：《鹤林玉露》，中华书局 1983 年版，第 273 页。
② 程颢、程颐：《二程集》，中华书局 1981 年版，第 16—17 页。

的同时又有个人的身心自在，在具有深切忧患意识的同时又不能放弃闲适的心态，在坚守道义情怀的同时又具有洒落胸襟。魏晋名士也曾经做过这种结合的努力，他们所采取的方式是将儒家的"名教"与道家的"自然"结合起来，故而导致名教的社会关怀与个体的身心安顿之间的巨大分裂，产生了风流名士普遍性内外不一、神形分离的双重人格。这种"双重人格"既不利于儒家士大夫理想人格的健康发展，又会对社会历史产生极大的负面影响。

宋明儒家在中国思想学术史上的巨大贡献，就是将"圣贤气象"中社会关切和个体安顿奠定在一个以"天道""天理""太极""诚"为终极依据的哲学本体论基础之上。名教与个体人格的终极依据均不是魏晋名士所说的"无""自然"，而是实际存在于社会之中与自我心性之中的"天道""天理""太极"。这时，社会忧患、经世情怀的价值依据不仅仅是人文关怀，而是与阴阳造化相关的宇宙精神；同样，身心安顿、洒落胸襟的人道执着亦不局限于道德信念，也是由于对这个主宰浩浩大化的终极实体的精神依托。宋儒就是依据这个"天理""天道""太虚""太极"，确定了"圣贤气象"中社会关切与个人安顿的统一。

在宋明理学史上，能够列为著名道学家的重要学者，能够成为理学名篇的代表著作，几乎均是在建构宇宙本体论中统一社会关切与个人安顿，从而为"圣贤气象"的理论体系做出了重大贡献的。周敦颐的《太极图说》与《通书》、张载的《西铭》、程颢的《识仁篇》与《定性书》、程颐的《伊川易传》、邵雍的《皇极经世书》、朱熹的《四书集注》等，尽管是以不同的思想范畴，诸如太极、诚、太虚、天理、天道、良知来建构宇宙本体学说，但是均能够将社会名教与个人身心统一起来，使士大夫们向往、追求的"圣贤气象"有了坚实的理论依据。如张载的《西铭》，就表现出道学家将圣贤气象奠定于宇宙本体论学说之上的努力。《西铭》一直受到各派理学大家的推崇，被认为是"秦、汉以来学者所未到"[1]的理学名篇，充分表达了儒者的圣贤气象。它通篇都建立在太虚为本、天人一气的宇宙本体论基础之上。首先，名教政治、礼制社会就是以此太虚之气为基础的，张

———
[1] 程颢、程颐：《二程集》，中华书局1981年版，第22页。

载豪迈地说，"乾称父，坤称母"，"民吾同胞，物吾与也。大君者，吾父母宗子；其大臣、宗子之家相也。尊高年，所以长其长；慈孤弱，所以幼其幼"。其次，儒家士大夫的个体生命意识、精神超越、心灵安顿也是以此太虚之气为依托的，他特别强调："富贵福泽，将厚吾之生也；贫贱忧戚，庸玉汝于成也。存，吾顺事；没，吾宁也。"这种超然、洒落、自在的胸怀也依托于天人一气的观念。正是由于社会名教与个体安顿均是统一于太虚之气的基础上，使得张载的《西铭》表达出天人浑然同体的宏大气势与血脉相通的圣贤气象，充分表达出一种力图"为天地立心，为生民立命，为往圣继绝学，为万世开太平"的自主人格。宋儒在建构这种统一社会关怀与个体安顿的圣贤气象时，一直十分注意防止偏于一端的片面，纠正仅讲一面而可能出现的政治功利之习或道德虚无之弊的倾向。

理学家们发现，在推崇孔颜之乐、曾点之志时，如果过于强调个人身心的自在、闲适、舒泰、喜乐，使这种身心自在的追求与社会关怀、博济事业分离开来，那就会落入魏晋名士、佛道宗教的价值虚无中去，从而背离周孔创立的圣人之学，这绝不是周孔之教的"圣人气象"！朱熹在理解、注释《论语》中的"曾点气象"时，就一直非常注意二者的结合，他说："曾点气象，固是从容洒落。然须见得它因甚到得如此，始得。若见得此意，自然见得它做得尧舜事业处。"① 他认为，圣贤的从容洒落气象，必须建立在体认人伦天理、"做得尧舜事业"的基础之上，否则就与佛、道无别。他曾十分警惕地指出过："曾点意思，与庄周相似。"② 这当然是指没有与体认天理、尧舜事业结合的"从容洒落"，因其消解了儒家仁义的价值关怀而会"与庄周相似"。所以他理解、注释曾点之气象时总是强调："若曾点所见，乃是大根大本。使推而行之，则将无所不能，虽其功用之大，如尧舜之治天下，亦可为矣。"③ 另一方面，作为一个儒家士大夫如果仅仅是讲经世之业，而离开了天理的大本大根，同样会因沾染政治功利之习而丧失圣贤气象，尽管这种人十分有才干并做出了政治事业。朱熹对此亦有论述，《朱子语类》载："问：'孔门之学，莫大于为仁。孟武伯见子路等皆孔

①《答欧阳希逊》一，《朱文公文集》卷六十一。
②《朱子语类》卷四十。
③《朱子语类》卷四十。

门高第，故问之。孔子于三子者，皆许其才不许其仁。'曰：'何故许其才而不许其仁？'对曰：'三子之才，虽各能办事，但未知做得来能无私心否？'曰：'然。圣人虽见得他有驳杂处，若是不就这里做工夫，便待做得事业来，终是粗率，非圣贤气象。'"① 朱熹认为那种能办事、创造事业者如无道德心性工夫，仍无圣贤气象。他强调的圣贤气象必须建立在政治功业与从容洒落、尧舜事业与德性工夫相统一的基础之上。

〔原载于《湖南大学学报》（社会科学版）2009 年第 6 期〕

---

① 《朱子语类》卷二十八。

范仲淹易学的宋学精神

"宋学"是继"汉学"之后中国学术史上最重要的学术形态。但是，这一重要学术形态的开创者、奠基人是谁，在千年以来的学术史编撰中，从来都是见仁见智的问题。本文同意当代学界一些学者的看法，即不是周敦颐或者"宋初三先生"，而范仲淹才是宋学的开创者和奠基人。① 作为宋学的开创人，范仲淹主要是在易学的经义创通方面有明显的表现，体现出宋学的学术精神与学术形态的特征。

宋学开创之初，以范仲淹为首的庆历士大夫集团均关注、研究《周易》，并留下了较多重要的易学著作，历史上出现了所谓"庆历易学"。宋学为什么如此重视易学？宋学是一种崇经明道的学术思潮，宋儒希望重振儒家伦理，努力重建一种"性与天道"的道德形上学，因此，他们特别需要在先秦儒家经典中寻找学术资源。而在浩繁的儒家经典体系中，专门探讨天人之道的《周易》具有最丰厚的资源，故而受到宋儒的特别关注。所以，宋学学者十分重视对《周易》的研究，研究《周易》的成果汗牛充栋、浩如烟海，《周易》成为宋学体系的重要经典依据与形上学理基础。那些有影响的宋学学者总是通过对《周易》的创通经义而建立儒家的道德形上学，从而完成了中国易学史的高峰——宋代易学。

宋代易学的开端在哪里？本文认为，正是以范仲淹为首的庆历士大夫集团的易学兴起和发展，成为宋代易学在历史上和逻辑上的开端。所谓"庆历易学"的学者群体较大，包括范仲淹、欧阳修、胡瑗、孙复、石介等，他们均关注、研究《周易》，并留下了重要的易学著作。在这个"庆历易学"的学者群体中，范仲淹无疑是其中的领袖人物。他不仅对《周易》

① 参阅徐洪兴：《思想的转型——理学发生过程研究》，上海人民出版社1996年版；姜广辉：《中国经学思想史》第三卷，中国社会科学出版社2010年版，第84页。

有强烈的关注，并且留下了易学著作。《宋史·范仲淹传》称其"泛通六经，长于《易》"①。其易学论著包括《易义》《四德说》和一些有关易学的赋。可惜的是，过去的易学史或经学史的著作对范仲淹的易学在创通经义方面的成就和贡献往往是语焉不详。

范仲淹的易学在宋学历史上具有开风气的学术地位，是因为它开创了整个中国学术史的一个重要转型，即将玄学精神的易学转型为宋学精神的易学。要对范仲淹易学有深入理解和客观评价，必须将其纳入从玄学到理学所建构的易学演进发展的大视野之中。

王弼的易学是玄学易学（"晋易"）的典型代表，程颐的易学则是宋学易学（"宋易"）的典型代表，而作为宋学的开端人物范仲淹，其易学就鲜明地体现出从"晋易"到"宋易"的转型。所以，我们要探讨范仲淹在宋代易学或宋代经学史上的贡献和价值，就必须将他的易学置于从王弼到程颐的义理易学的脉络中考察。

一、 范仲淹易学对王弼义理易学的继承

汤用彤认为"魏晋经学之伟绩，首推王弼之《易》"②。魏晋玄学以《周易》为"三玄"之一，继战国时期的《易传》所建构出系统的义理易学之后，魏晋学者将义理易学推到一个新的发展阶段，即将老庄之道融入《周易》，以建构一套具有道家思辨哲学和形上思维的义理系统，王弼无疑是其中最杰出的代表。

北宋庆历时期热衷探讨易学的范仲淹，其学术的起点正好是王弼易学。因为王弼易学是汉唐时期的义理易学的最高形态，王弼在其《周易注》《周易略例》中建立的义理易学，恰恰是范仲淹易学的基础和前提。我们从以下几个方面，可以看到范仲淹与王弼的义理易学的承传关系。

其一，他们的《周易》义理学的形式一致。王弼尽黜两汉象数易学，建构一种将人道和天道合一的义理易学。王弼的《周易注》是通过直接注解、阐发《易传》中的《彖》《象》《文言》，而建构出一套既有占筮语言

---

① 脱脱等：《宋史》第 29 册，中华书局 1977 年版，第 10267 页。
② 汤用彤：《魏晋玄学论稿》，上海古籍出版社 2005 年版，第 69 页。

形式又有义理哲学内涵的《周易》义理学学术形态。王弼特别重视从每一卦的筮法形式中，寻求社会与人生法则的人文内涵和义理哲学。范仲淹的易学代表著作是《易义》，其特点也正是排除神秘的象数易学，回归《周易》的人文内涵与义理旨趣。范仲淹的《易义》，主要从《周易》的六十四卦中，选取了《乾》《咸》《恒》《遁》《大壮》《晋》《明夷》《家人》等二十七卦做义理诠释。范仲淹也吸收了《易传》已经建构的义理哲学，故而也是通过《周易》的占筮语言形式，而探讨每一卦的卦义中所蕴含的人生、社会的思想内涵和人文法则。与王弼的《周易注》一样，范仲淹的易学也主要是通过对《易传》的《彖传》《象传》《文言传》的解释和阐发，而建构出一套既有占筮语言形式又具哲学内涵的义理之学。如王弼的《周易注》对《咸》卦的解释，《彖》曰："咸，感也。柔上而刚下，二气感应以相与。"王弼则主要是对《彖传》的进一步发挥："天地万物之情，见于所感也。凡感之为道，不能感非类者也，故引取女以明同类之义也。"① 范仲淹《易义》对《咸》卦的解释，也是这一套既有占筮语言形式又具哲学内涵的义理之学。他解释《咸》卦说："《咸》，阴进而阳降，《兑》，阴卦。《艮》，阳卦。上下交感之时也，与《泰》卦近焉。《泰》卦，天地交而万物通。《咸》卦，天地感而万物化生。"② 显然，王弼的《周易注》与范仲淹的《易义》的义理学形式是前后一致的。

其二，他们对卦义的理解和解释有前后继承关系。范仲淹《易义》中对一些卦义的解释，大多是对《易传》的《彖》《象》《文言》的阐发，而其中亦有直接源于王弼《周易注》的卦义的解释。譬如《困》卦，王弼对卦义、爻义的理解既继承了《象传》，又有新的发挥，而范仲淹则一定程度上进一步继承了王弼的学术观点。如《象传》与王弼对《困》的解释：

《象》曰："泽无水，困。君子以致命遂志。"

王弼注曰："泽无水，则水在泽下，困之象也。处困而处其志者，小人也。君子困穷，道可忘乎！"③

而范仲淹在《易义》中的解释则是：

① 楼宇烈：《王弼集校释》上册，中华书局1980年版，第374页。
② 范能濬：《范仲淹全集》，凤凰出版社2004年版，第120页。
③ 楼宇烈：《王弼集校释》上册，中华书局1980年版，第454页。

困，水在泽下，泽方竭焉，其道不加于物，君子困穷之时
也。……是则川泽竭而伏其流，君子困而隐其道，困于险而不改其说，
其惟君子乎，能困穷而乐道哉！①

　　范仲淹继承了王弼对《象传》中《困》卦的解释，包括对《困》卦的
"水在泽下"的卦象的理解，对"君子困穷，道可忘乎"的卦义诠释，其学
术继承关系显然是一脉相承的。

　　又如《乾》卦。王弼在为《乾》作注时，对《乾》之卦义与卦象的关
系解释说："夫易者，象也。象之所生，生于义也。有斯义，然后明之以其
物，故以龙叙乾，以马明坤，随其事义而取象焉。……统而举之，乾体皆
龙；易而叙之，各随其义。"②其中有关"随其事义而取象"的观念也影响
了范仲淹对《乾》卦卦义的解释。范仲淹在解释"卦言六龙，而九三不言
龙，而言君子"时说："盖龙无乘刚之义，则以君子言之。随义而发，非必
执六龙之象也。故曰'易无体'。而圣人之言，岂凝滞于斯乎！"③王弼的
"各随其义"而取象的观点显然对范仲淹的"随义而发"而不凝滞于象的学
术思想有一定影响。

　　其三，他们在以人事明天道上前后相承。王弼易学的根本宗旨，就是
建构一个"全以人事明之"的形而上之道，他在《周易注》中总是坚持将
形而上之道落实于社会与人生。而范仲淹的《易义》就是承着这一"全以
人事明之"而表达形而上之道的学术旨趣。如《恒》卦，王弼就是以"常
道"解释之，但此"常道"总是通过人事以明之，所以他说："恒而亨，以
济三事也。恒之为道，亨乃无咎也，恒通无咎，乃利正也。""各有所极，
修其常道，终则有始，往而无违。"④在王弼看来，这个恒常的形上之道总
是与人事紧密相关。范仲淹的《易义》也是将此道看作是"上下各得其常
之时也""圣人久于其道而天下化成"，⑤也就是说，范仲淹也是从形而下的
人事之中领悟、阐发形而上之道。

---

　①范能濬：《范仲淹全集》，凤凰出版社2004年版，第125页。
　②楼宇烈：《王弼集校释》上册，中华书局1980年版，第215—216页。
　③范能濬：《范仲淹全集》，凤凰出版社2004年版，第120页。
　④楼宇烈：《王弼集校释》下册，中华书局1980年版，第377页。
　⑤范能濬：《范仲淹全集》，凤凰出版社2004年版，第120页。

二、 范仲淹易学的转型

范仲淹的义理易学是承王弼而来的，他继承了王弼的一部分易学思想。但是，更值得我们关注的是：范仲淹作为宋学的开创者，他是如何以玄学化易学为起点，将义理易学转型为宋学的形态的？王弼易学的最大特点，就是以老庄之道解《周易》，将道家的本体论、价值观、方法论融入易理的阐发和建构上。《四库全书总目提要》论述义理派易学时说："王弼尽黜象数，说以老、庄，一变而为胡瑗、程子，始阐明儒理。"① 这里没有提到范仲淹，因为范氏没有留下独立、系统的易学著作。但是，从他《易义》中对二十七卦卦义的阐发中可以发现，他才是转变玄学化易学、真正通过易义而"阐明儒理"的开创者。

我们从以下三个方面，看范仲淹如何以玄学的义理易学为起点，将义理易学转型为宋学的形态。

首先，从形而上之道的层面来看。王弼虽然通过诠释《周易》，为义理易学建构了一个本体论的形上之道，但这个"道"具有很显著的道家特色。如上面所述对《恒》卦的诠释就是如此。王弼以"恒"为"常道"，但受老庄影响，他以"虚静"对此"常道"做出本体论的诠释，他诠释恒之常道时说："夫静为躁君，安为动主。故安者，上之所处也；静者，可久之道也。处卦之上，居动之极，以此为恒，无施而得也。"② 道家以"无""静"为形而上之道的根本特征，王弼关于"静者，可久之道"的本体诠释，就是一种道家式的形而上学。范仲淹同样诠释《恒》卦的本体论意义，但这个恒常之道却是天地、君臣、男女的恒常法则，即所谓"天地、君臣、男女各得其正，常莫大焉"③。他特别强调，这个恒常之道也就是儒家圣人之道，即"'圣人久于其道，而天下化成。'尧舜为仁，终身而已矣，知其常也哉！"④。这样，范仲淹在阐发易理时，不仅使义理易学重新归于儒家易学学脉，更是表达了宋学希望解决儒家道德形上学的问题。所以，范仲淹要

---

① 四库全书研究所：《钦定四库全书总目（整理本）》，中华书局 1997 年版，第 3 页。
② 楼宇烈：《王弼集校释》下册，中华书局 1980 年版，第 380 页。
③ 范能濬：《范仲淹全集》，凤凰出版社 2004 年版，第 120 页。
④ 范能濬：《范仲淹全集》，凤凰出版社 2004 年版，第 120 页。

建构的易道就不是道家式的"静者"，而恰恰是儒家式的刚健与变化。范仲淹写了一些有关易理的赋，就特别赞赏这种形而上之道的刚健、神化特质。他在《穷神知化赋》中写道："惟神也感而遂通，惟化也变在其中。究明神而未昧，知至化而无穷。通幽洞微，极万物盛衰之变；钩深致远，明二仪生育之功。"① 他将宇宙天地、社会人生均看作是一个不断运动变化的过程，天道其实就是一个"穷神知化"的过程，而圣人则参与这个"神化"的过程，"以此观天，通乾而明矣；以斯设教，助人文而用之。是以圣人德合乾坤，道通昼夜"②。这充分体现了儒学和复兴儒学的宋学精神，这是一个崇尚刚健、神化与开拓精神的形而上之道。而且，范仲淹诠释的这一变化的形而上之道体，是与治国安邦的形而下之功用关联在一起的。范仲淹在他革新政令的《上执政书》中，就将易道之体用结合起来，他说："惟圣人设卦现象，穷则变，变则通，通则久。非知变者，其能久乎！此圣人作《易》之大旨，以授于理天下者也。"③ 这种易理将体与用、内圣与外王结合起来，表达了范仲淹旨在开创一个宋学式的义理易学。

其次，探讨范仲淹易学的社会价值观。王弼在阐发易理的社会政治观念方面，往往是儒、道杂糅，既宣导儒家社会政治伦理，又追求道家的思想主张。如《损》卦，王弼重点诠释了损与益、失与得、柔与刚、盈与不足的辩证关系，即所谓"损之为道，损下益上，损刚益柔，以应其时者也"④。同时，他强调长短"各定其分"，说："自然之质，各定其分，短者不为不足，长者不为有余，损益将何加焉？"⑤ 他亦通过"贵柔"而论损益之道："以柔居尊，而为损道，江河居下，百谷归之。履尊以损，则或益之矣。"⑥ 他的这些诠释，均明显是将老庄之道的价值观念纳入《周易》义理中来。而范仲淹则完全以"民为邦本，本固邦宁"的儒家民本价值理念，来阐发《损》卦的卦义，他说："然则下者上之本，本固则邦宁，今务取于

---

① 范能濬：《范仲淹全集》，凤凰出版社 2004 年版，第 433 页。
② 范能濬：《范仲淹全集》，凤凰出版社 2004 年版，第 433 页。
③ 范能濬：《范仲淹全集》，凤凰出版社 2004 年版，第 183 页。
④ 楼宇烈：《王弼集校释》下册，中华书局 1980 年版，第 422 页。
⑤ 楼宇烈：《王弼集校释》下册，中华书局 1980 年版，第 421 页。
⑥ 楼宇烈：《王弼集校释》下册，中华书局 1980 年版，第 423 页。

下，乃伤其本矣，危之道也。"① 他在诠释《益》卦的卦义时，进一步针锋相对地提出"损上益下"的政治价值观，他说："益之为道大矣哉！然则益上曰损，损上曰益者，何也？夫益上则损下，损下则伤其本也，是故谓之损。损上则益下，益下则固其本也，是故谓之益。本斯固矣。"② 他坚持以儒家民本思想诠释损、益之间的辩证转化关系，其学术旨趣、价值观念完全不同于王弼的道家理念。

再次，从人生哲学、精神修炼来考察范仲淹易理的转化。范仲淹的易学在这方面表现很突出。《周易》中《震》卦是指人面临一种惊骇、威惧的时势，按照《象传》的解释："洊雷，震。君子以恐惧修省。"在这种时势中，王弼的应变态度就是如何避开这险恶的时势而安身无事，即如他解释"六二"爻时所说："震来则危，丧其资货，亡其所处矣，……犯逆受戮，无应而行，行无所舍。威严大行，物莫之纳，无粮而走。虽复超越陵险，必困于穷匮，不过七日。"③ "处四阴之中，居恐惧之时，为众阴之主，宜勇其身以安于众。履夫不正，不能除恐，使物安已，德未光也。"④ 这一切正体现了王弼易义特别强调顺应时势而追求一种"适时之变"的人生态度，同时特别追求应对险局险情的道家式实用理性。

范仲淹对《震》卦的解释，则强调回归到儒家的德性修养上来。根据《象传》"君子以恐惧修身"，范仲淹特别强调君子在险恶时势下崇德养心的重要性，凸显了内圣修养在面对险恶时势的重要性，这正是宋学及宋代士大夫的思想特征。范仲淹解释《震》卦卦义时说："震，雷相从而兴，威动万物，内外皆震，君子心身戒惧之时也。万物震，其道通焉；君子震，其德崇焉。君子之惧于心也，思虑必慎其始，则百志弗违于道；惧于身也，进退不履于违，则百行弗罹于祸。"⑤ 他所宣导的"心身戒惧""思虑必慎"的身心修养，就体现了儒家士大夫的道德能动性。

范仲淹在解释《易》义时所代表的宋学精神，还体现在其他诸卦的解释中。如前面所述的《困》卦，虽然他们均主张"君子困穷"而坚守道义，

① 范能濬：《范仲淹全集》，凤凰出版社 2004 年版，第 123 页。
② 范能濬：《范仲淹全集》，凤凰出版社 2004 年版，第 123—124 页。
③ 楼宇烈：《王弼集校释》下册，中华书局 1980 年版，第 475 页。
④ 楼宇烈：《王弼集校释》下册，中华书局 1980 年版，第 476 页。
⑤ 范能濬：《范仲淹全集》，凤凰出版社 2004 年版，第 126 页。

但是王弼的处困之道显然是道家式的，即"居困之时，处得其中，体夫刚质，而用中履谦，应不在一，心无所私，盛莫先焉。夫谦以待物，物之所归，刚以处险，难之所济"①。王弼的"履谦"具有鲜明的"柔弱胜刚强"的道家人生哲学的旨趣，而范仲淹则将外困之道诠释为一种积极能动的人生态度，他说："是则川泽竭而伏其流，君子困而隐其道。困于险而不改其说，……其惟君子乎，能困穷而乐道哉！"②他强调君子处于困穷之时，虽然不能如通达之时那样张扬道义，但仍然要能够坚守道义而"不改其说"；另外特别重要的是必须能够以道为乐。范仲淹所诠释的《困》卦卦义，显然是在张扬"孔颜乐处"的宋学精神。

三、 范仲淹易学对宋儒胡瑗、程颐易学的影响

范仲淹在宋学史上的开创者地位，还体现在他对宋代义理易学代表胡瑗、程颐的影响上。

在宋学史上，讲义理易学开端均要讲到胡瑗与程颐，胡瑗的《周易口义》、程颐的《伊川易传》是宋代义理易学的代表著作。同时，胡瑗的易学对程颐影响很深，程颐的《伊川易传》经常要讲到胡瑗对他的影响。但是，我们在这里要重点探讨范仲淹易学与胡瑗、程颐易学的关系，以进一步认识范仲淹的宋学开创者地位。

由于范仲淹身居朝廷要职，主要精力在事功上而不在学术上。他虽然"长于《易》，学者多从质问"③，但他并没有留下系统的易学著作，所以易学术史上只讲到胡瑗、程颐，而没有提及范仲淹。但是，我们从范仲淹不多的易学论著中可以发现，他对易义的阐发，不仅一改王弼以老庄说易的风格，还开始以儒家伦理说易理，使义理易学回归儒学。由于范仲淹在宋初政治与学术方面居于重要地位，正如朱熹所说："文正公门下多延贤士，如胡瑗、孙复、石介、李觏之徒，与公从游，昼夜肄业。"④ 程颐一直尊胡

---

① 楼宇烈：《王弼集校释》下册，中华书局 1980 年版，第 455 页。
② 范能濬：《范仲淹全集》，凤凰出版社 2004 年版，第 125 页。
③ 脱脱等：《宋史》第 29 册，中华书局 1977 年版，第 10267 页。
④ 朱熹：《宋名臣言行录后集》卷十一，《文津阁四库全书》447 册，商务印书馆 2006 年版，第 361 页。

瑗为先生，承认其易学受胡瑗的影响；而胡瑗则从游范仲淹之门，并得到范仲淹的延聘和举荐。从这个意义上来说，四库馆臣称胡瑗、程颐的易学"始阐明儒理"时，必须考虑范仲淹的易学在"始阐明儒理"时的应有地位。

首先，我们从范仲淹《易义》中选几段，与胡瑗、程颐阐发的易理做一比较，看他们在"阐明儒理"方面的一致，以窥他们易义阐发的传承关系。

魏晋以来的义理易学，都特别注重从易理中探索和提升一种形而上之道。从王弼到程颐，他们均是对易理中形而上之道做出重要贡献的易学大家。但是，王弼以"执一统众"的"至理"统御天地万物，这一永恒的"至理""道"就具有鲜明的道家色彩。如王弼在注释《恒》时说："得其常道，故络则复始，往无穷（极）。"① 他特别强调"静者，可久之道也"②。而宋代易学对《恒》的诠释就发生了一个重大变化，为了"阐明儒理"，均开始将儒家人伦之理与天地之理相结合。在宋代，这一"阐明儒理"的诠释始于范仲淹，成于胡瑗、程颐。范仲淹的《易义》对《恒》卦卦义的诠释是："天尊地卑，道之常矣；君处上臣处下，理之常矣；男在外女在内，义之常矣。天地、君臣、男女各得其正，常莫大焉。"③ 将君臣夫妇的社会伦常与天地自然的宇宙法则统一起来，正是宋学所要通过复兴儒学而进一步完成的文化使命。胡瑗、程颐均继续通过易理来论证这一社会伦常与宇宙自然合一的道或理，程颐还做了更具哲学意义的建构。胡瑗在诠释《恒》卦时，也是如此说："夫尊卑、贵贱、内外、上下，不失其本分，则可以为常久之道。"这个人文常久之道与天地自然之道均有永恒性，即"天地之道，恒久而不已也者"④。这种易理观与范仲淹一脉相承。程颐注释《恒》时，仍是顺着这一理路，他说："圣人以长久之道，行之有常，而天下化之以成美俗也。观其所恒，谓观日月之久照、四时之久成、圣人之道所以能常久之理。"⑤

---

① 楼宇烈：《王弼集校释》下册，中华书局 1980 年版，第 378 页。
② 楼宇烈：《王弼集校释》下册，中华书局 1980 年版，第 380 页。
③ 范能濬：《范仲淹全集》，凤凰出版社 2004 年版，第 120 页。
④ 胡瑗：《周易口义》卷六，《文津阁四库全书》3 册，商务印书馆 2006 年版，第 477 页。
⑤ 程颢、程颐：《二程集》下册，中华书局 2004 年版，第 862 页。

其次，我们进一步分析范仲淹的易学在"阐明儒理"方面是如何强化儒家的社会政治、伦理道德观念的。先看他们对《乾》卦卦义的解释。王弼的《周易注》在解《乾》卦之"九二""九五"之爻时，虽是以君德与君位释之，但他推崇不为"物之累""永保无亏"的道家道德观，他说："天也者，形之名也；健也者，用形者也。夫形也者，物之累也。有天之形，而能永保无亏，为物之首，统之者岂非至健！"① 而范仲淹的义理易学，则在君德、君位的问题上，不仅仅是强调君德决定君位，更重要的是将此君德以仁道、至诚的儒家伦理与尧舜禹等儒家圣人统一起来。范仲淹说："成德于其内，成位于其外。圣人之德，居乎诚而不迁。"② 他在《四德说》中进一步阐述"乾"所代表的君之德："惟圣人体乾而行，后之希圣者，亦鲜克备矣。尧舜率天下以仁，乾元之君也。汤武应天顺人，开国除乱，履其亨而阐其利者也。夏禹治水，乾之成功，乾其事者也。"③ 他以圣君之诚德、仁道来诠释"乾"之德义。继范仲淹之后，胡瑗进一步阐发这个以儒家价值体系为核心的君德，他特别批评"后世之人多以潜隐为德"④ 的道家式的君德，并完全以儒家诚明之德、圣人中庸之道来解君德，"以人事言之，则是圣贤君子有中庸之德，发见于世之时也"⑤。"圣人积中正诚明之德，德既广，业即成，即人君之位。"⑥ 程颐在解《乾》卦"九二"爻时也这样解君德："以龙德而处正中者也。在卦之正中，为得正中之义。庸信庸谨，造次必于是也。既处无过之地，则唯在闲邪。邪既闲，则诚存矣。"⑦

再次，从人生价值观上考察，我们可以从范仲淹对《困》卦卦义的阐发，看其与胡瑗、程颐的学术承传关系。《困》卦是"泽无水"之象，即君子处困穷之时。范仲淹反对以道家式的"履谦"态度应对，而主张"困于险而又不改其说，其惟君子乎，能因穷而乐道哉！"⑧。而胡瑗的处困之道与范仲淹完全一致，他说："惟君子处于穷困，则能以圣贤之道自为之乐，又

① 楼宇烈：《王弼集校释》上册，中华书局1980年版，第212页。
② 范能濬：《范仲淹全集》，凤凰出版社2004年版，第119页。
③ 范能濬：《范仲淹全集》，凤凰出版社2004年版，第163页。
④ 胡瑗：《周易口义》卷一，《文津阁四库全书》3册，商务印书馆2006年版，第307页。
⑤ 胡瑗：《周易口义》卷一，《文津阁四库全书》3册，商务印书馆2006年版，第308页。
⑥ 胡瑗：《周易口义》卷一，《文津阁四库全书》3册，商务印书馆2006年版，第310页。
⑦ 程颢、程颐：《二程集》下册，中华书局2004年版，第700页。
⑧ 范能濬：《范仲淹全集》，凤凰出版社2004年版，第125页。

能取正于大有德之人以为法则，故所行无不得其道，所以获吉而无咎矣。"①
而程颐的处困之道也是如此，"大人处困，不唯其道自吉，乐天安命，乃不
失其吉也"②。"君子当困穷之时，……知命之当然也，则穷塞祸患不以动其
心，行吾义而已。"③ 可见，范仲淹、胡瑗、程颐在诠释《困》卦的卦义时，
均强调两点：其一，任何穷塞祸患的困境均不可动摇其坚守道义、不改志
向的决心；其二，必须在"君子困穷"的困境中以道自乐。这两点，体现
宋代士大夫追求的一种理想人格与人生境界，这既不同于魏晋名士以退让
为特点的道家式处困之道，也不完全等同于东汉名士"匹夫抗愤，处士横
议"的处困之道。可见，范仲淹对《困》卦卦义的阐发，已经深入到宋学
一个核心的问题意识中，即如何能够在名教中安身立命。而"名教可乐"
恰恰"正是道学的萌芽"。④ 范仲淹通过对"易义"的诠释来讨论这一
问题。

　　通过上述列举，可以发现范仲淹与胡瑗、程颐易学之间的学术脉络关
系，由此可见范仲淹在宋学史上的地位。

四、 结论

　　钱穆先生对"宋学精神"有一段精当的论述，他说："宋学精神，厥有
两端：一曰革新政令，二曰创通经义，而精神之所寄则在书院。"⑤ "宋学"
虽然主要是一种新的学术形态，但是在中国传统政教合一的背景下，作为
"教"的学术教育与作为"政"的治国理政总是紧密互动的。范仲淹之所以
能够成为宋学的开创者、奠基人，恰恰在于他在创通经义、革新政令与书
院讲学三个方面，奠定了宋学的学术精神与学术形态。

　　在范仲淹倡导的政令改革中，包括了政治、经济、军事、教育、学术
等各个方面。范仲淹特别对以整肃吏治与人才选举为重点的政治改革十分
关注，他希望通过吏治整顿、科举改革，从政治上解决宋朝建国以来的种

---

① 胡瑗：《周易口义》卷八，《文津阁四库全书》3 册，商务印书馆 2006 年版，第 503 页。
② 程颢、程颐：《二程集》下册，中华书局 2004 年版，第 940 页。
③ 程颢、程颐：《二程集》下册，中华书局 2004 年版，第 941 页。
④ 参阅卢国龙：《宋儒微言》，华夏出版社 2001 年版，第 248 页。
⑤ 钱穆：《中国近代三百年学术史》上册，商务印书馆 1997 年版，第 7 页。

种积弊。在他给朝廷一系列的上书中，均鲜明地表达了他对吏治改革、科举改革的主张。他认为要推动革新政令的深入开展，必须将学术思想、文化教育的革新置于首位，因此他致力于儒学复兴、学术更新等一系列文化、教育改革。范仲淹的"革新政令"中有关学术、教育、文化等领域的改革，大大推动了"宋学"的兴起和发展。

范仲淹对书院教育的推动，主要表现在他与睢阳书院的学缘关系上及在睢阳书院的教学活动上。范仲淹等庆历士大夫中许多都接受过书院教育，这对他们后来主张的新政及书院教育活动均产生了影响。范仲淹本人曾就读于应天府书院，后来他又掌教应天府书院〔天圣四年（1027 年），范仲淹丁忧居南京，次年应时为刑部侍郎的晏殊聘请，掌教应天府书院。〕。范仲淹借此机会进一步完善书院制度，推动书院教育发展，实现教育改革计划。他将自己的学术理念与教育理念，融入应天府书院的教育制度建设与教学实践活动之中，使得应天府书院最早成为宋学的学术基地与人才培养基地。

尽管范仲淹等士大夫集团的庆历新政作为一项政治改革失败了，但是作为一项学术思想的更新、教育文化的变革却取得了巨大的成功。庆历士大夫的学者群体推动儒学革新，催生了一种新的学术形态——宋学的出现。范仲淹本人在儒学的创通经义方面取得了显著的成绩，他究心的《易》学、《春秋》学成为宋代经学中关注度最高、著述最多的领域。范仲淹的易学开宋学义理易学之先，对胡瑗、程颐的义理易学有引领作用。范仲淹推动了玄学型易理向宋学型易理的转型，他的《易义》坚持了儒学的精神。他通过解二十七卦而"阐明儒理"，努力建构一种新时代的义理易学，体现出宋学的学术精神。范仲淹对宋代易学代表胡瑗、程颐产生了一定影响，也表明了他在宋学史上的开创者地位。

范仲淹推动的庆历新政、书院教育，特别是他在义理易学的创通经义，确立了他在宋学史上的奠基者的地位。

（原载于《哲学与文化》2017 年第 3 期）

宋学研究的现代视域

宋学最初是指宋代儒家学者以义理解释经典的一种经学形态，进一步从经学拓展到哲学、史学、文学、政治学等各个学术领域，又衍化为一种区别于汉唐儒学的学术范式、思想体系的儒学形态。所以，"宋学"既可能是指宋代的断代学术，也可能是指一种跨朝代的学术范式与学术形态。

宋学一直是中国传统学术史的重点研究领域，产生了不少重要学术成果，但是在研究范式、思想体系、价值评价方面还存在很大的差别，这些差别与研究者所持的哲学与历史、道统与文明的不同视域有关。重新对宋学研究做一个鸟瞰式的回顾，不仅能够促进我们对宋学的学术特质、思想价值的进一步思考，还能够推进宋学研究的进一步深入。

一、 宋学的学术渊源问题

"宋学"形成于宋代，其学术思想渊源却在宋代以前。关于宋学渊源问题，学界一直就有不同的研究思路与基本观点，之所以会形成不同的研究思路与学术观点，其实与研究者的不同思想、学科视域是有紧密关系的。

宋学渊源问题本来就与宋儒道统论有关。宋儒确立了道统论，强调宋学的学术思想源于孔孟之道，这一观点在历史上一直居于主导地位。在宋代以后的诸多宋学史的叙述中，均将以程朱学派为代表的道学体系看作是先秦孔孟之道的继承者，他们主要从"四书"以及《易传》等早期儒家经典中探寻宋代儒学的学术渊源。如在《宋史·道学传》《道学考源录》《圣学宗传》《理学宗传》《学统》等理学史的叙述中，道学以及宋学的学术思想源于孔孟之道。这一观念一直延续到现代学界，只是对宋学学派中谁能够代表儒家道统，历代学者的看法并不一致。但是，他们对宋学的思想源于先秦儒学，一直是充分肯定的。宋学研究者认为，宋儒从儒学内部超越汉唐诸儒，以及先秦荀子、子夏一派，而直达孔孟，端正了儒家生命与智慧的方向。理学以及宋学的学术思想源于孔孟之道，既是宋元明清学界的一个主流看法，也是现代学界的一种重要观点。

但是，否定宋儒道统地位的学者，会对宋学的学术渊源有完全不同的看法。明清时期学术风尚发生巨大变化，诸多学人否定宋儒的道统地位，往往是从宋学的思想渊源开始的。他们主要以佛老之学作为宋学的学术渊源，进而否定宋儒的道统论。清代乾嘉学者曾经花大量精力考证宋儒之学与道教、佛学之间的关系，如清初许多学者考证周敦颐《太极图》源于道教炼丹图，以证明作为道学宗主的周敦颐之学完全源于道教，故宋学不具有儒学的道统地位。晚清以后，以佛老之学作为宋学之源，成为一个比较普遍的观点，只是其学术立场、学术视域发生了很大变化。其实，宋儒继承先秦儒学是事实，他们吸收佛老之学也是事实。如何看待和理解这一思想文化发展的现象？我们可以变换视角，由宋儒道统论转化为中国文明发展的视角。在20世纪30年代，陈寅恪先生在对冯友兰先生《中国哲学史》下册的审查报告中就指出，"中国自秦以后，迄于今日，其思想之演变历程，至繁至久。要之，只为一大事因缘，即新儒学之产生，及其传衍而已"[1]。陈寅恪不仅仅是肯定佛老之学对宋儒的深刻影响，还肯定了中国思想长期积累对宋学思潮形成的影响，并对此做了极高的评价。显然，他不是以道统论的视域而是立足于中华文明的文化融合与发展的视域，其看待宋学吸收佛学的视域发生了变化。

如果从中华文明发展的视角来考察宋学对佛学的吸收，进而从宋学之前的各种学术形态中探寻其学术渊源，确是一件十分有意义的事情。譬如，冯友兰先生认为玄学与理学有渊源关系，"道学的主题是讲'理'，这是接着玄学讲的"，"在'穷理尽性'这一方面，道学和玄学就连接起来了"，"由玄学一转语，便是道学"[2]。笔者曾著有《玄学与理学的学术思想理路研究》一书，采用"内在理路"的解释方法与知识谱系的方法，系统地阐发了玄学与理学的内在关联与学术渊源关系。该书首先描述玄学、理学在生

---

① 陈寅恪：《金明馆丛稿二编》，生活·读书·新知三联书店2001年版，第282页。
② 冯友兰：《中国哲学史新编（下卷）》，人民出版社1999年版，第23—25页。

活世界、精神境界与人格理想的思想理路；其次进一步探讨生活世界之外的思想基础，即探讨其身心之学、性理之学的思想理路；最后则探讨这些思想的经典依据，即探讨玄学理学建构经典义理的内在理路①。曾春海也认为，玄学和宋代理学都是为了回应黑暗动荡的时局，试图改变世道人心，因此宋学中理学一派，继承了玄学"以形上学的高度引导人能自发性地产生玄理的自觉、德性的自觉"②。

宋学大量吸收之前的各种传统学术思想，更加重要的是宋儒激活了儒家的传统思想资源，进而促进了中国思想文化的进一步发展。许多宋学研究者都注意到这一问题。夏君虞的《宋学概要》认为宋学的兴起，是"儒学自身之变化"的要求，同时也吸收"二氏之末流"的思想。③ 20 世纪中叶以后，宋学研究工作再次兴起，并不断深化。邓广铭认为，"宋学是汉学的对立物，是汉学引起的一种反动"④。其后，漆侠在《宋学在北宋的形成和发展》一文中再次审视宋学形成的背景："章句之学本来就是繁杂琐碎，而有的经师说一二字之文便自三五万言，使汉学加速度地走上繁琐哲学的道路，以至白首不能通一经。……汉学之被宋学取代，不过是学术史或思想史无数更替、更新中的一个镜头而已。"⑤ 张立文认为宋学之所以将"汉学"作为"靶子"，是因为宋儒"必须从笃守汉唐对儒家经典文本的章句训诂中解放出来，从'师法''家法'的束缚中摆脱出来，从'疏不破注'的陈陈相因中冲决出来"⑥，只有如此，才能真正唤醒儒学的生命智慧。澳大利亚学者梅约翰（John Makeham）认为，佛教思想对儒学的影响一直很深。他在《朱熹哲学思想的佛教根源》（*The Buddhist Roots of Zhu Xi's Philosophical Thought*）中，将朱熹置于宋代儒家思想创生的大背景之中，通过对佛教历史、制度和教义背景的考察，呈现了朱熹哲学在多个层面汲取佛教资源的复杂画像。

---

① 朱汉民：《玄学与理学的学术思想理路研究》，中国社会科学出版社 2012 年版，第 278 页。
② 曾春海：《玄学与理学的和谐论》，《陕西师范大学学报》（哲学社会科学版）2017 年第 4 期，第 95 页。
③ 夏君虞：《宋学概要》，商务印书馆 1937 年版，第 50—51 页。
④ 邓广铭：《邓广铭治史丛稿》，北京大学出版社 1997 年版，第 165 页。
⑤ 漆侠：《漆侠全集》第 12 卷，河北大学出版社 2009 年版，第 562 页。
⑥ 张立文、祁润兴：《中国学术通史（宋元明卷）》，人民出版社 2004 年版，第 37—38 页。

二、 宋学的学术形态问题

在宋代所特有的历史文化背景中，宋儒开拓了重新建构儒学的学术历程。他们为了凸显自己不同于汉唐儒学的差异，表述自己的学术宗旨是"明体达用之学""内圣外王之学""义理之学""道学""圣学"等。宋学起源于庆历之际的"学统四起"，形成了多元化的学派与学术争鸣的格局。但是，到了南宋后期，又形成了理学独尊的文化格局。因此，什么是"宋学"以及谁是宋学的真正代表就成为现代学者喜欢追问的问题。在元明清时期，程朱理学几乎成为宋学的代表，清代学界所指的"宋学"，往往就是指居当时学界统治地位的程朱理学。这一状况影响了对宋学学术形态的定位。

现代宋学学术形态的研究，还与当代学科制度有密切关系。现代学术界关于宋学的学术成果，主要集中在哲学、历史学两个不同的学科领域，它们各具有不同的学术特色。以现代学术的眼光对宋学做一分析，宋学可以分为狭义宋学和广义宋学。狭义宋学是关注后来居于学术主导地位的道学一派，他们的学术体系在建构儒家形而上学体系方面很有成就，故而成为哲学学科重点研究的对象；广义宋学则是宋代的全部儒学学术，不仅仅是两宋时期各个不同的儒学学派与学术人物，还包括宋儒关注的政治、历史、哲学、文学、科技、经济、军事、教育等各个方面的学问。

首先谈哲学视域下的宋学即狭义宋学的研究。狭义宋学主要关注在中国学术史上居主导地位的濂洛关闽的义理之学或道学，将宋代道学看作是宋学本来就是历史上较为通行的观点。四库馆臣在《经部总叙》中论及"宋学"时说道："洛闽继起，道学大昌，摆落汉唐，独研义理。……宋学具有精微，读书者以空疏薄之，亦不足服宋儒也。"[1] 清末江藩认为宋学就是"高谈性命之理"的"正心诚意"之学。[2] 钱穆先生也称："宋学又称理学，就是在宋兴后百年内奠定基础的。"[3] 近代学制改

---

① 四库全书研究所：《钦定四库全书总目（整理本）》，中华书局1997年版，第1页。
② 江藩：《宋学渊源记》，上海书店1983年版，第1页。
③ 钱穆：《中国历代政治得失》，生活·读书·新知三联书店2001年版，第98页。

革以来，中国哲学学科的学者一直重视对宋代道学的研究，这一领域一直得到学界广泛、深入而持久的关注，而且大量成果均是哲学视域的研究范式。

冯友兰、张岱年等均是运用哲学视域研究道学的大家。他们立足于最基本的文献材料，通过哲学的视域诠解并发挥道学的哲学意义。这种研究范式可以20世纪30年代冯友兰所著的《中国哲学史》为例，该书采用西方哲学研究的范式，阐明中国哲学思想，其诸多提法都颇有创建。张立文、蒙培元、陈来、杨国荣等推动了对宋明理学的哲学研究，其中，尤以陈来的宋明理学研究最具代表性。陈来继承了上一辈冯友兰、张岱年的学术传统，在深入考察文献材料的基础上，充分汲取现代哲学的思想资源与学术视角，对诸多重要理学人物及学派的哲学体系、思想脉络进行了系统的探索与解读。在《宋明理学》一书的引言中，陈来以"整个康德伦理学的基调就是用理性克抑感性"为基点指出，即使在现代社会"'理'总是对于'欲'有优先性，而鼓吹感性法则的主张永远不会成为一个伟大民族的精神传统"。另外，傅伟勋、洪汉鼎将解释学方法的引入，也是此种以现代哲学范式研究理学的展开及延续。

宋代理学对东亚越南、朝鲜、韩国、日本等国的价值观念、典章制度以及风俗习惯的形成，产生了较为持久的影响。因此，东亚学界特别是日本、韩国出现了较多关于宋学的研究成果。纵观整个日本学界，其较为普遍地将宋学等同于理学、道学。沟口雄三提出："所谓宋学，广义地说就是宋代的学问思想。但迄今为止，一般都在狭义上理解和使用这个词。所谓狭义的宋学，亦即对南宋的朱子学及北宋的思想中与朱子学有关联的源流，特称之为宋学。"① 二战之后，日本宋学研究再次兴起，武内义雄的《宋学的由来及其特殊性》、朱谦之的《日本的朱子学》、友枝龙太郎的《朱子学之基本特征》等书，从不同层面介绍宋学在日本发展与演变的情况。这一时期，日本学界所探讨的核心问题，集中于朱子学、儒佛比较等几个方面。较之日本，韩国的宋学研究起步较晚，且较少提及"宋学"

① 〔日〕沟口雄三：《中国思想史：宋代至近代》，生活·读书·新知三联书店2014年版，第265页。

这一概念，而多以朱子学、阳明学及朝鲜的性理学为研究重点。另外，韩国部分性理学重要人物及学派，如"退溪学""栗谷学"等，也是韩国理学研究的热点。

其次，史学路径下的宋学研究往往是从唐宋转型的角度探讨宋学，并往往强调广义宋学的研究。夏君虞《宋学概要》将宋学看作是与汉学相对，即作为"义理学"的宋代学术。20世纪80年代，邓广铭呼吁将理学与宋学区别开来。其后，漆侠在《宋学的发展和演变》一文中，认为宋学的外延需要拓宽。许多学者还回归宋学的原始形态，注重从经学角度展开对宋学的研究。陈寅恪对宋学极为推崇，他的"新宋学"论说，更是引发了历史学界极大的回响。历史学界从唐宋之际的社会经济、政治制度、思想文化转型等多个层面，对宋学的历史背景、学术形态做了深入的研究，成为历史学界的重要宋学成果。

一是唐宋社会经济转型下的宋学研究。邓广铭先生曾提到，"宋代文化发展的基因"从隋唐两代传承而来者"难以枚举"，其中"几件重要性较大的"就有"士族地主势力之消逝，庶族地主之繁兴，以及与此密切相关的农业生产的大发展，交通运输工具的日益完备，商品经济的日益发达，等等"[1]。漆侠认为，唐宋之际的社会经济变革，需要从不同方面探讨，"这个时期的变革虽然是中国封建经济制度内部的推移演化，但值得密切注意的是，它是从唐代农奴制向宋代封建租佃制转化的全局性的重大问题"[2]。朱瑞熙强调，从唐代中叶开始，中国社会进入了一个崭新的发展阶段，在阶级关系和物质生产发展变化的基础上，"商品经济已有了较大程度的发展，由此而引起的封建社会内部各方面的变化也逐渐明显起来"[3]。林文勋在《唐宋社会变革论纲》一书中，试图以古代"富民社会"体系为理论基石，以剖析商品经济和唐宋社会变革之间的内在联系为中心内容，对唐宋社会变革做出了宏观层面的探讨。

二是唐宋政治制度转型下的宋学研究。唐宋之际的政治制度转型，也

① 邓广铭：《邓广铭全集》第七卷，河北教育出版社2005年版，第416页。
② 漆侠：《唐宋之际社会经济关系的变革及其对文化思想领域所产生的影响》，《中国经济史研究》2000年第1期，第95页。
③ 周宝珠、陈振：《简明宋史》，人民出版社1985年版，绪言第2页。

是近年来宋学研究中较为热门的话题。王美华认为，"礼制发展是社会变迁的反映，但当礼制发展演变之后，其亦将对社会产生明显的推动，进一步促进社会变革的深入"①。唐宋之际，官方礼制的"下移"倾向，是三代以来的礼制发展进程中未曾明确表露出来的，但这却成为唐宋以后，元明清时代官方礼制推进的重要主旨，它是礼制发展轨迹中质的飞跃。另外，日本学者砺波护的《唐宋变革与官僚制》指出，确立于隋文帝时期以律令官制为核心的律令体制，以及中世贵族政治，在安史之乱中崩溃，走向灭亡。这是唐宋官僚制度的重大变革，使得节度使和财务诸使等的令外官"使职"的设置和"辟召制"逐渐复活。

三是唐宋思想文化转型下的宋学研究。钱穆的《理学与艺术》将宋以后的中国视为一个特殊阶段，他认为：宋以下，始是纯粹的平民社会。除却异族入主为特权阶级外，其升入政治上层者皆由白衣秀才平地拔起，更无古代封建贵族及门第传统之遗存。在布衣士大夫的主导下，宋以后的政治经济、社会人生都发生了巨大的改变。包弼德的《斯文：唐宋思想的转型》一书着眼于社会变迁与思想文化转型之间的互动。在包弼德这里，唐宋之际的大转型，按照比较粗略的划分，可以概述为思想转型和社会转型两个层面。徐洪兴在《唐宋之际儒学转型研究》一书中，以哲学思想为研究进路，主张唐宋儒学转型是中国古代中期社会大转型在思想层面的反映，它既是中国本土思想文化的接续，也同样是对外来思想文化涵化的结果。

20世纪80年代以后，国际汉学界开始对陈荣捷与狄百瑞以单一的概念和定式、以理学代宋学研究的做法进行反思，其实也就是倡导广义的宋学研究。以田浩、刘子健、艾尔曼、包弼德等为代表的宋学研究者，将思想史、哲学史、宗教史、妇女史、政治史、文学史、社会史、教育史、艺术史、地方史综合运用进行宋学研究。研究者认为，在传统的理学研究者这里，理学家所探索的是亘古不变的内圣之学。但是，事实上，推动宋代政治改革的士大夫，确是理学家群体。艾尔曼在《中国文化史的新方向：一些待讨论的问题》中也指出，我们只有把观念史全方位地置于历史的脉络之中，进而从广阔的思想史背景出发，才能呈现宋代学术全貌。

---

① 王美华：《礼制下移与唐宋社会变迁》，中国社会科学出版社2015年版，第2页。

三、 新宋学的建构问题

现代学界不仅期冀延续"照着讲"的宋学学术史研究，同时还希望"接着讲"宋学精神传承与新宋学的建构。在中国学术的现代化转型过程中，学界在全面展开宋学研究的同时，还提出"新宋学"建构的问题。我们会发现，无论是哲学视域的宋学研究，还是历史学视域的宋学研究，都会引申到一个重要问题，即宋学的现代传承或新宋学建构的问题。由于学科视域的差别，这一种"新宋学"的形态会有很大差别。在 20 世纪中前期，宋学的现代传承出现了张君劢式与陈寅恪式的分野。其实，在宋学研究的流变中，张君劢式的"新宋学"就是哲学路径的宋学传承，而陈寅恪式的"新宋学"则是史学路径的宋学传承。

在 20 世纪 20 年代的"科玄论战"中，张君劢针对当时不知礼节、不晓荣辱的社会现状，最早提出"新宋学"，欲以宋学精神的复活挽救世风日下的颓势："诚欲求振聋发聩之药，惟在新宋学之复活。"① 对张君劢的呼声，哲学界学者响应较多。宋明理学中"理学""心学""气学"三大流派，成为哲学路径下宋学传承与重建中最重要的理论资源，因其哲学思想不同形成了现代的新理学、新心学、新气学。

一是新理学对宋学的传承。新理学的代表人物为冯友兰。冯友兰在《新原道》自序中说道："先论旧学，后标新统。异同之故明，斯继开之迹显。庶几世人可知新理学之称为新，非徒然也。"② 冯友兰曾自认为他的哲学属于"接着讲"，而非"照着讲"的哲学，其归宗于宋学中程朱一派，以程朱理学为中国文化中最优的传统，注重程朱理学与新实在论的沟通，自觉引进西方逻辑分析法，并结合理性主义学说，"理"的观念"有似于希腊哲学（如柏拉图、亚里士多德的哲学）中及近代哲学（如黑格尔的哲学）中底'有'之观念"③，进而赋予程朱理学之"理"以新的内涵。

二是新心学对宋学的传承。新心学的代表人物为梁漱溟等人。近代以来，新心学一派以陆王心学为宗，从不同方向接续陆王学说，实现了心学

---

① 张君劢：《中西印哲学文集》，台湾学生书局1981年版，第977页。
② 冯友兰：《三松堂全集》第五卷，河南人民出版社2000年版，第3页。
③ 冯友兰：《三松堂全集》第五卷，河南人民出版社2000年版，第133页。

的又一次发展。梁漱溟在青年时期曾醉心于佛学，后在王艮学说的启发下转入儒家，深入宋学中心学一脉。梁漱溟在学习柏格森生命哲学之后，将柏格森生命意志中"人心内蕴之自觉"，与孟子的"良知"相契合，沟通了心学与生命哲学的内在联系，继而通过生命本体的体认，赋予心学以极强的时代意义，也重新开辟了儒学的精神方向。贺麟借由对宋学中理学一派的批判与改造，以直觉与理智统一，重新建立了新心学的直觉方法。

三是新气学对宋学的传承。张岱年是新气学的代表人物。张岱年非常推崇传统气学，他试图重新凸显王充、张载、王廷相、王夫之传统气学的现代价值，并将形式逻辑与唯物辩证法相结合，对"气"这一范畴做了唯物主义规定："中国哲学中所谓气，可以说是最细微最流动的物质，以气解说宇宙，即以最细微最流动的物质为一切之根本。西洋哲学中之原子论，谓一切气皆由微小固体而成；中国哲学中之气论，则谓一切固体皆是气之凝结。亦可谓适成一种对照。"① 在张岱年的努力下，古典气学得以传承并实现了现代转化。

在历史学界的宋学传承研究路径中，陈寅恪提出了"新宋学"的建构问题，并对"新宋学"在将来之世发光发热寄予厚望："华夏民族之文化，历数千载之演进，造极于赵宋之世，后渐衰微，终必复振……将来所止之境，今固未敢断论。惟可一言蔽之曰，宋代学术之复兴，或新宋学之建立是已。"② 陈寅恪之说在之后的 70 余年引发了宋史学界极大的回响，关于"新宋学"的建立已经成为历史学界十分关注的问题。但是，陈寅恪没有对"新宋学"留下系统的学术著作，他本人的学术重点并不在宋学，他在《冯友兰〈中国哲学史〉（下册）审查报告》一文中说："其真能于思想上自成系统，有所创获者，必须一方面吸收输入外来之学说，一方面不忘本来民族之地位。"③ 这应该是他心目中"新宋学"的基本特点。但是在陈寅恪提出"新宋学"的说法之后，历史学界又形成一种主要以新史学的思想、方法研究宋史的"新宋学"，当代许多史学家就是这一"新宋学"概念的倡导者。他们认为"宋学"就是研究宋代学问，"新宋学"除了指传统的经史之

---

① 张岱年：《张岱年全集》第二卷，河北人民出版社 1996 年版，第 72—73 页。
② 陈寅恪：《金明馆丛稿二编》，生活·读书·新知三联书店 2001 年版，第 277 页。
③ 陈寅恪：《金明馆丛稿二编》，生活·读书·新知三联书店 2001 年版，第 284 页。

学、儒学外，还要包括对宋代的考古学、佛学、道教，甚至还包括辽、夏、金、元历史文化的研究。① 前面已经谈到，历史学界往往是从唐宋转型的角度来研究宋学，并在此领域积累了大量宋史学术成果。按照这些历史学者对"新宋学"的看法，这些成果也可以说是"新宋学"的研究成果。

四、 宋学的深入研究

从上述关于宋学研究的概述中可以发现，宋学研究领域已经取得了巨大的成就，积累了大量学术成果，当然也留下了一些问题和进一步拓展的空间。人文学术永远是随着历史的发展而发展的，当代学者面临着新的学术使命，迫切需要在综合前人成果的基础上统合学术视域，以进一步推进宋学的深入研究。

学界关于宋学的研究成果，往往体现出研究者所持有的哲学与历史、儒家道统与中华文明的不同视域。当代学界如何进一步推动宋学的研究？显然，我们一方面需要继承近百年的宋学研究学术传统，继续深化现代学术的宋学研究；另一方面还应该通过统合哲学与历史学的学术视域，进一步推动宋学研究的发展。"宋学"既是"究天人之际"的深刻哲学理论，体现了中国传统哲学的定型和成熟；又是"通古今之变"的文化历史形态，体现了中国传统文化的源远流长。将宋学看作是一种中国哲学形态，有益于提升宋学的哲学价值，特别是能够在中西哲学的比较中发现宋学中包含的普遍性哲学意义；将宋学纳入中国学术思想史的历史学研究，能够还原宋学的历史形态和学术旨趣，展示宋学的儒学历史脉络和传统文化特色。所以，如果采取综合哲学、历史学等现代学术的学科视域和研究方法，进一步展开对宋学的系统研究，可在研究宋学的学术形态与历史演变的基础上，注意提升宋学的哲学价值和现代意义，最终对宋学做出具有历史感、全方位、多维度的系统性研究，全面揭示宋学的丰富内涵。其次，宋学研究还应该统合儒家道统与中华文明的视域。宋学在面临外来佛学的强势冲击下，能够通过回归儒家经典的方式，以道统论而力图重建中国文化的主体性，深入挖掘中国思想文化的核心思想，揭示中华文化一脉相承的文化

---

① 龚延明：《新宋学旧宋学》，《光明日报》2015 年 3 月 23 日。

基因。宋学同时也是富有开放精神的学术，宋儒能够大胆、巧妙地吸收外来思想文化，将各种思想文化重新融合为一种新的内圣外王之道。宋学作为儒学的历史形态，其道统论的思想标榜体现出中国文化基因的延续性；宋学又是一种开放文化，故而是一种能够将坚持中华文化主体性与开放性结合起来的学术文化。

我们希望，当代学术能够在统合哲学与历史、儒家道统与中华文明的学术视域过程中，最终推进宋学研究的深入。这里需要简要概述一下，我们希望深入研究的重点是什么。

其一，宋学的中国文化主体性精神。宋儒追求中国文化主体性精神，采取回归经典、复兴儒学的文化认同路径，最终建构了一个以原典儒学为基本精神的宋学，并发展出一套义理之学的儒学思想体系。宋学之所以能够成为中国传统学术的成熟形态，首先是基于对中国文化主体性精神的认同，以实现对中华文化基因的传承和激活。

其二，宋学的汇通精神。宋学的成形和发展是建立在一种文化汇通精神的基础上的。如果通过中华文化的知识谱系、学术理路的研究方法，对宋学做一溯源式的历史考察，就会发现宋学与原始儒学、先秦诸子、两汉经学、魏晋玄学、隋唐佛学的学术传承与思想理路，证明宋学之所以能够成为中国传统学术的成熟形态，是因为宋学能够将中华传统学术汇聚为一个新的学术体系，体现出一种学术汇通精神。宋学的汇通精神，还特别体现在对外来佛学的汇通上。正由于宋学能够以开放的态度吸收外来文化，从而推动了中国传统学术的重要发展，使其最终发展成为一门兼容各种知识形态、价值体系的内圣外王之道与全体大用之学。

其三，宋学的创新精神。宋学不仅仅是中国思想传统的传承者，更是唐宋变革历史条件下的学术创新者。宋学在坚持多维度继承学术思想传统的基础上，积极推动思想学术的创新，故而使宋学建构成为既有"创通经义"的内圣之道，又有"革新政令"的外王之道；既有对宇宙、社会与人生的穷源探本的哲学思考，又有对庙堂政治、民间社会的现实关怀和经世智慧。宋学发展出身心性命的义理之学、疑经辨伪的考据之学、文以载道的辞章之学、革新政令的经济之学，体现出宋代儒学的学术创新精神。宋学之所以能够成为代表中国传统学术的成熟形态，是因为宋学完成了唐宋变革对思想文化的时代要求。

其四，宋学的究天人之际精神。宋学在中国思想史上的重要贡献之一，就是实现了对"天人之际"的哲学诠释和义理建构，使儒学发展到一个新的历史阶段。汉唐儒者只关注政治伦理的人道而不知天道，故而他们的人生目标和精神境界是"求为贤人而不求为圣人"。而善谈高深天道、追求成佛成仙的佛老之学，其思想观念却不能够成为中华文化的核心价值。宋学承担了儒学的"究天人之际"精神，将原始儒学的人道与佛老之学的天道结合起来，完成了儒学的形而上学的义理建构，使儒学成为一个能够体现中国传统思维方式、价值信仰的博大精深的哲学体系。

（原载于《求索》2021 年第 3 期）

船山诠释与文化建构

一、 湖湘文化发展对船山学的推动

王船山于清康熙三十一年（1692）逝世，其时还默默无闻。到嘉道时名声骤起，再到咸同时受到极度推崇，船山先生的学术地位与文化地位发生了重大的变化。以后，研究船山学术在湖南尤成为风尚。但是，这种对船山思想的推崇与诠释绝不是一种好古的兴趣，相反，湖湘士大夫从一开始将船山从尘封的历史中发掘出来，就与现实的湖湘文化建构与发展的需求紧密联系在一起。清道光、咸丰、同治年间湖南地区士大夫对王船山的理学诠释具有鲜明的地域文化建构意义，表达了湖湘文化建构、发展的迫切需求。整个船山思想的诠释历史，也就是湖湘文化的建构过程。

19世纪下半叶，湖湘文化的发展出现两个重要特征：其一，湖湘文化崛起，成为当时中国最有影响的地域文化之一；其二，湖湘文化转型，湖湘士人的思想观念急剧变化，成为转型最显著的地域文化。值得注意的是，湖湘文化发展的两个特点，深刻地体现在对船山思想的理解与诠释上。我们发现，博大精深的船山思想为不断演变发展的湖湘文化提供了充实的、多样的文化资源，而迅速崛起、不断演变的湖湘文化则通过对船山思想的多元性诠释而实现自身文化体系的重新建构。

首先，晚清以来对船山思想的推崇与诠释具有张扬湖湘文化地位的特别意义。清道光以来，湖湘士大夫的学术群体渐成气候，已经在国内有一定影响。咸同以后，以"儒生领山农"的湘军主导了晚清军政大局，在军事上、政治上具有重要地位的湖湘士大夫更加迫切地盼望在文化上的崛起。所以，当发现在清初的湖湘之地还有这样一位承传孔孟、总结理学的学术大师、思想巨人时，他们极度兴奋地将其作为重振湖湘文化、承传湖湘学统的重要资源。湖湘士大夫不再把王船山作为一般的"乡贤"看待。湘军崛起之后，湖湘士大夫开始逐步提高王船山的文化地位。最初，湖湘士大夫将王船山视为与江浙大儒黄宗羲、顾炎武并列的"清初三大儒"之一。但是他们很快就不满足，故而又有湖湘士大夫将其视为宋明以来主流思想文化濂洛关闽之学的正统传人，远超顾、黄。如欧阳兆熊说："船山先生为宋以后儒者之冠，同时如顾亭林、黄梨洲均不能及。"① 而光绪以后，许多以民权、民族思想诠释船山者，更加提高船山地位，他们越过两千年的历史，将濂洛关闽也抽掉，强调船山学说直接孔孟的道统。如谭嗣同说："君统盛而唐、虞后无可观之政矣，孔教亡而三代下无可读之书矣！乃若区玉检于尘编，拾火齐于瓦砾，以冀万一有当于孔教者，则黄梨洲《明夷待访录》其庶几乎！其次，为王船山之遗书。皆于君民之间有隐恫焉。"② 他们完全突破王船山的"乡贤"身份及意义，强调王船山思想的普适性，表彰船山学说在整个中华文化史上的重要地位。

其次，对船山思想的诠释又有推动湖湘文化近代转型的特别意义。清道光时期，各种社会矛盾、民族矛盾日益激化，中华文化正在面临重大的调整、演进。作为中国中部地区地域文化之一的湖湘文化，能够敏锐地把握社会深层的矛盾与历史发展的趋势，通过不断地实现文化的重新建构，从而充分地表达出中华文化的发展要求，故而逐渐成为晚清中国的重要地域文化之一，并成为能够产生辐射效应、对全国形成普遍影响的核心文化。晚清以来的湖湘文化如何能够形成这种影响与地位？毫无疑问，必须通过与时俱进的文化建构。自晚清道光以来，湖湘地区一直是中国新的文化思潮衍化发展的重镇，先后出现洋务思潮的领袖曾国藩、左宗棠、郭嵩焘等，维新思潮领袖谭嗣同、唐才常等，革命派领袖黄兴、宋教仁、蔡锷等一大批在中国近代文化史上产生重要影响的人物，而他们大多重视对船山思想的诠释。辛亥革命以后，这一地域文化格局仍然得以延续。自由主义、民族文化本位主义与马克思主义三大主流文化思潮在湖湘文化转型中虽有轻重之分，但是均得到完整的体现，尤有特点的是，这三大思潮也均与船山学的诠释有关。可以说，船山思想已成为湖湘文化近代化建构的重要资源。

---

① 王夫之：《船山全书》第 16 册，岳麓书社 1996 年版，第 576 页。
② 谭嗣同：《仁学二》，《谭嗣同全集》，中华书局 1981 年版，第 338 页。

二、 船山思想诠释与湖湘文化普遍意义提升

湖湘知识群体为什么要通过对王船山思想的不断诠释而建构湖湘文化？这种对历史文化的诠释能够建构出合乎时代发展的新的文化形态吗？由于道光以来湖南在全国的政治地位的变化，湖湘文化建构必须要解决这样两个问题：其一，从空间维度上说，将湖湘文化的地域性与普遍性结合起来，特别是提升湖湘文化的普世性意义；其二，从时间维度上说，将湖湘文化传统与现代发展结合起来，特别是要推进湖湘文化的创新发展。值得注意的是，这两个问题的解决，都与船山思想的诠释有关。

湖湘知识群体为何要通过诠释船山学，从而提升湖湘地域文化的普遍意义，最终从空间维度上将湖湘文化的地域性与中华文化的普遍性结合起来？

湖湘文化开始在历史上崛起是在两宋时期，这个时期出现了理学开山祖周敦颐、南宋湖湘学派，同时出现了天下闻名的岳麓书院、石鼓书院等。但是，从文化的综合力量、影响力来看，宋代湖湘尚未成为全国最有实力与影响力的文化区域；加之元、明及清初时期在文化上没有特别的表现与进展，湖南在这时又有退步，被视为文化落后省份。清道光以后，特别是湘军崛起而主宰了当时的军政大局之后，如何重新建构湖湘文化、提升湖湘文化在全国文化格局中的地位，就成为湖南士大夫心中的头等大事，而要能够完成湖湘文化建构、文化提升的使命，则必须做到下面两点：其一，充分挖掘、利用传统资源；其二，充分体现中华文化的普遍性特质。

船山学则完全能满足上述两项条件。首先，王船山的思想学说是地域性文化。船山是湖湘之地土生土长的文化人，隐居于湖南衡阳的山村里完成了那些有着重大价值的学术巨著，因此，船山留给后人的知识、观念首先是一种地域性文化。但是，清咸同以后，随着湖南的区域地位急剧上升，船山学说成为湖湘文化传统中最为丰富的文化资源。所以，船山学充分体现出湖湘文化的地域性传统的意义。其次，更加重要的是，船山学说所具有的中华文化的普遍性特质，已经完全超越区域文化的意义，正如后来的历史学家所评议的："夫之之学，涵淹六经，传注无遗，会通心理……中国

的传统学术大都通过了他们的思维活动而有所发展。"① 船山学不仅深入涉及中国传统学术的各个方面，并且将中国传统学术文化发展到一个新的高度。虽然船山学说所具有的中华文化普遍价值尚未被充分发掘出来，但是部分有眼光的湖湘士大夫已发现其内在的普遍意义。

正由于船山学具有上述两个条件，晚清、民国时期的湖南士大夫纷纷研究船山学说就不足为奇了。他们宣扬、诠释船山学说，一方面是强化船山学说的地域文化意义，即如邓显鹤所说，"使湖湘之士共知宗仰"②，凸显船山学的地域性；但是另一方面，他们更要强化船山学说在中华文化体系中的地位，从而凸显船山学的普遍性特质。这种对船山学说的地域性与普遍性的诠释，郭嵩焘表达得很充分："惟先生钟灵衡岳，阐道湖湘。衍关、闽、濂、洛之宗风，发《易》、《礼》、《诗》、《书》之秘钥。"③ 既阐述了船山"钟灵衡岳，阐道湖湘"的地域文化意义，又凸显了其对中华文化主流濂洛关闽、《诗》《书》《礼》《易》的继承和发展。

上述对船山学的诠释过程，与湖湘文化的建构过程是统一的。清道光、咸丰、同治时期，湖湘之地的士大夫群体积极主动地大量刊刻船山著作，研究、诠释船山思想，正是为了完成湖湘文化建构与发展的历史使命。一方面，他们宣扬、诠释船山学说，将其纳入地域性的学术脉络，强调其学术文化的地域性根源及传统，要求湖湘后学能够继承、发扬船山学的学术传统，其实均是肯定船山学说是一种湖湘之地的地域性文化资源。这样，他们在从事湖湘文化建构与发展时，就有了一个坚实的本土文化依据。他们宣扬、诠释船山思想，同时也是为了强调湖湘之地的文化并不落后，在中华文化的大格局中，湖湘文化具有重要地位，可见对船山思想诠释的目标具有弘扬地域文化的意义，这是湖湘文化建构中首先要充分肯定的。另一方面，他们又特别强调船山学代表着中华学术文化的普遍价值，在中华文化发展史上居有十分重要的地位。最初，湖湘士大夫只是将船山视为一个值得表彰的"乡贤"，随着湖南地区在全国政治地位的变化，对船山学术的普遍价值和历史地位的评价亦不断上升，从将王船山视为清初"三大儒"

---

① 侯外庐：《中国思想通史》第五卷，人民出版社 1956 年版。
② 王夫之：《船山全书》第 16 册，岳麓书社 1996 年版，第 105 页。
③ 王夫之：《船山全书》第 16 册，岳麓书社 1996 年版，第 586 页。

之一，到肯定他是宋代濂洛关闽的理学正统，以后甚至将船山视为孔孟圣学的道统传人。即如刘人熙所赞誉的："船山之学，通天人，一事理，而独来独往之精神，足以廉顽而立懦，是圣门之狂狷、洙泗之津梁也。"① 这种对船山学的诠释和评价，同样有着深层的地域文化心理的基础，即湖湘文化是中华文化正脉的体现，代表着中华文化的普遍价值。其实，晚清以来湖湘士大夫对船山学说的诠释与推崇，正是为了实现他们从事湖湘文化建构的内涵与目标，代表着他们试图推动湖湘文化发展的方向。

三、 船山思想诠释与湖湘文化近代发展

晚清民初的湖湘士大夫为什么要通过不断地诠释船山学，从时间维度上将湖湘文化传统与湖湘文化的近代发展结合起来？地域文化的建构过程，既是一个空间上不断拓展以凸显地域文化的普遍价值的过程，又是一个时间上不断演化以满足历史发展趋势的文化现代化的过程。所以，从时间维度上来说，湖湘文化的建构必须把历史文化传统与现代文化发展紧密结合起来。

湖湘文化的近代发展是如何实现的呢？一方面，不断地吸收外来文化（如当时更发达的江浙文化、岭南文化和西方文化），才能达到地域文化的重组与建构，最终满足中华文化演变、发展的要求；另一方面，由于文化传统在文化建构中的优势地位，选择合乎湖湘文化建构发展的文化传统资源是文化建设、文化发展的重要条件。但是，必须要通过对传统文化的创造性诠释，才能真正实现文化传统与现代建构发展的统一。因此，对于晚清的湖湘士大夫而言，要实现湖湘文化的崛起发展，必须充分挖掘湖湘文化的传统资源，对传统文化做出有益于文化建设发展的创造性诠释。

这就可以解释，为什么清末民初之时，湖南的士大夫、乡绅及知识群体那么热烈推崇、热情张扬王船山的思想学说。首先，船山学说是具有深厚底蕴的中国传统文化的重要代表。中国文化的近代转型是通过中西文化的融汇而进行的，中国传统文化资源一直在中国文化近代化过程中产生重要的作用。船山学的杰出成就，就在于其对中国传统优秀文化的全面吸收。

① 王夫之：《船山全书》第 16 册，岳麓书社 1996 年版，第 874 页。

船山的学术思想涉及中国传统文化的各个重要领域，包括经学、小学、史学、诸子学、文学，涉及的思想领域包括哲学、宗教、政治、法律、伦理、经济、军事、教育、文艺，同时还包括传统的天文、历数、医理、兵法、卜筮、星象等，他对上述的这些知识门类、思想学说无不有精到的思考与研究。以至于谭嗣同赞叹：五百年中真通天人之故者，仅船山一人而已。王船山不仅有关于中国传统学术文化的精深而博大的知识，也吸收中国传统主流思想及其价值理念的精华。近而言之，他与宋代濂洛关闽的理学传统有着深刻的内在联系，他对周濂溪、张横渠的全面汲取、承传已为人们所共知，他同时也是朱熹之学的传人，他在《礼记章句·中庸》中明确表示自己"僭承朱子之正宗为之衍"①；远而言之，他是中国传统的主流思想文化——周孔之教的重要传人，他对儒家"六经"及"四书"的全面而深入的研究和思考，深得周孔之教的精髓和真精神。他对宋明儒学的许多批评与反思，也是以回归周孔之教的真精神为依归的。譬如"六经""四书"对人的情感欲望大多持基本的肯定态度，船山以此为依据批评理学的理欲论，说："孔颜之学，见于六经、四书者，大要在存天理，何曾只把这人欲做蛇蝎来治，必要与他一刀两断，千死千休?"② 王船山是中国思想文化史上难得的文化传人，其思想更是这个文化相对不太发达的湖湘之地的珍稀宝库，所以河北人刘献廷才有如此赞叹："其学无所不窥，于六经皆有发明，洞庭之南，天地元气，圣贤学脉，仅此一线耳。"既然如此，这个"仅此一线"的"圣贤学脉"就必然成为湖湘士大夫们建构地域文化的最重要的传统文化资源。

但是，清末民初的湖湘文化处于快速地演变发展过程之中，湖湘知识群体在不断地学习、吸收新的外来文化的同时，亦在通过不断诠释船山思想而建构新文化，这个被称为"圣贤学脉""周程张朱正传"的学术文化是如何成为文化演变发展的新要素的呢？这正是船山思想的伟大与深刻之处。在中华文化的演变发展脉络中，王船山不仅是"继往"的优秀传人，也是开新的杰出代表。他在自撰挽联中曾说"六经责我开生面"，他生前嘱子孙

---

① 王夫之：《船山全书》第 4 册，岳麓书社 1996 年版，第 1246 页。
② 王夫之：《船山全书》第 6 册，岳麓书社 1996 年版，第 673 页。

上篇 儒学发展

好好收藏其著作，相信两百年后会得到关注重视，均是因为他在总结中国传统学术文化的同时还具有新的开拓。他的许多思想，如政治、经济、伦理、法律、教育、哲学等思想，都表现出卓越的超前眼光。譬如，王船山反省了中国传统专制政治制度，说"一姓之兴亡，私也，而生民之生死，公也"①。他将"一姓之兴亡"的王朝置于天下生民之下，以前者为私而后者为公，发展了儒家传统的民本思想。正由于王船山思想体系中所具有的超前眼光与文化创新，使得他的思想学说与中国近代化过程中许多新的思想观念暗合，所以，倡导民权的维新志士谭嗣同，主张民族革命、独立思想的章士钊、杨毓麟、刘人熙，以民族文化为本位的熊十力，追求新文化思想和马克思主义的毛泽东，均能够引王船山为自己的同道。譬如，毛泽东就用船山学说来阐释马克思主义哲学。1937 年他在"抗大"讲哲学，以认识论为重点，结合中国传统哲学中的知行关系进行阐述时参考了《船山遗书》。

四、 近代湖湘知识群体与王船山之间的"视域融合"

清末民初，正是中国传统文化发生急剧变革、转型的重要时期。从咸同时期的理学复兴、洋务思潮，到光绪时期的维新变法、辛亥革命，再到新文化运动时期的自由主义思潮、民族文化本位思潮、马克思主义思潮的并起，这些不同的文化思潮均能够通过诠释船山思想以实现文化的建构与创新。人们会提出一个疑问：为什么曾国藩、郭嵩焘、谭嗣同、杨昌济、章士钊、刘人熙、熊十力、毛泽东等不同时代、思想观念差别如此之大的人，均可以认同同一个人的思想？

这就涉及诠释学的问题，即诠释者所做的诠释是否真实客观的问题。我们从两方面来分析。一方面，现代诠释学坚持认为，由于时代背景、历史语境的差别，诠释者永远也不可能完全还原历史上的诠释对象；也就是说，历史上那些处于文化建构需要的湖湘知识群体，他们所理解、解释、认同的王船山，与明清之际那个历史真实的王船山是不能等同的。只有这样，那种通过对船山思想的诠释而实现湖湘文化的建构、转型才有可能。

① 王夫之：《船山全书》第 10 册，岳麓书社 1996 年版，第 669 页。

另一方面，晚清以来湖湘士大夫对船山思想的诠释，并不是对历史人物的任意改造或现代装扮，这种诠释仍然需要而且可能具有真理性与客观性。那么这种思想诠释的真理性、客观性体现在哪里呢？只能体现在诠释者（不管是曾国藩、谭嗣同还是毛泽东）与诠释对象（王船山）是否真正实现了"视域融合"。由于船山思想体系的博大精深，特别是船山思想是历史文化总结与文化创新发展的统一，故而，不同思想的人在诠释船山思想时，均有可能找到满足自己文化需求的内容，均在一定程度上实现了诠释学所要求的"视域融合"。

那么，湖湘知识群体通过不断地诠释船山思想，能否达到湖湘文化建构的目的，还有一个客观条件，即取决于船山思想本身。湖湘知识群体通过诠释船山思想而实现湖湘文化建构的两个目标：从空间上说，将湖湘文化的地域性与普遍性结合起来，提升湖湘文化的普遍意义；从时间上说，将湖湘文化的历史传统与建构发展结合起来，推进湖湘文化的现代发展。这两个目标能否实现，首要前提是船山思想本身是否合文化的地域性与普遍性、传统性与现代性为一身。事实上，船山思想本身是具备这一条件的。一方面，船山思想是文化的地域性与普遍性的统一。王船山是地域性文化的产物，他受到地域文化传统的影响，其精神气质、学术旨趣、思想观念均有鲜明的湖湘文化特色，并且对其后的湖湘知识群体产生了深刻影响。但船山思想又充分体现出中华文化的普遍性，王船山对中华传统思想文化做了深刻的反思与系统的总结，涉及了延续几千年的中国传统学术思想的各个领域，并且都能够全面吸收这些领域中的思想精华，这样，他的思想学术本身就成为中华优秀思想文化的杰出代表，代表了中华民族文化的精神，甚至也代表了人类对历史、哲学的深邃思考。正是由于船山思想文化是文化的地域性与普遍性的结合，从事湖湘文化建构并能够与时俱进的湖湘知识群体是可能与他有着"视域融合"的。另一方面，船山思想亦体现出文化的传统性与时代性的统一。王船山对历史问题的深刻思考、对哲学问题的不断追问以及他的代表性思想学术成果，能够以超越历史的眼光深刻地把握社会历史的发展趋势，能够根据时代的变迁而提出一系列创造性的思想文化观念。这样，晚清以后那些与时俱进的湖湘士大夫与知识群体，他们在建构湖湘文化和中华文化时，都能够通过不断地诠释船山学说从事湖湘文化与中华文化的创新发展。

当然，对于晚清以来的湖湘士大夫热衷于在对船山思想的诠释中从事地域文化建设，通过不断诠释传统文化而实现文化的转型发展的问题，还可以有更深一层的思考。

无论是地域文化还是民族文化，它们往往都要体现出地域性与普适性、传统性与现代性的统一。文化传统是一个地域、一个民族千百年来逐渐创造并留存下来的，是这个地域、民族赖以生存的先在条件，也是他们对人类文化的创造性贡献。尽管随着历史的变迁、时代的发展，文化也必须不断演进、发展，但是这种演进与发展均是在文化传统的基础上进行的，都必须将文化传统中有着恒常价值或普遍意义的部分保留下来，发扬光大。王船山的思想学术是湖湘文化和中华文化传统的核心文化，他对民族、人类、天道的深刻思考及其精神文化成果，代表着那个时代的高峰。船山思想中许多重要的思想文化观念不仅具有近代意义，甚至有着恒常的价值。因此，湖湘士大夫通过对船山思想的推崇与诠释，以实现湖湘文化的建构与发展，就能够将湖湘文化的地域性与普适性、传统性与现代性统一起来。这就是清末民初士大夫与知识群体通过诠释船山思想而建构湖湘文化的根本原因。

（原载于《社会科学战线》2012 年第 8 期）

中华文化的仁爱精神

　　培育和弘扬社会主义核心价值观必须立足中华优秀传统文化。要深入挖掘和阐发中华优秀传统文化的时代价值，使中华优秀传统文化成为涵养社会主义核心价值观的重要源泉。中华优秀传统文化核心价值观包括"讲仁爱、重民本、守诚信、崇正义、尚和合、求大同"，仁爱精神居中华优秀传统文化价值观之首。其实，以"仁爱"为中心的道德价值体系，恰恰体现出中华文化的人道主义精神，是我们当代中国人要特别继承、弘扬和躬行实践的。

　　中国人将中国的儒家经典简称为"四书""五经"。"五经"记载了中华文化的礼乐制度文化；"四书"则张扬了中华文化的仁爱精神。"四书"的仁学承传了"五经"的礼乐文化，而且还对"五经"的礼学做出了创造性发展，使礼乐制度与仁义精神合为一体，推动了中华礼乐文明的建设与发展。

　　孔子为什么要建立"仁"的思想体系？春秋战国时期，天神的信仰受到怀疑，"礼"的政治秩序和社会规范难以维系人心。孔子及早期儒家学者意识到"礼"的政治秩序和社会规范的重要性和必要性，但是必须另外确立"礼"的人道、人性依据，他们开始从人本身来寻找、建立"礼"的合理性依据。这样，孔子及早期儒家学者建立的仁学体系，就是一种摆脱了崇拜外在天神的宗教信仰，回归人性精神的人文思考。

　　所以，孔子及早期儒家建立起"仁"的思想体系，就是这一人文思考的结果。孔子及早期儒家学者反复强调"仁者，人也"，"仁也者，人也"。他们不仅是以"人"来定义"仁"，同时也以"仁"定义"人"。他们建立起以"人"为依据的仁学思想，认为人的一切生物本能不属于人的"类"本质特征，必须从人道主义精神中去探寻人的"类"本质特征。孔子及早期儒家坚持从人道主义精神出发，深入探讨"仁"的理念具有"人"的内在依据。

儒家之"仁"具有三个基本的精神性要素，即仁的情感、仁的理性、仁的意志，体现出人不同于生物本能的本质特征。

首先，"仁"是人与人相爱的先天情感。《论语·颜渊》载："樊迟问仁。子曰：'爱人。'问知。子曰：'知人。'"孔子论"仁"有许多不同的说法，这是其中一个最为重要的说法。孔子明确指出，"仁"是一种人的爱人的情感，人为什么会产生这样的情感？这恰恰是人不同于鸟兽等动物的"类"本质特征。孔子认为人永远是一种不可与鸟兽同群的社会存在，人不可能离开家庭、社会、国家的社群组织，同时，处在社群组织中的个人不可能不具有相爱的情感。孔子特别指出具有血缘关系的父母与子女、兄与弟之间的相爱，是仁爱情感确立的根本。人一旦有丧亲之痛，就会"食旨不甘，闻乐不乐，居处不安"，这是仁爱之情的本源，也是人之为人的社会本能和先天情感。但是，儒家认为人的社会本能和先天情感具有普遍性，人会从亲亲之爱进一步拓展到"泛爱众"，这种普遍性的爱人情感同样是人的先天情感。孟子对其做了人类学的界定，他认为人之所以具有爱人的情感，是源于人普遍具有的"恻隐之心"，即所谓"恻隐之心，人皆有之"。孟子特别列举了一个十分典型的事例，即孺子将入于井，人人会有怵惕恻隐之心，他这样做并不是为了讨好小孩的父母，也不是为了个人的荣誉。由此他推出一个重要的结论：无恻隐之心，非人也。而作为经验形式的"恻隐之心"其实具有普遍法则意义，所以，孟子指出：恻隐之心就是仁。

其次，"仁"是人的道德理性，它源于人与人通过以情絜情而实现的社会交往理性。"恻隐之心"作为一种特殊经验的情感，如何可以成为普遍的人道法则呢？孔子的仁学依据，是人作为道德主体之间推己及人的推理，这可以看作是一种社会交往理性。人的爱人情感不完全是个体经验和一厢情愿，人与人是一种互为主体的关系，故而是能够得到对方情感呼应的相互主体。这一种相互主体、情感推理是人人具有的理性能力，在孔子这里叫作"忠恕之道""为仁之方"。所谓"忠道"，孔子认为是"己欲立而立人，己欲达而达人"，所谓"恕道"，就是"己所不欲，勿施于人"。"忠恕之道""为仁之方"，即以人人皆有的情感欲望、精神追求为基础，进而形成推己及人的社会交往理性。这后来被清儒戴震概括为"以情絜情"的情感推理和交往理性。人作为社会实践活动的主体，具有社会交往理性，他能够从自己的情感欲望、精神追求出发，进而推导并满足他人的情感欲望、精神追求，最终实现相互理解、相互满足的社会交往理性。在以"四书"为代表的早期儒家典籍中，存在不少这一类以人人皆有的情感精神而推己及人的道德理性。《大学》所讲的"絜矩之道"，就是一种以人之"恶"的情感来推导人人交往的原则："所恶于上，毋以使下；所恶于下，毋以事上；所恶于前，毋以先后；所恶于后，毋以从前；所恶于右，毋以交于左；所恶于左，毋以交于右。此之谓絜矩之道。"当然，人人皆有的情感欲望既有体现为喜怒哀乐的好恶情感，还包括亲亲爱人的道德情感，后一种情感也可以实现"以情絜情"的情感推理。如孟子提出"老吾老以及人之老，幼吾幼以及人之幼"，这就是将孝亲慈幼的亲亲之情推广为一种普遍性的尊老爱幼之情，在汉唐时期又称之为"博爱"。

再次，"仁"是人的道德意志，它依据于人内心不得不去做的自觉行为。孔子认为"仁"是人的内在情感和理性的需求，当一个人能够意识到"仁"的情感需求和应然法则，就会在内心形成不得不主动实践"仁"的道德意志。每一个人均可以将"仁"转化为"我欲仁，斯仁至矣"的自觉行动，所以，"仁"的内在依据就是行仁的道德意志。孔子总是强调为仁的个体自觉性，他指出，实践仁其实是每一个人都具有的能力，既然人人皆有行仁的能力与意志，那么，人人皆有的道德意志就成为"仁"的依据。当然，这一种道德意志并不是一种自发的行为，而是依赖于士人的自觉。所谓的志士仁人，就是那些"无求生以害仁，有杀身以成仁"的人。可见，正是追求仁道的道德意志，使士君子选择了"仁以为己任，不亦重乎？死而后已，不亦远乎？"儒家士君子就是一个能够自觉承担仁道的社会群体。孟子还将士君子的仁道意志称为"浩然之气"，其实就是为仁的意志形成并呈现出来的一种巨大力量。

由此可见，早期儒家的"四书"体系，主要是一个以"仁"为中心的中华文化人道主义精神的思想体系。孔子坚持从人的主体性精神结构中，寻找"仁"的内在依据。儒家"四书"的"仁"具有人的情感、人的理性、人的意志三个基本的精神性要素，体现出人不同于生物本能的"类"本质特征，建立起一种中华民族特有的仁学体系。

（原载于《人民政协报》2018 年 7 月 16 日）

儒家人文信仰的价值重估

在中国传统社会中，儒学在安顿人的心灵、安排人间秩序、凝聚和整合中华民族等方面曾经发挥了巨大的作用。但近代以来，随着西方文明的崛起，在中西文明的冲突和交战中，传统儒学的价值系统受到前所未有的冲击而逐渐崩溃。为了避免亡国灭种，中国必须走强国的复兴之路，故而开始全方位地接受西方的物质文明、制度文明和精神文明。经过一百多年的艰苦卓绝的斗争，中华民族终于完成了民族独立、国家富强的历史使命。目前中国已经一跃成为世界第二大经济体，经济、军事等硬实力空前强大。但是，我们也发现，中国在经济、军事等硬实力空前强大的同时，思想文化软实力的建设仍然存在很大问题。特别是如何建立一个以中国五千多年文化为基础的现代文明仍是一个十分艰巨的任务，而且，由于信仰是一个民族思想文化的核心，故而信仰问题成为中国文化软实力建设中最突出的问题。信仰是国家和民族的灵魂，信仰必然会影响到我们民族文化的号召力、影响力和凝聚力。因此我们认为，有必要重新思考中国传统人文信仰的价值。这里，我们将以世界文明的发展为背景，对儒家人文信仰做一个价值重估。

一、 从现代西方文明正在面临的信仰危机考察儒家人文信仰

西方现代性开端于 18 世纪的启蒙运动。理性主义和人道主义是启蒙思想的两大支柱。启蒙思想家意图以理性代替上帝立法，但是，启蒙理性到 19 世纪以后却发展出各种各样现世的乌托邦，各种各样全权性的意识形态，理性，特别是工具理性反而成了新的压迫性机制。于是从启蒙内部发生的浪漫主义运动发展到尼采，走入反理性一途。到 20 世纪后半叶，随着后现代大潮席卷思想界，本来替代超越世界的那个客观的、普世化的理性被判

定为虚妄的宏大叙事，理性世界也崩溃了，剩下一个价值相对主义和虚无主义的世界。随着"上帝之死"，人们开始专注于尘世的享乐，快乐主义与功利主义成为人生的基本法则。这种享乐主义发展到今天已成为全球性的物质主义和消费主义意识形态。这种意识形态相信人的各种欲望乃至精神的快乐，都可以通过技术的进步和物质的丰富得以满足，人们不再需要精神信仰，不再需要人文和伦理关怀，就可以在现实的世俗之中获得物质的救赎。可以说，现代文明一方面带来物质的极大丰裕，另一方面也是导致信仰危机的罪魁祸首。法兰克福学派曾对此进行了全面系统的批判，他们认为，发达工业社会既是富裕社会，也是病态的社会，它导致了人的异化。人的异化突出表现为两个方面。一是物化。人们沉湎于追求物质生活的快乐，甘于接受金钱的支配与奴役，思想萎缩，精神空虚，处于混乱迷茫之中。二是动物化。人们滥用本能冲动，在走向"物化"的同时走向"动物化"，道德沦丧，肉欲横流，享乐主义、纵欲主义盛行。

我们说，儒家的人文信仰则是以理性为其本质特征的，这种道德理性主义曾经影响了 18 世纪的启蒙运动，故而也可能成为当代中国现代化的文化资源。由于儒家信仰的"天道"既是宇宙天地的客观法则，体现为一种理性认知的对象；又是一个对某种终极实体的象征符号，是人的精神信仰的对象。现代社会既不会再被"上帝"主宰，也不应被工具理性主宰，这时，儒家以"天道"为核心的人文信仰，将宇宙客观法则的理性认知与终极实体的精神信仰结合起来，就成为一个有价值的选择。西方社会因"上帝之死"而带来的物质主义和消费主义意识形态，在儒家人文信仰的文化光照下应该可以避免。

二、 从中国文化的延续性看儒家人文信仰的合理性

中华文明绵延几千年，是目前世界上几大古文明中唯一没有中断的。我们需要建立合乎自己文化传统的信仰。在中华文明的滋养下，中华民族繁衍、生息，并不断发展壮大。儒家文化作为这样一种具有超强生命力的传统文化自然有其深刻的合理性。人生来就在传统之中，希尔斯指出，"现在"总是处于"过去"的掌握之中，这不仅由于传统具有既定性，作为一种行为处事的"自然的方式"具有规范作用和强制性，而且传统能够提供

便利，它意味着历代经验的积累和考验，人们往往以美化过去为手段来处理现实问题，把过去视作积极地重建现在的模型。一个遥远的历史时代能够成为憧憬和崇敬的对象，对当下的社会行为和信仰会起到示范和评判作用。因为传统深刻地影响人们的行为，固化人们的心理和情感，也影响人们的思维方式，所以文化创新必然离不开对传统的继承。也可以说，文化创新不过是对传统的一种新的诠释。此外，传统文化还决定了人们的言说和表达方式，而言说和表达方式往往会决定人们对信仰的选择。

从某种意义上讲，不同文化和信仰都是对人心、人情的言说和表达，虽然人心、人情有相通之处，但言说和表达却有差异。不同文化和信仰的人们往往束缚于既有的言说和表达方式，所以欧洲人习惯通过对基督的信仰来表达对无限的追求，而中国人则习惯通过"人道"实现对"天道"的体悟进而追求永恒的人文信仰。总之，由于受传统文化本身的延续性、民族固有的传统情感以及民族传统的言说方式等因素的影响，人们更倾向于从传统文化中寻找信仰支持。所以，重建合乎中国文化传统的信仰方式以解决信仰危机，自然成为中国人的不二选择。

三、 儒家人文信仰契合现代信仰世俗化的趋势

宗教世俗化是近代以来随着社会变迁和现代化进程的展开在世界各主要国家出现的一种普遍的社会文化现象。世俗化是指由神圣化到非神圣化的此消彼长的变化过程。这一过程既包括宗教社会功能的淡出及它的理性化，也包括宗教自身从形式到内容由神圣逐步走向世俗，适应不断变化的社会环境。按照马克斯·韦伯的观点，现代性就是一个祛除神魅的过程。所谓"祛除神魅"就是整个社会走出宗教的控制，转而由理性主宰，在生活世界实现世俗化。宗教世俗化的结果是人类倾向于从人自身的理性、情感去理解宗教信仰。

中国传统儒学的人文信仰，强调将对终极意义的探讨与自己的身心性命的世俗生活联结为一体，与当代人类宗教信仰世俗化的趋势相契合。尤其是工业革命以来，在西方主导下的人类文明现代化取得了巨大成就，但同时也陷入了不可持续发展的危机。现代文明强调人对自然的索取和征服，主张人与人之间、国家和国家之间的竞争，而这也导致了一些严重的社会

危机，如人与自然冲突的生态危机、人与人冲突的社会危机、人文价值精神陷落的精神危机等。儒家人文信仰蕴含"天人合一""仁爱""和合"等思想，对于纠治现代文明弊病，缓解目前日益突出的人与人、人与自然、国家与国家之间的矛盾具有重要意义。所以，儒家信仰不仅可以让中国人找到生存之根，而且有助于中国乃至世界积极应对世俗生活中的现代性危机。

（原载于《孔子研究》2011年第6期；合作者：邓林华）

下篇 —— **文化复兴**

中国"文化"的"软实力"内涵

一

人们普遍认为，"软实力"（soft power）是 20 世纪 90 年代国际政治理论中产生的一个新的观念，最早是由美国哈佛大学全球战略专家小约瑟夫·奈提出来的。任何思想观念均是在某种特定的历史情景中的产物。当代"软实力"的观念，是各民族国家在全球化时代竞争意识的表达，特别是反映了美国作为一个超级大国急切地寻求、维护自己霸权地位的意识形态。由于这个观念为各民族国家综合国力的描述、评价提供了一个新的视角和重要因素，故而很快就被普遍接受。

"文化软实力"则是对"软实力"理论进一步探讨而衍生的一个概念。在国家软实力的构成中，由于"文化"具有广泛渗透性（包括社会思想、政治制度及人的行为方式等）及柔性力量的重要特征，故而在"软实力"中居于最重要地位。许多学者、政治家在描述"软实力"时，往往就是指文化软实力。党的十七大报告中提出了"提高国家文化软实力"的主张，"文化软实力"的观念进一步得到普遍认同和深入传播。

应该说，"文化软实力"并不完全是一个新产生的观念。追溯历史，其实早在两千多年前的战国时代，中华民族就形成了十分丰富的文化软实力思想，拥有了提高中国文化软实力的优秀资源。我们会发现，两千多年前的中国古代思想家不仅发现并提出了"文化软实力"的思想理念，并且将这个理念付诸实践，指导以后历朝国家的重大政治决策，对古代中国的繁荣与强盛发挥了极其重要的作用。尤其值得我们注意的是，最早的"文化"概念本身就具有"文化软实力"的思想内涵。西方学者"文化软实力"概念的提出，其实反映了当代世界进入一个全球化的"战国时代"的思想理念和意识形态。其实，早在中国的春秋战国时代，在各诸侯国之间的兼并战争中，最早形成了具有中华民族特色的"文化软实力"理念。

现在，我们进一步以现代"文化软实力"的观念为视角，探讨中国传统思想对"文化软实力"具有的卓越见识和思想渊源。

二

在春秋战国时代，诸子百家为了统一天下的需要，产生了各种各样的思想，正如《汉书·艺文志》所说：

> 诸子十家，其可观者九家而已。皆起于王道既微，诸侯力政，时君世主，好恶殊方，是以九家之说蜂出并作，各引一端，崇其所善，以此驰说，取合诸侯。其言虽殊，辟犹水火，相灭亦相生也。仁之与义，敬之与和，相反而皆相成也。易曰：天下同归而殊途，一致而百虑。

在这些理论与学说中，关于提高"文化软实力"的观念正是春秋战国时代"百虑""殊途"中的一种重要观念。也就是说，早在两千多年前的春秋战国时代，中国就由于诸侯争霸、统一天下的需要而产生了"文化软实力"的观念。

十分有趣的是，中国古代典籍最早将"文"与"化"结合起来，构成与现代"文化软实力"相近的"文化"概念。和现代文化学所指的作为人的物质、精神财富总和的"文化"观念不一样，古代中国的思想家本来就是从一种"软实力"的无形力量的角度来看待文化的。中国古代思想上的"文化"，其"化"是动词，体现出"文"具有"化入人心"的巨大力量。本来，先秦文献中的"文"，一方面是指与道德观念、政治意识相关的人伦秩序、社会制度，另一方面亦是指与文字典籍相关的思想文化、观念形态。但是，一旦将"文"与"化"联合起来使用，则是指用这些伦理道德、诗书典籍的文化去教化、影响人们。和靠军事力量征服人们不同，文化具有感染、影响人们的精神力量。

《周易·贲卦·象传》最早阐发了这种"软实力"意义的"文化"观念：

> 刚柔交错，天文也。文明以止，人文也。观乎"天文"，以察时变；观乎"人文"，以化成天下。

王弼解释这段话中"人文"曰:"止物不以威武而以文明,人之文也。"孔颖达疏云:"正义曰:文明,离也;以止,艮也。用此文明之道,裁止于人,是人之文德之教,此贲卦之象。""观乎人文以化成天下者,言圣人观察人文,则《诗》、《书》、《礼》、《乐》之谓,当法此教而'化成天下'也。"① 中国古代学者在这里明确指出,支配世界的权力("止物")可以有两种形式:武力胁迫的征服天下和文德之教的化成天下。古人将后者称为"文化"。《易传》作者显然倡导通过文化的力量去"化成天下",而反对仅仅以武力征服天下的做法。这种将文化的力量与威武的力量对应起来,并且更为推崇文化力量的思想观念,对后世产生了很深的影响。《说苑》也将"文化""武力"作为圣人治天下的两种主要手段:

> 圣人之治天下也,先文德而后武力。凡武之兴,为不服也。文化不改,然后加诛。②

作者显然更加推崇"文化"的方式,因为"文"能够使人心悦而诚服地服从圣人统治,"武力"只能是在"文化"力量失效的情况下不得已而使用的手段。在诸侯争霸、实现天下统一的春秋战国时代,各家各派提出了不同的经世方案。战国时代出现的"文化"概念,本就是作为一种能够帮助圣王统一、治理天下的力量和方略,与军事、政治、经济等力量或方略相对应。在当时,诸子们普遍把军事、政治、经济视为"力",因为它们均是诸侯实现争霸、统一天下的"硬实力"。但也有许多学者认为,这种"文德之教""文明""文化"同样具有"服人"的力量,作为"文化"的力量,是一种使天下百姓"中心悦而诚服"的"软实力",故而在统一天下的进程中是一种能够发挥更大作用的力量。

儒家学派孟子曾把那种依赖实行以军事方面的"硬实力"来实现争霸的政治路线称为"霸道",将依赖、实践"文化""文德之教"等"软实力"的政治路线称为"王道"。法家学派就是推崇"霸道"的学派,认为治理国家、统一天下所倚赖者就是"力"。商鞅认为:"国之所以重,主之所

---

① 李学勤:《十三经注疏·周易正义》,北京大学出版社 1999 年版,第 105 页。
②《说苑·指武》。

以尊者，力也。"① "力生强，强生威，威生德，德生于力。"② 法家所推崇的"力"是包括军事、经济、政治力量在内的"硬实力"。所以，法家学派重视耕战，提出"国待农战而安，主待农战而尊"③，认为鼓励耕战是提高国家硬实力的根本途径。法家还特别重视"刑赏""权势"，认为这些均是君主、国家所应掌握的"硬实力"。

对"文化软实力"最为推崇的，是后来在中国思想文化中居主导地位的儒家学派。儒家学派推崇"王道"，强调"文化"在国家竞争中的重要作用，认为它虽然是一种"软"的力量，但又是一种"无敌于天下"的巨大力量。孟子将"以力服人者"称为"霸道"，行"霸道"者对外靠军事力量，对内靠严刑峻法。孟子认为，推行"霸道"虽能暂时获得统治国家的权力，但绝不可能得天下。他说："不仁而得国者，有之矣；不仁而得天下者，未之有也。"④ 他强调只有推行"王道"者才能得天下，因为行"王道"者推崇"文化"，具体而言就是讲仁政、重德治、行"文德之教"。和"以力服人"的"霸道"不一样，这是一种"以德服人"的"王道"，它是使天下百姓"中心悦而诚服也"⑤ 的"软"力量。孟子反复强调，这种能够深入人心、感召天下的仁道所具有的巨大力量远远要超过军事、政治等硬实力，所以他提出："仁人无敌于天下。"⑥ "仁者无敌。"⑦ 因此，"文化""仁政"是"得民心"的软实力，而"得民心者"必能得天下。

三

儒家所推崇的这种"人文化成"的文化软实力，它是由哪些要素构成的呢？这些要素如何才能够形成"无敌于天下"的软实力呢？我们从以下三个方面做一些考察。

其一，以仁德为核心的价值观念，具有深入人心的道德渗透力和感

---

① 《商君书·慎法》。
② 《商君书·靳令》。
③ 《商君书·农战》。
④ 《孟子·尽心下》。
⑤ 《孟子·公孙丑上》。
⑥ 《孟子·尽心下》。
⑦ 《孟子·梁惠王上》。

化力。

儒家倡导君主必须施行德治、仁政。所谓"仁政"，对内而言，能够做到民有恒产、轻徭薄赋、救济贫困、减轻刑罚、保护工商等；对外而言，则是要做到勤修文德、讲信修睦、以和为贵、以善服人、协和万邦等。能否行仁政的关键在于国家的君主能否保存、扩充自己内在的仁心。孟子道："以不忍人之心，行不忍人之政，治天下可运之掌上。"① 仁德只是一种道德价值观念，为什么统治者们认同、推行这种仁政的理念，就可以"治天下可运之掌上"呢？因为这种仁德价值观念是和"人心"联系在一起的。一方面，仁德的价值观念具有对"人心"的内在凝聚力："得其民有道，得其心，斯得民矣"②，"得乎丘民而为天子"③。另一方面，仁德的价值观念具有外在感召力，能得到天下的帮助和归顺，孟子说："得道者多助，失道者寡助。寡助之至，亲戚畔之；多助之至，天下顺之。"④ 孟子认为，仁道是一种能够得到普遍赞同、欣赏的价值观念，能得到外界的普遍声援、帮助，故而能够产生一种无形的巨大力量使天下倾服和归顺，这是任何有形的外在力量不能比拟的。

其二，以礼乐为核心的制度体系，具有使国家和社会组织内的人民和谐相处的组织力和凝聚力。

儒家所说的"文""文化"的软实力不仅是指仁德方面的精神力量，同时还包括礼乐制度的组织力量。仁德与礼乐是一种内外一体的和谐整体，相当于现代政治学所讲的政治结构的组织形态与政治文化的价值形态一体化。"礼"是古代中国包括家庭、社会、国家等方面的制度体系和行为方式，所以，"夫礼者，所以定亲疏、决嫌疑、别同异、明是非也"⑤。礼作为一整套人人遵行的制度规范，能够使组织内的人们和谐相处而不生怨恨，从而产生极强的社会组织力和凝聚力，即所谓的"故君子有礼，则外谐而内无怨"⑥。礼之所以具有这样强的力量，是因为它不仅使仁义道德的精神

---

① 《孟子·公孙丑上》。
② 《孟子·离娄上》。
③ 《孟子·尽心下》。
④ 《孟子·公孙丑下》。
⑤ 《礼记·曲礼上》。
⑥ 《礼记·礼器》。

力量得以落实，同时，它广泛地渗透在法律、政治、教育、军事、宗教等一切社会活动中，并发挥规范化、组织化的作用。即所谓："道德仁义，非礼不成；教训正俗，非礼不备；分争辨讼，非礼不决；君臣、上下、父子、兄弟，非礼不定；宦学事师，非礼不亲；班朝、治军、莅官、行法，非礼威严不行；祷祠、祭祀、供给鬼神，非礼不诚不庄。"① 由于礼能够使国家、社会、家庭保持和谐、有序，故而具有很强的组织力，这也是软实力的一个重要方面。"乐"是辅助礼的一种手段，它使人们从内心认同礼、服从礼，从而更加强化了这一制度体系内部的凝聚力，即所谓"乐至则无怨，礼至则不争。揖让而治天下者，礼乐之谓也"②。礼乐是人内在仁德的外在化、制度化，它具有使人们无怨、不争的功能，从而强化了社会、国家的组织力、凝聚力，是一种不同于军事、政治力量的软实力。

其三，以教化为途径施展文化软实力，具有深远的精神调控力和历史影响力。

"文化"能够对个人、社会、国家、天下产生调控力、影响力，总是需要通过各种不同的途径。而对儒家来说，"教化"则是其中最重要的途径。古代"文化"概念的含义和"教化"非常接近，均是指通过传播仁德的价值观念、礼乐的文化体系进而影响个人、社会与国家。儒家对文化软实力的重视，亦充分体现在他们对"教""教化"的重视上。《礼记·学记》中，儒家这样看待教化："君子如欲化民成俗，其必由学乎！""是故古之王者，建国君民，教学为先。"教化、教学为什么会有这么大的力量，居于这么重要的地位？其关键是教化能够充分实现"文化"作为一种"软"力量的特点。对内而言，通过教化能够"化民成俗"，使百姓自觉自愿地追求仁德价值、德行礼乐规范，最终使得社会和谐、国泰民安；对外而言，通过教化而建立的和谐社会、政治秩序，要比依赖政治强制、刑罚暴力、军事威胁更能得民心，更能维持国家、天下的和平稳定。"善政不如善教之得民也。善政，民畏之；善教，民爱之。善政得民财，善教得民心。"③ 孟子总是强调得民心者得天下，这离不开文化通过教化而具有的精神调控力和影

①《礼记·曲礼上》。
②《礼记·乐记》。
③《孟子·尽心上》。

响力。

　　儒家所推崇的文化力量就是由上述三个方面构成的。这三种力量均不是以军事、经济、政治为代表的"硬实力"，而是体现为对人心产生感召力、凝聚力、渗透力、影响力的"软实力"，是一种不靠强制，而靠感化的文化力量，也就是《易传》所说的"人文化成"的力量。

　　当然，能够统一天下并实现长治久安的国家，总是既有"王道"，又有"霸道"，即所谓"王道"与"霸道"并用之。这些国家不仅要依靠对人心产生感召力、凝聚力、渗透力、影响力的"软实力"，也同样离不开军事、经济、政治的"硬实力"。历史证明：如果一个政权不具有"文化软实力"，就不能够统一天下并实现长治久安。

〔原载于《湖南大学学报》（社会科学版）2010 年第 1 期〕

全球化、本土化与中和文化观

当今，究竟应该如何描述、把握人类文化的现状及变革趋势，出现了
"文化全球化"与"文化本土化"的截然相反的观点；与此同时，如何看
待、评价这种文化现状和趋势，也分别存在着肯定或否定的两种对立的主
张。由于文化问题已经成为事关中国命运前途、人类历史发展的大局问题，
故而早就引起了世界各方人士的广泛关注。

对文化趋势的把握、评价是文化选择的首要前提。以中国传统中和智
慧为基础而建立起来的中和文化观，能够帮助我们准确地描述、把握、评
价人类文化的现状、趋势。一方面，中和文化观强调文化全球化或本土化
两种趋势的并存性，肯定其利弊特性的并存性；另一方面，中和文化观主
张这两种文化趋势存在着沟通、互补的可能性，并认为这种沟通、互补的
条件是人类共建和谐文化生态的根本出路。

所以，我们首先以中和文化观为基点，分别探讨文化全球化、本土化
两种趋势的客观存在及其双重利弊，然后进一步指出如何从方法上化解全
球化与本土化的对立，以建立一种和谐的人类文化生态。

一、 文化全球化与中和智慧

作为一个不以人的喜好为转移的事实，经济全球化已经进入了我们的
现实生活之中。那种跨越国家和地区限制的全球性经济交流、合作、渗透，
正在改变着我们这个世界。世界一体化的商品市场和劳动力市场、世界性
生产基地、世界金融体系、国际贸易体系、跨国资本、跨国货币流通体系
等，正在不断地建立、扩展。各国、地区之间的经济合作、经济渗透、经
济依赖日益加深，以至于当今世界所有国家，无论是发达国家还是发展中
国家，都不可能脱离这个全球化的经济体系而寻求独立的经济建设和发展。

经济全球化的历史过程，正在深刻地改变着人们的生活方式、文化观念。那个从来就是建立在民族、地域差异基础上的文化，亦在经济全球化过程中发生重大变化。尽管一些人可能有不同看法，但事实是显而易见的，就是经济全球化的过程导致了文化的全球化。

但是，究竟什么是"文化全球化"？我们不能片面理解为西方文化的一统天下。事实上，所谓的"文化全球化"有双重含义。

一方面，它是指全球范围内的文化趋同。世界范围内的文化趋同是以两个重要条件为前提的：第一，全球化的经济活动引导、促进着不同文明的交流和整合。人类文明史上从来没有今日这样广泛、深入的经济交往，伴随经济交往的总是文化的交流和整合，特别是文化产业的出现，使得文化产品变成文化商品。如图书、电影、电视、音乐、旅游等，这样一些文化性的商品在经济交流中占有越来越大的比重；作为文化产业，这些文化产品因批量生产、世界交流而导致文化趋同化。第二，现代科技特别是信息革命促进并实现着不同文化之间的交流和互动。现代科技和信息革命完全打破了以往的文化交流、文化互动所受的限制，现在，不同文化的交流和互动可以通过现代媒体、交通工具等更为方便、快捷的方式进行。这种信息的传递、交通的快捷，也促进了全球性的文化趋同。

可见，文化全球化就包括全球范围内的文化趋同的事实。现代化的生产方式、生活方式有许多共同的文化特质，科技革命和信息革命使人类联系为更加紧密的整体，故而有可能在文化的交流互动中形成整合性文化与趋同性文化。

另一方面，所谓的文化全球化，又是指全球范围内的文化交流和互动。由于经济全球化和科技革命的推动，全世界各个不同民族国家均主动或被动地参与了全球化的经济交流与合作，因此，各个不同历史渊源、民族特色的文化体被纳入这个前所未有的大开放、大交流、大渗透的过程之中。如果说，历史上均曾不断地在局部范围内发生过不同文明之间的交流与互动的话，那么，在今天的科技革命和经济全球化的推动下，文明之间的交流、互动不再是区域范围内或少数文明之间的现象，而是将全世界所有的文明体系均纳入一个全球范围内的文化交流和文化互动之中。但是，这种全球性的文化交流、文化互动始终是以各民族、国家的文化差异为前提的，故而，这种意义上的文化全球化，并不否认文化多元化的存在及其合理性。从这个意义上讲，文化全球化与我们后面将要讲到的文化本土化，是有其相通的地方。

　　文化全球化作为一个不以人的个别意志为转移的历史趋势，包括文化互动化和文化趋同化。但是它的后果则引发了人们截然不同的认识和评价，有人欢欣鼓舞地称赞这种文化互动和文化趋同最终致使世界性大同文化的到来；有人则忧心忡忡地认为这种文化全球化只是西方国家所精心设计的陷阱，全球化的最终结果是西化。对这种截然对立的认识，我们宜于采用中和文化观来分析。

　　以中国传统的中和智慧为基础的中和文化观不主张片面化、单一化，而是肯定对立两极的普遍性存在，那么，文化全球化所包含的特质与结果也是双重性的。

　　一方面，全球化的文化交流而引发的文化互动，是具有积极意义的历史现象。全球化使不同地域、国家、民族的人们在文化互动中联结成一个利益相关、联系密切、文化交流的整体，增强了人类抗御各种自然或非自然灾祸的可能性，强化了人类的生存与发展的能力，扩大了人类的眼界，使人类能够更多地以世界主义、大同主义的眼界去审视人类的社会现象、文化现象，促进世界文化的大交流、大融合，减少各种军事的、经济的、文化的冲突。同时，全球化的文化整合而带来的文化趋同化，也是一个既有益于中华民族文化的发展，又能促进人类文化进步的合理趋向。因为全球化的文化整合，可能从各个民族文化中提升、融合出一些符合全人类的普世性文化价值，从而构筑出超越民族文化的人类文化理念。如近些年来国际团体与各民族的知识界、宗教界对"全球伦理"所做的努力，就是希望在各个民族文化中寻找一些共有的伦理准则，作为全球共同伦理。同时，全球性的文化整合、文化趋同，还体现在现代科技文化，如信息科学、生命科学、材料科学的革命而导致全人类的生活方式、文化理念的趋同性变化。许多世界性的趋同文化，其本身就是由现代化的生产方式、科学技术革命而带来的，如网络文化、电视文化、旅游文化、快餐文化等表现出趋同性特征。

　　但是另一方面，文化全球化又确实包含着许多负面的东西。全球化首先是经济政治的全球化，最直接的体现是世界性市场和世界资本的出现。由于发达国家、地区、集团和其他发展中国家、地区、集团在进入世界市场时，他们所拥有的资本不同，控制的资源不同，故而在世界市场、世界贸易、世界金融体系中制订游戏规则时处于不同的地位。这样一个由少数强国主宰的"全球化"时代，往往是不平等的、贫富差别进一步拉大的时代。经济全球化包含着西方国家的经济霸权主义和强权政治，文化全球化亦可能导致文化上的西方中心论。西方在建立起强国控制的经济霸权、政治霸权的同时，试图推行西方中心主义的文化霸权。他们一方面用各种手段向全世界推销以西方为主导的价值观念，另一方面又利用市场机制将资本主义消费文化推向全球。总之，所谓"全球化时代"，又是一个力图完全"西化"了的全球化文化，福山所著的《历史的终结》得到西方世界的强烈反响就是明证。

然而，西方文化本身就是一种陷入深刻危机的文化。市场经济能够充分调动人的主动性和创造性，以促进财富的增殖，但这是过分利用了人的原始贪欲，这种单一化的消费文化本身即有着严重弊端。西方的个人主义、享乐主义文化演化为一种全球性思潮，就进一步激化了人与自然、人与人、灵与肉之间的矛盾。

二、 文化本土化与中和智慧

面对世界文化局势的演变发展，我们还可以发现一个与文化全球化趋势方向相反的文化走向，就是出现了世界范围的文化本土化的潮流。不管这个文化思潮的前景如何，但是各民族国家的文化本土化思潮却一直风起云涌、波澜壮阔，引起人们的普遍关注和思考。

文化本土化的出现，是与西方殖民文化扩张、现代工业文明的深刻危机两个文化现象联系在一起的。文化全球化不仅仅是全球性的文化交流与文化整合，同时还包含着一个十分严酷的事实，那就是西方国家借助于自己在经济上、政治上的优势地位，同时借助于自己所拥有的先进信息技术手段如互联网、多媒体，以及优势的文化消费产品如电影电视、传播媒介，全方位地输出自己的价值观念、思想意识、文化信息，推行文化殖民主义，希望建立起自己的文化霸权地位。发展中国家为了维护本民族经济的建设和发展，不得不被纳入全球化的经济体系之中，与此同时，又不得不受到西方国家的大规模文化殖民，并且在这种文化霸权的巨大压力下，开始丧失自己本民族文化的价值观念、思想信仰、生活方式，以致动摇本民族赖以生存的精神支柱。另外，西方资本主义在创造了巨大物质财富的同时，也因对大自然的极度掠夺、社会极度竞争而出现了生态、能源及人的精神危机。

文化本土化就是为反抗这种文化侵略、希望摆脱西方文明的危机而反弹出来的一股文化思潮。由于激发的原因不同，文化本土化包括了文化内趋与外扬的双重取向。

首先，文化本土化有一种文化内趋性的取向。当西方文化借助于文化全球化而推行文化霸权时，各民族国家确实面临着一个全盘西化、失去本民族文化特色的文化危机。文化本来就是一个民族的生存条件，事关民族存亡的大局。民族文化的丧失不仅会给民族国家带来深刻的精神危机，同样还会带来深刻的民族危机。为了抵御西方强国借助于文化全球化而大肆展开的文化侵略、文化殖民，许多民族国家通过文化本土化的思潮而寻求自我文化认同，这种民族文化认同的走向是内趋的。

其次，文化本土化有一种外扬的趋向。以西方文化为本位的现代工商文明是一个有着内在深刻矛盾、陷入严重危机的文明，其中尤以人与自然的矛盾、人与人的矛盾、人的身心的矛盾最为显著。如何解决现代西方文明弊端，已经成为东西方思想家、学者共同关注的问题。不仅是许多西方的思想家、学者将目光移向非西方文化，也有许多非西方的思想家、学者积极地推行文化本土化，也是希望在各自的文化母体中寻求现代化文化建设的资源，以避免重新陷入现代工商文明的危机。所以，在一些发展中国家，尤其是那些在经济上已进入发达程度的非西方国家，他们曾经拥有优秀的文化传统，又对西方现代工商文明的弊端有深切的感受，故而在文化上有一种强烈的本土化取向，这种文化本土化取向的真正目的，还是希望深入挖掘本土的文化资源，以建构一种超越西方工商文明的新型现代化文化。

亨廷顿在《文明的冲突》一文中认为："现代化所带来的非西方社会权力的日益增长，正导致非西方文化在全世界的复兴。""当非西方社会经济、军事和政治能力增长时，他们就会日益鼓吹自己的价值、体制和文化的优点。"非西方社会在政治上、经济上、军事上的独立和发展，确是他们在文化上的本土化运动的重要条件。但是，引起文化本土化的原因，则是亨廷顿没有说或不愿说的，这包括非西方社会对西方近代殖民主义政治、经济、文化的不满与反抗，尤其是对现代西方文化所暴露出来的严重问题和所陷入的严重困境不满，希望通过文化的本土化来解决文化认同危机和西方现代文化危机。

对于文化本土化运动的评价，同样存在着肯定或否定的完全相反的看法。如果以中和文化观念来审视的话，我们不仅要看到文化本土化具有上述的必然性、正义性的正面价值，还要看到值得我们警惕的负面价值，这是我们往往注意不够的方面，故而尤值得我们深刻反思。

首先，本土化运动有可能以拒斥西方文化殖民和现代化弊端为由，进而否定现代化文明，走向文化封闭主义、保守主义，最后拒绝参与现代化建设和全球化趋势。在许多发展中国家，都曾出现过这样的情况，少数既得利益集团为了继续维持自己的利益，阻碍本民族国家的现代化进程。他们可能以文化本土化为由，固守自己本土文化中消极、落后的东西，以维护旧的统治秩序和利益格局，并对代表人类历史进程的现代化文明持否定的态度。在非洲、中东以及中国近代史上，均出现过这种以文化本土化为由而阻碍历史进程、拒绝现代化文明的消极现象。

其次，本土化运动也可能隐藏着一种狭隘的民族主义情绪，少数既得利益集团往往借助于文化本土化运动，片面地激发民族主义情绪，从而在世界范围内引发新的国际矛盾与冲突。如日本的文化本土化运动就和大东亚主义的扩张野心联系在一起。日本前国会议员石原慎太郎曾和马来西亚前总理马哈蒂尔合著《亚洲能够说"不"》（1994年出版），该书批判欧美的价值观念和制度文化，强调亚洲应该坚持自己集体主义、尊重传统的价值观念。而这个人却又是一个极端的日本军国主义者，他倡导文化本土化则旨在推行大东亚主义的政治霸权。

由此可见，文化本土化运动也是一个充满矛盾的历史文化现象，它可能有正义性，亦可能具有非正义性，亦可能产生逆历史必然性的趋向，包含着逆历史潮流而动的趋向。故而，对这一复杂而矛盾的历史文化现象，不能以完全肯定或完全否定的态度来对待，而应以辩证的中和文化观来审视它，这样才能确立一个正确的文化战略目标。

三、 相对性文化、普世性文化与中和文化观

全球化、本土化作为一种因反向运动而具有紧张关系的文化趋势，使我们感到文化选择的定位艰难。一方面，我们必须参与到全球化的大趋势中去，才能顺应时代的潮流，并且获得因全球化而带来的现代化进步和繁荣。另一方面，我们必须以本土文化为立足之本，在本土化的文化基础上从事文化建设，通过把握本土文化的优势和特色，才能确立我们的民族文化认同，防止陷入一元化的西方文化和现代化的文明弊端之中。但是这两种文化趋势各有利弊，这就使我们的文化选择具有两难的性质。

关于文化全球化与本土化的话题曾引发西方学者的广泛关注。但是，西方学界对此有两种对立的观点。一派认为文化全球化是以后文化发展的必然趋势，代表现代化文明的西方文化将"全球化"变成一种普世性文明，如福山所著的《历史的终结》是这种言论的代表。一派则认为文化本土化是未来世界文化发展的趋势，文化本土化的结果是加剧文明之间的冲突。美国亨廷顿所著的《文明的冲突》是这种言论的代表。这两种观点表面不同，但在实质上均建立在西方中心论的立场上，故而预设了文化全球化与本土化、西方文化与东方文化的二元对立。

我们应当承认，当前世界确实存在着一个文化全球化与本土化的趋势，但是我们不能像西方学界那样将西方文化等同于全球文化、非西方文化等同于本土化文化。

然而，全球化、本土化毕竟又是两个方向相反的文化运动趋势，而且，它们不仅是各有其利，同样是各有其害。我们如何能够把握全球化与本土化的两极化文化趋势呢？我们如何保证能够参与全球化而不陷入西方文化殖民的泥潭，坚持本土化又不会走向文化封闭呢？这当然是一个十分复杂的问题。我们在这里试图以中和文化观去解析文化的相对性与普世性关系，以消解文化全球化与本土化的紧张关系，建立一种和谐的人类文化生态的思考方法。

在文化全球化的历史进程中，各个民族、区域文化的交流、互动日益

加快，不同文化之间的差异、冲突也不断突出。这样，文化内部所隐含的相对性与普世性的矛盾就对立彰显出来。

本来，全世界各个民族、地域的文化，都具有相对性与普世性双重性质。一方面，每个民族、地域的人们的生存环境不同，历史进程和文化特质不同，故而各有不同的文化生态，这样所创造出的文化价值，总是相对于这个特定的民族、地域而言才具有意义，这就是文化的相对性。另一方面，不同民族、地域的文化，均是人的本质在历史过程中的表现形式，它总会在一定程度上体现人类希望超越自然的精神需求。作为超越自然、实现人性的文化，它们对于人类而言也具有普遍意义，这就是文化的普世性。

但是，到了全球化时代，由于东西方国家的现代化进程不同，经济实力、政治实力不同，以至于其文化的国际地位和影响力不同。这样，文化本身所包含的相对性和普世性就被割裂开来，出现了相对主义和普世主义两种极端的文化主张。

在西方文化思想界，特别是那些坚持西方中心论的西方主流思想界，总是积极倡导一种普世主义的文化观。西方国家凭借其率先完成现代化建设而拥有的经济实力、科技优势、政治影响将其文化也全方位输出到非西方的世界各国，获得了一种跨国界的文化霸权。为了充分证明这种文化输出的合法性，特别是为了实现全球性的文化殖民，西方主流意识形态坚持西方中心论的立场，主张西方文化是普世性的文化，那么，目前正影响世界的文化全球化大潮，实质上就成了西方文化的普世化。这种普世主义文化观，最终是要将文化全球化归结为西方文化的普世化的。持这种普世主义文化观的人，一方面无限地夸大西方文化的普世价值，不承认西方文化本身包含着相对性；另一方面又拒绝承认非西方文化也存在着普世价值，只承认其相对意义，在文化价值的评价上采取双重标准。可见，这种普世主义文化观，归根结底是一种西方文化的普世主义。

为了抵御西方文化的无限扩张和殖民化，一些非西方民族国家的政治领袖、文化精英在自觉或不自觉地强调相对主义文化观。他们认为，一切民族国家的文化，包括西方国家的文化，都只具有那个民族国家的区域意义和相对价值。他们一方面拒绝承认西方文化的普世意义，以文化价值相对为由主张对西方文化说"不"；另一方面又以同样的相对主义文化观为由坚持、固守自己的文化传统，拒绝参与到全球性的文化交流、文化互动中去。那种相对主义文化观念，可能成为狭隘的民族主义或文化保守主义的思想武器。

要否定普世主义、相对主义的文化观，就必须正确理解与把握文化的普世性与相对性，所以，我们倡导一种融通二者的中和文化观。在这里，中和文化观对我们正确理解、把握文化的普世性与相对性有着极为重要的作用，使我们能够很好地化解文化全球化与本土化之间的紧张关系，并能获取这两种文化趋势之利。

中和文化观强调文化的普世性与相对性是共存的，即任何文化体系既有普世性，又有相对性，而不像文化普世主义、相对主义的倡导者那样，或者是片面强调西方文化的普世性，盼望西方文化一统天下的局面；或者是片面强调各种文化的相对性，反对全球性文化交流、互动的可能性。由于中和文化观主张文化的普世性、相对性是一个和谐的统一体，共存于世界上任何一种文化体系中，故而反对仅以西方文化为普世文化的片面主张，亦反对以文化的相对性为由而排斥文化交流的片面主张。既然这样，文化全球化就绝不仅仅是西方文化的全球化，西方文化亦包含着不能移植的相对性；本土化也不仅仅是固守自己的文化传统，亦包括了在世界各种文化中寻求普世性的文化资源。

中和文化观不仅强调文化普世性、相对性的共存，更强调二者的转化关系。由于文化的普世性、相对性是同一的、共存的，因此，它们之间存在着转化关系。弄清这一点，对于我们理解文化全球化与本土化的相通性具有重要意义。所谓文化普世性与相对性的转化，可从两个方面来看。

一方面，相对的文化价值中存在着普世意义。世界上不同文化体系在价值观念上各有自己的相对意义，最能体现文化价值相对性的是宗教象征符号体系和伦理价值，各种文化体系的矛盾与冲突往往是由这种宗教文化上的象征系统与伦理价值的差异而产生的。但是，这并不意味着这些文化价值只有文化的相对性而无共同性和普世性。事实上，这些相对的文化价值本身就包含着普世意义。尽管不同宗教的象征符号体系各有不同，但是它们均体现了各个民族文化观念中共同的超越精神，都鲜明地体现出人类普遍具有的终极关怀和形上追求。这种超越精神、终极关怀和形上追求，正是各种相对的宗教象征体系中所包含着的普世意义。同样，各种宗教文化体系中均具有不同的伦理价值和道德规范体系，但是，这些不同的伦理道德系统中亦存在共同点。这些共同道德就是相对文化价值中的普世意义。如目前在世界范围内兴起的"全球伦理"运动，各种不同文化背景的学者、宗教人士、政治家们希望在不同的宗教伦理中寻找共同的基本道德准则。他们发现"己所不欲，勿施于人"等道德律就存在于不同文化、宗教的道德体系中，那么，这种相对的伦理价值就具有普世意义。

另一方面，我们亦可以从普世的文化价值中梳理出具有相对意义的文化价值。许多文化价值代表着人类普遍的精神需要，故而是普世的文化价值，如人类普遍有对自由的追求、对人权的向往，显然自由、人权是具有普世价值的东西。但是，自由、人权的文化价值，在不同文化体系中会有不同体现，故而每种文化系统中的自由、人权观念，往往又包含着相对意义。那么，当各个民族国家在以不同的语言、观念诠释着人权、自由的时候，我们需要从这些相同的文化理念、普世的文化价值中梳理出其中的普世价值和相对价值。如人权观念，已经成为全世界各民族国家普遍肯定的文化价值，而追溯人权观念的起源，可能会发现它具有更多的西方的背景。但是我们不能因此将西方文化诠释的人权观念等同于普世性的人权理念，相反我们应注意到西方文化所诠释的"人权"，本身就有一些只具有相对意义的文化价值。"人权"概念包含着"人"和"权利"两个内容，那么，"人"是什么？人首先是个体存在，抑或首先是社会的或族群的存在？不同的文化本来就有不同的看法。而"权利"是什么？它是指法学意义上的权利，抑或是伦理意义上的权利？不同的文化又有不同的看法。这样，在国际社会中关于人权问题的理解，势必出现重大的分歧。有的文化系统强调人权观念中的个人自由与政治权利，有的则强调民族的生存权、自决权、发展权；有的从法律意义上讲人权，而有的则在道德意义上讲人权。可见，各个民族国家所表述的"人权"，虽有其普世价值的部分，即对人的生存与发展的重视与关注，但也有其文化相对性的部分，这也是我们不能忽视的。

正是由于文化价值具备上述相对性与普世性的联结、转换意义，那种片面地执着于相对主义或普世主义的文化观念，显然是错误的和片面的。而且，既然文化的相对性、普世性是共存的、可转换的，那么，文化全球化与本土化之间同样不是对立的，它们之间是可以统一的。文化全球化并非西方文化的全球化，同时也是非西方民族文化中具有普世意义文化的全球化；文化本土化也不是文化孤立主义，而是努力在本土文化中寻求和发展出合乎全球化趋势的普世性文化。

我们以中和文化观来思考文化的相对性与普世性，不但使文化全球化与本土化的紧张关系可以融通，而且还可以取这两种文化趋向之利而去其弊，即能够参与文化全球化而不被文化殖民，强调文化本土化而不陷入文化保守。我们认为，中和文化观不是和文化全球化、文化本土化并列的一种文化趋势，而是思考这两种文化趋势，并且渗透到这两种文化趋势中的思想方法。这是发展中华文化的理想目标，也是建立和谐人类文化生态的最佳途径。

〔原载于《湖南大学学报》（社会科学版）2003 年第 1 期〕

文化复兴与书院中国

当代中国正在形成一股重要的社会思潮，就是传统文化的复兴。由民间到官方，再到社会各界，传统文化复兴已然成为中华民族一股强大的内生力量。与此同时，传统书院也在逐渐兴起。传统书院是中国历史上独特的教育机构，它的形成与发展有千年的历史，并承载着中华文化的优秀的教育传统和文化传统，对中华文明的延续、发展有着重要的贡献。如果我们把传统书院放在世界文明史上来考察，它不仅仅是一个教育机构，还体现出中华文明的独特形态、发展模式和人文价值，是世界教育体系中一个独特的类型。

传统书院有着厚重的文化底蕴，也具有非常重要的现实意义。对这一意义进行探讨，首先需要了解和思考传统书院的文化特质。这就需要把传统书院扩展到整个中国书院历史的脉络里，探讨传统书院与中华文化的关系。而且，我们还要思考在当代中国文化复兴的大背景下，如何更好地发挥传统书院的功能。

讨论"文化复兴与书院中国"，目的是通过对儒教的追溯，论述书院与中国儒学传统的关系，进而探讨在传统书院逐渐兴起的当代中国，如何恢复其重要的文化教育功能，承担其文化使命。本文共包含四个话题：一、儒教是一种人文教育；二、宋代文化复兴与书院崛起；三、当代中国的传统文化复兴；四、传统书院的现代使命。

一、 儒教是一种人文教育

中华文明具有早熟的人文精神传统，我们的先贤很早就努力摆脱对神的崇拜，寻求人文理性。周朝的先贤在思考人和天的关系过程中，形成了中华文化的人文精神传统。我们不能完全依赖神，而是要有人文自觉、以德配天，这其实就是人的觉醒，表达出对人文精神的追求。这种对人文精神的追求是通过教育得以体现的，出现了以"成人""德育"为本的儒家学说，所以，世界上很多中外学者，把中华文明称为"儒教文化"。当代不同的文明形态往往与宗教有关系，如基督教、东正教、伊斯兰教、佛教等，他们把中国文明、东亚文明称为"儒教文明"，其实这个"教"是教育而不是宗教，中华文明确立了一套以儒家价值体系为核心内容、以教育组织为传播形式的文明体系。

特别值得强调的是儒教的"教"。在历史上，基督教、东正教、伊斯兰教、佛教、道教均是宗教，但儒教的"教"和其他的"教"不一样，儒教的"教"实际上是教育、教化的意思。当然，它也包含一些宗教意义，但它的主要特征、功能是教育。儒教不是一种宗教形态，而是一种人文教育。"儒"直接起源于从事教育的职官。班固《汉书·艺文志》的解释是："儒家者流，盖出于司徒之官，助人君顺阴阳明教化者也。"① 所以，儒教的"教"主要是教育的"教"，儒教的创建者孔子不是能够预言未来的先知，不是宗教领袖，而是推动人文教育的教师。释迦牟尼、耶稣都是宗教创始者。而孔子与他们的不同之处，就在于他本来就是一个老师，他的出身非常平凡，他没有任何神异的色彩，没有代表能够预知未来的某种神明。《论语》记载，孔子只是一个"十有五而志于学"的好学之士，是一个一辈子"学而不厌，诲人不倦"的教育家。可见，儒教的"教"，主要是教育的"教"，它的创建者完全不同于其他宗教的创教人有那么多的神秘色彩。

儒学创立的同时形成了儒家经典，这些"四书""五经"的儒家经典，不是神的训谕，而是三代先王、儒家诸子人文理性的历史积累，是人文文化的经典、历史理性的经典，特别是其中包含着大量论述教育的经典、实施教育的教材。儒家的"四书"（即《论语》《大学》《中庸》《孟子》）讲的都是如何教育人、如何培养人，也就是成人之教。《学记》是中国最早的教育学著作。

在世界各种文明形态中，只有中国文明以教育作为立国的根本："建国君民，教学为先。"与此相关，中国产生了世界古文明中最成熟的教育制

① 班固：《汉书·艺文志》，中华书局 1962 年版，第 1728 页。

度。孟子说："夏曰校，殷曰序，周曰庠，学则三代共之。"夏、商、周是中华文明最早的三个朝代，那时就已经建立了非常完善的教育体制，这种教育体制主要是官学教育，就是由朝廷办的。除了这套官学之外，其实还有一套私学教育，即民间办学。春秋战国时期开创的民间私学，进一步推动了中国传统教育、传统学术的发展。我们讲诸子百家，其实就是一些最早的私立大学。此后在中华教育史上，一直有两套教育体制：一套是由朝廷官府创办的官学体制，另一套是从事民间教学的私学体制。

为什么说儒教是一种人文教育？《周易》云："观乎人文，以化成天下。"如何以"人文"去"化成天下"？就是教育。儒家教育的根本任务，就是要在这个失去人文文化制约的社会建立合乎"人道"的和谐秩序。所以，儒教的"教"，就是希望儒者致力于教育，能够达到化成天下的目标。但是，我们还应该注意到，儒家并不仅仅是把教育看成维护社会秩序的手段，还特别关注个体人格，关注个人的责任、潜能和发展。孔子的"成人之教"、孟子的"自得之学"、张载的"大其心则能体天下之物"、程颢的"仁者以天地万物为一体，莫非己也"，均有发展个体人格、弘扬主体精神、实现自我价值的人文精神。

孔子的理想是"成人之教"。他所谓的"成人"其实就是全面发展的人，即应该是在智慧、意志、德行（智、仁、勇）等各方面均得到全面发展，同时还要有各种各样的文化知识、综合素质的人，其实也就是理想人格的"君子"。所以，孔子十分关注如何开展"成人教育"，强调培养理想人格的君子，教其六艺（礼、乐、射、御、书、数），同时希望个体的综合素质能够得到全面发展，以实现理想的"成人教育"。孟子把教育人理解为个体人格的自觉，即"自得之学"。他认为，学习实际上是唤醒个体"良知"的自省，通过自我反省，能够发现自己内在的德性，达到这样的境界才是一个君子、一个贤人。从君子、贤人又可以修行到圣人，所以儒家文化在推动教育的时候，特别强调要发展个体，弘扬自己的主体精神、实现自我价值，其实这都是一种人文教化。

可见，儒家人文教育基本上是致力于两方面的：一方面体现在家国天下，通过教育来建立一个和谐美好的社会秩序，最终实现和谐家国与大同天下；另一方面强调通过教育以启发个体的内在潜能和人文精神的发掘。

所以，儒家教育的核心既包括教育的社会政治功能，又包括教育对个体全面发展的促进。从这两重意义上来说，儒家教育本质上就是一种人文教育。

二、 宋代文化复兴与书院崛起

书院萌芽于唐，崛起于两宋。为何宋代将民间教育机构称为"书院"呢？在中国古代，最早的文字写在甲骨、青铜器、帛书、简牍上，那时候书非常贵重，民间一般很难有图书收藏。后来，由于造纸术、印刷术的发明与普及，推动了图书出版的发展，形成了民间的藏书机构。最早的书院萌芽于唐，南宋学者王应麟《玉海》解释说："院者，取名于周垣也。"书是知识的载体，书院最早就是藏书之地，后来由藏书逐步演变成读书、教书、写书、出版书的文化教育机构。从唐朝开始，书院由朝廷的藏书校书机构，逐渐演化为民间的私人读书讲学的文化教育机构。后来，以书为核心的书院，开始成为宋以后重要的文化教育基地。

作为文化教育机构的宋代书院，并不是偶然形成的，而是继承和发扬了中国悠久的教育传统，包括先秦私学争鸣、汉儒精舍研经、魏晋竹林玄谈、隋唐寺院禅修。作为一个教育组织机构，特别是作为一种士人、士大夫自由讲学、研究经典、学术辩论、修身养性的独特机构，宋代书院其实是千余年来教育内容、教育形式不断发展、演化的结果。在历史上曾有不同的讲学内容和不同的讲学形式，在宋代书院均可以找到。

先秦以来，中国学术史、教育史曾经经历过几次重大历史变革。我们经常讲到的先秦诸子、两汉经学、魏晋玄学、隋唐佛学等，往往是既包括学术思想、教学内容的演变和发展，也包括学术机构、教学形式的演变和发展。先秦诸子的思想内容是儒、墨、道、法的不同学派的思想，而先秦诸子之所以能够形成不同学派，其实就是通过自由讲学的形式形成的。所以，一方面，中国的轴心文明时代即春秋战国时期，出现了诸子百家如儒家、墨家、法家、道家等，他们各自研究学术，提出自己的学术宗旨；另一方面，他们又以私学的形式传授学术、培养弟子，并不断展开相互讨论、相互辩论。战国时期甚至还形成、发展为稷下学宫，诸子百家在此争辩与讨论，形成了中国历史上特有的"百花齐放、百家争鸣"局面。宋代书院成为不同学派的学术研究、人才培养的基地，书院学派之间开展相互讨论、相互辩论，显然是继承了先秦诸子的学术思想和教育组织形式。

两汉经学代表一种新的学术形态和教育形态。两汉确立了儒家经学独尊的地位，影响了中国传统学术两千多年。两汉经学的研究和传播也必须通过一种新的学术、教育机构，除了朝廷设立太学、地方设立州学之外，汉代还形成了一种非常独特的教育形式和学术研究形式，叫作"精舍"。汉代的经学大家创办了精舍，在精舍里研究经学、培养弟子、传播经学。实际上，宋代书院继承了两汉经学的学术传统与教育传统。宋儒同样推崇、研究、传播儒家经典，宋代书院成为宋儒研究、传播儒家经典的重要基地，其实就是继承了汉代精舍的研究传统和教育传统。特别值得注意的是，宋代很多学术大家如朱熹、陆九渊等，他们将自己最早创办的书院，也直接称为精舍，如朱熹的武夷精舍、陆九渊的象山精舍等，这些精舍后来才改成书院。

魏晋时期玄学大盛。魏晋名士们喜欢聚在山林里讨论高深的哲学问题，如本与末、有与无、名教与自然等形而上的玄理，所以被称为"魏晋玄学"。魏晋名士对形而上之理的关注，深刻影响了宋代士大夫，玄学思想与理学思想之间有一种内在发展、演变的理路。与此相关，魏晋名士会聚山林谈玄析理的生活态度与学术风格，也深刻影响了创办书院的理学家。理学家们在书院辩论理气、道器，以及追求一种超然物外的精神气象，均可以看到其和魏晋名士在山林之间谈玄析理的风度。

隋唐时期佛学大盛。正因为佛学的精致理论和思辨方法对宋儒形成强烈的挑战，故而也激发了宋儒的创造性激情，隋唐佛学也因此成为新儒学的重要思想来源。与此相关，隋唐佛教主张修炼成佛，佛教徒喜欢在名山大川修建寺院，吸引教徒来寺庙推广禅修活动。隋唐佛教在山林修建寺庙的禅修，也影响了宋代的书院。最早的书院大多建立在名山之中。许多宋代的儒家士大夫，除了研究经典与学术之外，非常注重内在的心性修养。这种通过静坐而修身养性的"半天读书、半天打坐"的书院教育传统，实际上是吸收了佛教寺庙的禅修方法。

由此可见，宋代书院的学术研究内容和教育组织形式能够形成，并不是偶然的。没有前面学术思想、教育实践的一千多年的积累，就不可能有宋代书院的形成。宋代书院其实是将以前教育实践的传统、学术思想的传统，都吸收、集中到这一种新的教育组织形式中来，从而形成了代表儒家士大夫理想的书院。所以，书院之所以能够成为重要的、延续千年的教育、学术机构，是集历史之大成的结果。

宋代书院形成后，之所以能够得到那么大的发展，还有一个重要的历史机遇，即唐宋之际的重大变革中文化复兴的要求。也就是说，宋代书院之所以能够蓬勃发展，还和其承担的那一个时代的重要文化使命有关。宋代书院的组织形式，确实是吸收了先秦的私学、汉代的精舍、魏晋的玄学、隋唐佛教寺庙的禅修，但这些都是教育组织形式。从思想内容上来讲，宋代思想发生了一个重大的变革，宋儒不仅批判佛道二教，也批判了汉唐儒家。他们希望回归、复兴先秦儒学，以重建新儒学。宋代书院的出现、发展过程，是与宋代文化复兴思潮紧密联系在一起的。

唐宋之际是一个重大的历史变革和文化转型时期。一般而言，从两汉到魏晋、南北朝、隋、唐，主要是朝代的更替。但是，唐宋之际的变革，却是一个非常重要的历史转型。明代史学家陈邦瞻在《宋史纪事本末·叙》中说："宇宙风气，其变之大者有三：鸿荒一变而为唐虞，以至于周，七国为极；再变而为汉，以至于唐，五季为极；宋其三变，而吾未睹其极也。"[1]他认为，中国历史经历三次大的重要变革。第一次变革是从文明初期到春秋战国时期，第二次变革是从汉代一直延续到唐代，第三次变革是从宋代开始。他认为唐宋之际是一个重大的历史变革时期。日本历史学家内藤湖南在一百多年前提出"唐宋变革"论，影响很大。他认为唐宋之间发生了政治、社会、文化的重大历史变革，故而提出"唐宋变革"论。他的观点在国外汉学界影响很大，但是他提出的"唐宋变革"论、"宋代近世"论，显然参照了近代西方史学对欧洲历史的"上古""中古""近世"的划分。当然，中国历史并不一定会模拟地中海历史模式，但是人类文明史可能存在一些相似的历史轨迹。我们会发现，宋代确实出现了与欧洲文艺复兴、宗教改革相似的儒学复兴、儒学改革运动，并且推动了文化教育下移、学术思想转型等一系列重要变革。由于士大夫的大力推动，宋代学术思想界出现了复兴先秦儒学、重新诠释儒家经典、致力于新儒学思想建构的文化

儒学发展与文化复兴

---

[1] 陈邦瞻：《宋史纪事本末》，中华书局 2015 年版，第 1191 页。

思潮。正是因为文化复兴、儒学重建的历史背景，唐末萌芽的书院到了宋代迅速崛起，成为宋代士大夫推动复兴先秦儒家人文精神的学术大本营与高等学府。

中国到底要建构一种什么样的文化模式？

通过复兴儒学、重建儒学的方式，来建构一种新的文化模式，士大夫所建构的学术研究机构的形式、教学的形式，就是书院。所以，书院是一个以书为中心的高等教育机构，是一个继承了先秦私学、两汉精舍、魏晋玄学和隋唐禅修的新的学校，是一个代表儒家士大夫的文化理想和教育理想的学术研究基地，是中国重要学术思潮——宋学的大本营。这一点，著名的历史学家钱穆先生曾经说到。他特别强调，"宋学精神"主要体现在三方面：第一，革新政令，推动社会的变革；第二，创通经义，通过重新诠释经典而建构新儒学；第三，创建宋学大本营的书院。无论是革新政令，还是创通经义，都是要通过新的书院机构来推动新儒学的形成和发展。所以，钱穆先生认为，宋学精神之所寄在书院。现代社会强调大学是教育中心、学术中心和社会服务中心。其实，宋代的书院恰好承担了这样一些重要的社会使命。

我们考察历史就会发现，宋代的文化复兴是由一批重要的儒家士大夫来推动的，包括范仲淹、孙复、石介、胡瑗、程颐、程颢等学者，他们既是革新政令的推动者，也是文化复兴、儒学重建的倡导人，更是创办书院以推动教育改革的关键人物。值得注意的是，这些人绝大部分都与宋代早期的书院有关系。比如以范仲淹为代表的庆历士大夫群体中许多都接受过书院教育，这对他们后来的新政及书院教育活动均产生影响。范仲淹、孙复、石介就曾就读于应天府书院。范仲淹还曾主持应天府书院，并培养了许多杰出的人物。孙复、石介就是范仲淹在应天府书院时培养的人才。孙复研究《春秋》学，并创建泰山书院。石介长期在徂徕书院讲学，被称为"徂徕先生"。石介为推动中华文化复兴，专门撰写了《中国论》，通过"华夷之辨"以强调"中国文化"的主体性，以复兴中国文化。他说："四夷处四夷，中国处中国，各不相乱，如斯而已矣，则中国，中国也；四夷，四夷也。"① 石介在为孙复创建的泰山书院作《泰山书院记》中，还将道统承传与书院使命结合起来："先生（指孙复）亦以其道教授弟子，既授之弟子，亦将传之于书，将使其书大行，其道大耀。乃于泰山之阳起学舍，构堂，聚先圣之书满屋，与群弟子而居之。"② 他赞扬孙复将道统承传与书院使命结合起来，其实也是对自己坚持在书院讲儒经、传圣道，以推动中华文化复兴的肯定。由此可见，宋代书院的兴起，是和宋学的兴起、儒家文化的复兴紧密联系在一起的。

所以，宋代早期出现了很多著名的书院，后来流传为"四大书院"之说：有人说是徂徕、金山、岳麓和石鼓书院（范成大持此观点），有人说是嵩阳、睢阳、岳麓和白鹿洞书院（吕祖谦和王应麟持此观点），有人说是白鹿洞、嵩阳、岳麓和应天府（石鼓）书院（马端临持此观点）。其实我们不必拘泥哪几所才是四大书院，因为四大书院本来就有不同的说法，应该说宋初不止四大书院，这些书院的意义在于，它们为宋代学术转型、儒家文化复兴起到了极大的推动作用。北宋著名书院在宋代文化复兴、儒学发展中发挥着重要的功能。而到了南宋，书院发挥的作用更加突出，又出现了不一样的四大书院。南宋时期的书院与学术创新、学派创建的联系更加紧密。全祖望所说的"南宋四大书院"，其实就是文化复兴、理学学术的四个大本营。岳麓书院是张栻湖湘学大本营，白鹿洞书院是朱熹学派大本营，丽泽书院是吕祖谦学派大本营，象山书院则是陆九渊心学大本营。这四大书院推动了南宋理学的集大成发展，推动了南宋理学的"乾淳之治"。所以，到了南宋，书院便成为学术界、教育界更加普遍化的讲学机构，并且形成了一系列独特的制度体系，成为儒学重建、文化复兴的重要部分，极大地推动了南宋时期思想、学术、教育的发展，也推动了整个中国传统文化的大发展。

中国古代的学术创新与教育机构联系密切，此后，书院就一直成为中国学术思想演变的重要部分。在中国学术史上，宋代是理学大盛，明代是心学大盛，清代考据学大盛。在不同的历史时期，不同形态的新兴学术思

① 石介：《徂徕石先生文集》，中华书局 1984 年版，第 117 页。
② 石介：《徂徕石先生文集》，中华书局 1984 年版，第 222—223 页。

潮，均与书院有关。宋以后的新兴学术思潮往往和书院一体发展，书院促进了中国传统的文化复兴、学术更新、教育发展。儒家文化复兴与宋代书院崛起是同步发生的历史现象。两宋出现的中华文化复兴、儒学改革运动，推动了文化教育下移、学术思想转型等一系列重要变革，均与书院有密切的联系。

三、 当代中国的传统文化复兴

中华文明在世界古代史上一直居于重要的领先地位，但是，近代中国却面临着西方文明的巨大压力，中国被迫地进入到西方文明主导的全球化体系中。古老的中华文明首先要面对西方的坚船利炮，紧接而来的是一系列压力，包括军事压力、经济压力、政治压力，当然，最终是亡国灭种的文明压力。

晚清时期，中国面临保国、保教、保种的严重问题。一些思想敏锐的士大夫开始密切关注这一问题，从魏源提出"师夷长技以制夷"开始，中国艰难地启动了近代化进程。后来出现的洋务运动、戊戌维新、辛亥革命、新文化运动等一系列近代化运动，推动着中国的近代化进程。这个近代化过程确实是非常艰难的，特别是第二次世界大战中帝国主义的侵略，使中华民族的近代化运动一度被中断。

经过数十年艰苦卓绝的顽强奋斗，一个独立、自主的中国终于站起来了。特别是1978年实行改革开放以来，中国确实取得了巨大的成就。其实，所谓"改革开放"，就是不断改革自己不适应现代化的经济、法律、政治等方面的制度与观念，通过学习发达国家的现代化的过程中，积极参与到全球化的现代化建设事业之中，使中华民族重新崛起。通过四十年的改革开放，通过积极主动参与到全球化、现代化进程，当代中国确实发生了翻天覆地的变化。如今，中国不仅是一个政治上发挥巨大作用的大国，也是一个在经济上取得了巨大成就、前景无量的强国。最近中美贸易发生了很多摩擦，我们都很担心。其实，今天的中国之所以总是被世界上最强大的美国挤压，最重要的原因是中国越来越强大。中国在政治上、军事上、经济上的强大，使原来的强国非常警醒，甚至非常害怕。所以说，中国的逐渐强大已经是一个事实。中国改革开放四十年所取得的巨大成就，是其他国家可能要多花几十年、上百年，甚至几百年才能取得的。

但是我们应该清楚，中国的崛起背后其实具有重要的文明意义。中国之所以能够重新崛起，其中就包括中华文明的因素在内；与此同时，中国崛起的最终目标，绝不仅仅是国家富强，还必须是中国文化软实力的强大，故而必须是中华文明的复兴。但是遗憾的是，近百年来，我们对中国传统文化不恰当、不正确的认识，使得我们没有充分吸收中华文化的源头活水，所以当代中国需要一场新的文化复兴。中国这场文化复兴，本质上是中华民族在学习、吸收现代世界先进文明的基础上，进一步继承、弘扬五千多年的中华文明，实现中华文化的复兴和重建。从根本上讲，不应该只把中国看成是 21 世纪出现的一个庞大的经济体和一个非常强势的政治体，中国的崛起不应该仅仅是一个经济和政治方面的历史事件，而应该被看作五千多年文明的历史转型。也就是说，一个延续了五千多年的文明，经过近百年的衰落后，在学习世界文明的基础上重新崛起，这就是中华文化的复兴。

中国的近代化崛起，首先需要学习外国的先进经验，所以改革开放是中国实现现代化必须做的重要事情。但是我们不能依赖模仿西方模式来完成现代化，而是要发扬自身文明长处，建构一种新的现代化发展模式。中国的崛起应该是文明的崛起，应该是世界文明史上的一个重大历史事件，也应该为整个人类现代化发展提供一种新的历史经验和发展模式。我们会发现，中国近代化进程会走出自身独特的道路和积累自己的经验，如果我们把这条道路、这些经验变成一种模式，那么需要更多的文明自觉。当代中国的文化复兴，一定能够从更大范围、更深程度上继承和弘扬中华文明，以真正能为人类现代化提供新的模式。

宋代出现的文化复兴运动，以先秦孔孟之道为思想基础而吸收佛、道思想，故而重建了中华文化的思想传统，适应了中国文化发展的要求，奠定了以后八百多年来中华文明体系的核心价值。而当代中国文明的复兴，应该是一件更加具有深远历史意义、全球意义的重大事情。中华文明在经历了一百多年凤凰涅槃之后，不仅能够在今天，而且能够在更远的未来活下来，并且能够活得很精彩！21 世纪的中华文明复兴，不仅对中国来说十分重要，对探讨 21 世纪以后的人类生存同样有着特别重要的意义，因为它能够补充、完善以西方文化为基础的现代化的不足，也有益于未来人类多元化的现代化生存。

四、 传统书院的现代使命

改革开放以后，特别是近一二十年来，书院开始兴起，成为一个重要的文化现象。20世纪80年代初，既有一些古老的书院开始复兴，以湖南大学的岳麓书院为代表；也有一些新书院开始崛起，以北京大学的中国文化书院为代表。经过了这样一段时期的发展，特别是近一二十年来，伴随着中国传统文化的复兴思潮，书院发展开始呈现井喷态势。其实，这一书院文化现象的背后，恰恰是中国传统文化复兴的要求。在此背景下，书院应该承担什么使命？全国各地到处都在修书院、办书院，这一个承载着中华文明特色的文化教育机构，在现代化进程的当代中国到底应承担什么样的文化使命？

我们发现，传统书院兴起于宋代，与宋代的文化复兴联系在一起。其实，当代书院的兴起，同样是源于对文化复兴的追求。前文提到范仲淹、孙复和石介，他们把书院的创建与当时的文化复兴联系在一起，我认为我们今天同样面临这样一个重要的使命。当代书院兴起的背后，必须要承担起中华文化复兴的使命，每一所书院要承担的文化功能，应该和整个中华文化复兴的需求联系在一起。中国文化经历了一个凤凰涅槃式的重生过程，中国传统书院也会如此。传统文化、传统书院在获得重生之后，不仅是其生命的延续，而且应该是生活得更好，获得新的生命意义。

晚清时期，传统书院面临严重危机，1902年清廷下令废弃书院，全面引进西方教育制度。延续千年的传统书院瞬间被废弃，引发了各界人士对传统书院废弃的不满和叹惜。自由主义思想家胡适认为书院之废是"吾中国一大不幸事"，已经是马克思主义者的青年毛泽东在长沙办湖南自修大学，明确表示要继承书院传统。另外还有一些文化保守主义者，如马一浮、梁漱溟、钱穆，为了避免现代教育体制的弊端，均在创办传统书院，以传承中国传统文化。如马一浮创办复性书院，就是希望恢复传统书院的人性教育、人格教育。有趣的是，20世纪的几个代表性思潮（自由主义思潮、马克思主义思潮、文化保守主义思潮）的重要代表人物都对书院情有独钟，这是一个非常值得反思的现象。显然，这是因为中国传统书院有非常深厚和独特的文化价值，使得这些政治观念、思想观念不同的知识界、思想界和政界的人士，竟然对书院被废弃这一历史事件达成了共识。我们知道，现代知识界能够形成一个共识是很艰难的事情，而在20世纪初期，知识界能够对传统书院形成共识，确实不易。前面提到，传统书院经历了一千多年的办学过程，它凝聚了中华文化教育的精华，形成了一套既有特色又有生命力的文化精神和教育制度，就是大家经常讲到的书院精神和书院制度，这是中国书院的重要文化遗产。当我们今天在思考和呼唤中华文化的传承和复兴的时候，书院应该成为传统文化复兴的基地。20世纪以来，书院精神和书院制度为各界人士普遍推崇，已经成为今天中华文化复兴的最大公约数。

当代书院应该如何发展？这是创办书院、修复书院的各界人士都应该特别关注的重大问题。我们如何在这样一个中华文化复兴的大背景下做好书院复兴？

首先是老书院的复兴。近一二十年来，大量书院兴起，我认为有两种情况，一种是老书院的修复。我们注意到，现在全国各地正在修复、重建一些老书院，首先是为了书院文物的保护。国家文物局曾委托相关机构做一个关于儒家文化遗产的保护规划。他们做了调研，在全国重点文物保护单位和省级文物保护单位中，共有儒家遗产546处，其中被列为国家、省级文物保护单位的古代书院有144处。加上很多市、县一级的书院文物，这样算下来至少有几百处。其实，中国历史上有几千所书院，当时遍布全国各地，但是大量书院都没有保存下来。这些广泛分布的书院是儒教中国的最好体现。如何使这些书院普遍得到修复和保护，是目前书院文物保护的迫切任务。我们到欧美国家，会看到许多天主教、基督教的教堂，这是西方文化的物质载体。其实，中国文化的物质载体主要是儒家文庙、传统书院。因为儒教最重要的是教育、教化，所以儒家书院特别重要。但是，今天的传统书院如何继续发挥文化教育功能，是一个更加重要的问题。这些老书院被列入文物保护的有一百多所，还有不少尚未被列入文物保护目录，这一个庞大的书院群体正在逐渐恢复。老书院保护非常重要，但是老书院不仅仅是被保护的对象，我们最重要的工作应该是如何恢复它的功能。很多文庙和书院修复之后，除了供人游览，就不知道该干什么。其实，无论是中国的寺庙、道观，还是西方的教堂，它们延续下来的原因是能够继续发挥其内在的功能。而书院是中国文化传统的载体，这些老书院修复之后，最重要的事情就是尽快恢复其历史上曾经具有的文化教育功能。我们要鼓励社会上各种力量来修复、保护、复兴传统书院，不管是官方力量，还是社会力量，或者是民间力量，应该各自发挥自己的优势和能力，共同保护书院、建设书院。目前老书院的修复，基本上是地方政府在主导，其实还可以发挥社会团体、企业、公益性组织、企业家个人的作用。古代书院的修建，主要是地方官员、民间士绅、热爱教育的人士共同努力的结果。儒家书院的修复，就是三方共同努力的结果，是大家共同努力建设的。今天仍然可以继续发挥政府主导，民间企业、团体、公益性组织、企业家个人共同努力的作用，让这些古老的书院修复之后，成为地方文化的中心，成为地方精神的家园。

其次是新书院的建设。当代中国，除了修复上述的老书院，全国各地还创办了很多新的书院。在传统书院废弃一百多年后，创办新书院的目的和意义是什么？创办新书院有两种情况、两种类型，其具体目的可能不一样。一种是在民间社会发挥文化教育功能的书院，另一种是在现代大学的体制内的书院。在当代中国文化复兴的背景下，两种书院可以在我们的教育体制的内、外分别发挥作用。

一是教育体制之外的新书院。这些新书院的修建，就是希望在文化复兴的大背景下，推动地方文化、社区文化、乡村文化的建设和发展，故而需要地方政府、学者、企业、民间社团的通力合作，以推动教育体制之外的民间书院发展。我们注意到，许多新书院举办的各种传统文化的讲座和读书会很受欢迎，这是因为社会对传统文化的需求很强烈。当代中国无论是少年儿童，还是成年人，传统文化知识、人格教育均有不足。传统书院教育的复活可以弥补这一缺失，通过创建新的书院和推动民间的传统文化教育，可以解决其中的一些问题。新书院办得成功，可以成为地方文化、社区文化的中心。我们讲文化复兴，确实可以从基层书院做起，让新的书院成为当代中国文化复兴的地方。中华文明作为一个重视教育的文明，重视教育的体现就是书院多。人是需要进行终身教育的，孔子十五而志于学，一直学到老。可见人要精神成长就需要不断学习，不断接受教育，而书院就是我们学习、成长的地方。

二是教育体制之内的新书院。中国古代的书院，除了具有从事社会教化的功能，还是一种正式的教育机构。晚清之后，作为教育体制内的传统书院废掉了，现在教育体制内的小学、中学、大学，是当代中国教育的唯一形态。宋代书院是高等学府，是一种"成人"的教育；现代大学也是高等学府，但却是一种专业教育。应该说，现代教育体制的建立，有其历史的合理性，如果近代中国没有实行教育改革，就不可能培养出合乎现代化需求的专业知识分子，没有专业知识分子就不可能建设现代化国家。我们需要接受来自西方的现代化知识体系，就需要建立现代化的教育体制。但是我们建立了现代化教育体制之后，是不是照搬外来的教育体制，就满足了中国教育的全部需要？其实不是。为什么知识界那么怀念传统书院，书院作为一个传统教育的典范，它有非常重要的、独特的价值和意义，留下了非常丰富的教育经验。今天我们要创建世界一流大学，不应该是片面模仿西方大学。中华文明是重视教育的，中华民族是一个有着悠久教育传统的民族。如何在现代化的教育体制下，让传统书院在今天的教育体制内继续发挥作用，是一个值得思考和探讨的重要问题。我认为传统书院应该成为当代中国高等教育体系中非常重要的组成部分。现在高等教育学术领域在花大量精力研究西方现代大学制度和精神，这一点非常重要，但是，我们也要回过头来研究中国具有一千多年历史的书院的制度和精神。

教育体制之内创建新书院，同样可以有两种类型。第一种书院，就是专门在现代大学体制内从事人格教育即博雅教育的书院。现代高等教育教书不育人，只管专业教育，大家关注的是教书、教专业知识，但是人的教育呢？特别是"成人"的教育呢？培养人的问题在制度上并没有落实。这一问题就需要传统书院来解决。育人是传统书院的长处，可以将传统书院人格教育的长处吸收进来，使现代大学能够培养出既有专业知识、又有健全人格的现代知识分子。其实西方也有博雅教育传统，中国书院有"成人"教育传统，应该均属于完整的人的教育。这种完整的人的教育，在大学需要一个专门的机构。我认为中国现代大学可以通过办书院来解决这一问题。中国书院的成人教育、君子教育，就是希望在专业教育之外，解决培养教育人的问题。

另外一种书院，就是培养传统国学专门人才的书院。因为传统书院承担了传承中华文脉的使命。在现代大学的专业体系中，传统国学一直没有独立的空间，被分割到其他不同的专业体系中，许多中国传统学术成为"绝学"。我们一直在呼吁将中国传统国学纳入现代大学体制之中，成为一个独立的学科门类，与西方的"古典学"十分接近。同时我们还一直在呼吁，在现代大学恢复中国传统书院，以国学、经学、儒学为独立学科，作为书院的教学内容和学术体系。现代大学通过设置书院、国学院，以传承中国传统学术。

应该说，在21世纪实现我们中国的富强之梦，已经不是问题了，只要中国按照现在的改革开放之路走下去，再过一段时间，我们中国肯定既富又强。但是，我们还应该特别关注，中国复兴之梦不仅是富强之梦，而且应该是中华文明的全面复兴之梦，这才是更高层次的中国梦。而我们强调书院的复兴，就是要承担文化复兴的重要使命。传统书院不仅承担着中国文化复兴的使命，而且它本身就是中华文化复兴的体现。

（原载于《船山学刊》2019年第3期）

如何立心立命？

——以儒佛对话为主题展开

一、 立心立命的内涵

颜爱民教授：今天儒佛对话的主题是"如何立心立命"，内容来自"横渠四句"，即张载（世称横渠先生）的"为天地立心，为生民立命，为往圣继绝学，为万世开太平"。这四句话也是我们国学基金会的宗旨。那么它到底表达的是什么？我们先从儒开始，请岳麓书院国学研究院院长、国际儒联副理事长、儒学大家朱汉民教授谈一谈。

朱汉民院长：这场聚会的缘起，是济群法师来到长沙，很多朋友希望听他讲学，以解除自己的迷惑，包括立心立命这样的重要问题。我虽然是研究中国思想史的，但主要研究方向是儒学，对佛学涉猎较少。所以也和大家一样，想借此机会向法师学习。

立心和立命，出自宋代大儒张横渠著名的"横渠四句"。从政界、学界、商界到宗教界的很多人，都以此作为自己做人、做事、立言的宗旨，这也是我们践行国学公益基金会的宗旨。那么，立心和立命是什么意思？

所谓"立心"，其实是"为天地立心"。但是，天地之心究竟是"有心"，还是"无心"？早在《周易》的复卦中，就有"见天地之心"，认为宇宙天地间有个心，"天地之心"是决定天地世界的主宰力量，所以《周易》又提出"天地之大德曰生"。

到了宋儒朱熹这里，他一方面认为"天地本无心"，一方面又肯定"天地以生物为心"。所以，尽管儒家总体上是无神论，不认为天地中有一个人格神，这点和佛学接近，但是儒家还特别强调人在天地之间的位置，即所谓"人者，天地之心"。按照宋儒的看法，"心者，人之神明"，故而人可以"为天地立心"。人心通过体认天理、根据天理做事，就实现了天地之心。可见，人不是被动的，人在宇宙中发挥仁者之心的能动作用，就是"为天地立心"。

立心和立命相通,对应于天道、天理。以天道、天理的主宰性或目的性而言,可以称之为"天地之心";以天道、天理的必然性而言,又可以称之为"天命"。人之心通过体认天地之理,按天地之理去做事,这既是为天地立心,又是为生民立命。儒家相信人的主观能动性可以立心和立命,即达到儒家所说的最高精神境界——天人合一。总之,立心和立命表达了儒家关于终极问题的哲学思考和思想信仰。

颜爱民教授:站在方外看滚滚红尘中的立心立命,是什么感觉?有请济群法师为我们开示。法师是非常谦和的大德,童真入道,在深入经藏和修证方面的造诣都很深。

济群法师:我也很期待今天的交流,和朱院长、颜教授一起讨论立心立命的话题,可以让我对儒学有更多了解。说到张载的四句话,不知大家是什么感觉,反正我在念的时候充满力量,就像学佛人所发的四弘誓愿——"众生无边誓愿度,烦恼无尽誓愿断,法门无量誓愿学,佛道无上誓愿成"。发起这样的宏愿,会让生命得以提升。

立心和立命的内涵,朱院长做了解释。我觉得在探讨这个话题时,要立足于儒家的使命感和价值观来思考。儒家有三不朽的人生,为立德、立功、立言。其中包含两个面向:立德是从个人修养而言的,要成为有德君子,最终成圣成贤;立功和立言是从社会责任来说的,要造福社会,利益大众。这和佛教的自利利他有相通之处。

学佛的最高目标是成就佛菩萨品质,也有两个面向:一是于自身圆满悲智二德,为自利;一是以悲心广泛利益众生,为利他。可见,儒家和佛教都倡导从自利到利他,由成就高尚人格来建设理想社会,立足点是由内而外,不同于西方文化是通过改造外在世界来追求幸福。这也是儒佛能相互融会的思想基础。

当然,二者对人格和社会的具体定义会有差异。儒家的高尚人格是君子、圣贤,理想社会是大同世界,人人都能老有所安;佛教的高尚人格是佛菩萨品质,理想社会是净土,包括西方净土、十方净土,乃至人间净土。如何成就这样的理想?《大学》说:"自天子以至于庶人,壹是皆以修身为本。"修身不仅是完善自身的需要,也是齐家、治国、平天下的基础。而修身的前提，是正心、诚意。可见，心才是关键所在。

我们探讨立心和立命，也是从心入手，由修身养性而能安身立命。这就必须了解，我们要立的是什么心，断除的是什么心。正如朱院长所说，并非所有的心都是天地之心，此外还有种种不良心行。相关内容，儒家有很多论述。而佛法自古就被称为心性之学，所有教义和实践都是围绕心性展开的，由认识心性、调整心行，最终明心见性，证悟心的本质。

这些思想在今天格外重要。时代飞速变迁，尤其是人工智能出现后，带来很多颠覆性的改变，人作为万物之灵的优越感正受到前所未有的挑战。在这样的大背景下，如果不重视立心，找不到立命之本，我们将何以自处？

二、 立心立命的路径

颜爱民教授：儒学大家和佛教大德都讲到立心立命的基本点，我把它通俗化一下。儒家讲的立心立命，又叫作理想人格，成圣成贤，关键是人生价值的问题。佛教修行的目标，是成就阿罗汉、菩萨和佛陀的品质，在一定意义上，也可以说是立心立命。

通过什么路径来实现这些目标？《孟子》说："居恶在？仁是也；路恶在？义是也。居仁由义，大人之事备矣。"讲到仁比较抽象，他就落在义上。关于立心立命和成圣成贤，在座各位可能觉得很高大上，不太有把握。那么，儒家有没有实施样本和先后次第？佛教又是怎么做的？是不是天天念佛就可以达到目标？

朱汉民院长：谁来立心立命？早期儒家有一批被称为君子的人在推动此事。孔子在《论语》中反复强调的，就是要成为什么人，以如何成就自己作为思考的关键。

第 24 届世界哲学大会今年在北京召开，有来自全世界的几千个哲学家、学者参加，主题是"学以成人"。有人说，"学以成人"看起来像是教育学或儒家式的命题，怎么能成为世界哲学大会的主题？事实上，这是人类目前的最大问题。

我们来到这个世界，被父母生下时，已具有人的形体，但成为真正的人，还要经过不断学习，儒学的重点就是告诉我们怎么做人。当今世界面临的很多困境，从社会秩序的混乱，到社群、民族、国家、宗教等方面的种种冲突，其实都和人有关。如果大家能够成人，合乎人应该具备的仁，这些矛盾就不会出现。

那么，"学以成人"是要成为什么样的人？孔子告诉我们的是成为君子。虽然孔子也赞扬圣贤，但没提出那么高的要求。因为成为尧舜禹那样"博施于民而能济众"的圣贤很难，除了修德之外，还必须有很大的能力。普通人只要能修身，具备智、仁、勇，在德行、智慧、意志、能力及综合文化素质等方面健康发展，就能成为君子，能与家庭、社会、国家、天下和谐相处。否则就会成为小人，只会为满足个人的利益和欲望不择手段，无法与他人和谐共存，其家庭、社会、国家、天下的秩序就会大乱。

所以君子之学要从心开始，具备良好的道德素质，能坚持"仁以为己任"，处处为他人考虑。按照孟子的说法，"仁义礼智根于心"。我们能按仁义礼智的规范去做，社会自然和谐。仁义礼智从哪里来？不是外在神灵要我们这么做，也不是君王要我们这么做，而是我们自己内心的要求。我们根据自己内在的本心、本性去做人，既是为自我完善立心，也是"为天地立心"。

一个人如何才能"立心"？《大学》的格物、致知、正心、诚意，《论语》的操存、涵养，《孟子》的尽心、存性、体察、扩充，《中庸》的学、问、思、辨、行以及尊德性、道问学、极高明、道中庸等，这些修身功夫是先圣先贤在修身实践中的个人体悟、经验总结的记录，在今天仍然可以成为我们立心立命的方法与途径。

早期儒学主要关注现世世界的事物，很少考虑超越世界或是死后的事情。但人生几十年很短暂，如何才能确定立德、立功、立言的不朽与永恒呢？在这些问题上，佛教思想对儒学构成了很大的挑战。所以儒学到宋代后，进一步强调超越的世界，强调立德、立功、立言的不朽与永恒，故而提出了"为天地立心"。从这个意义上来说，儒家立的仁义礼智，不仅能建立当前的和谐世界，也和天地之理相通。而天地之理是永恒的，我们是根据永恒的宇宙法则做事，而不仅仅是人性和社会的法则。基于此，儒家就提出要做圣贤，既是心忧天下、关怀社会的入世者，也能达到天地的境界。

这样，追求立德、立功、立言的人，会因为其具有不朽与永恒的意义，使自己的内心非常快乐与平和。周敦颐告诫受学于他的二程：要知道"寻孔颜乐处"。孔子和颜回面临事业、人生的挑战，身处困境之中，但他们为什么还很快乐？因为他们相信，自己追求的道德、事业、学术是与天道、天理相通的。这样一种信仰，正体现出立心和立命的巨大精神力量。早期儒家号召士人做君子，到了宋以后，儒家说人人都要做圣贤，如王阳明说满街都是圣人。佛教说人人皆有佛性，人人皆可成佛，人只是没有觉悟的佛，儒家也进一步说人人皆可成圣。

颜爱民教授：朱院长讲得非常精彩，我是专门出难题的，出两个问题放在这里。第一，我是学理工科的，感觉儒家讲的人生成就主要在一维空间，对于过去、未来的维度未必能解释圆满。比如有人问：颜回成圣贤，但为什么那么穷？让人很纠结。

第二，儒家所说的立德、立功、立言，和立心、立命是什么关系？比如从立功来说，岳飞对宋朝立功，对金国来说未必是功；《三国演义》中有孔明七擒孟获，而在云南孟获那边流传的却是七擒孔明。再如曾国藩，对清朝功劳很大，匡扶社稷，但从另一个角度，他却是镇压农民起义的刽子手。可见功过是相对的，又该怎么看待？我们先按对话的流程，请佛学高僧为我们讲解，到底怎样才能立心立命。

济群法师：朱院长谈到世界哲学大会"学以成人"的主题，我觉得很有意义，这确实是时代的需要。儒家和佛法都是关于做人的学问，为什么要学做人？因为我们并非生来就是合格的人。立心，是通过对心性和道德的学习，引导我们认识心性，遵循道德，造就君子、圣贤以及佛菩萨那样的品质，那才是成人的最高标准。

从某种意义上说，生命也是一个产品。造就产品的材料，是我们身、语、意的行为。身体和语言的行为显而易见，那什么是思想行为？就是我们的起心动念。我们可能觉得，只要没做什么，自己想想还能有问题吗？事实上，所有思维都会形成相应的心理力量，保存在阿赖耶识中。它就像一个超大容量的硬盘，其中有我们生生世世的生命信息。

在座每个人都不一样，为什么？因为出身不同，生活环境、所受教育、人生经历不同，这些积累造就了我们的思维和言行模式，造就了当下的存在。如果继续往前追溯，还因为阿赖耶识的积累不同。由过去的行为决定我们的现在，再由现在的行为决定未来发展。所以说，学以成人不仅关系到今生，还关系到无尽的未来。

　　儒家是以君子作为生命产品的标准的。怎么成为君子？必须遵循仁义礼智信、温良恭俭让。这些品行都要通过学习才能成就，但不是知识式的学习，而是改造生命的学习——我希望造就这些品质，所以要不断践行，才能从行为形成习惯，从习惯形成性格，从性格形成人格，从人格形成生命品质。

　　人性有两个面向。孟子说"人皆可以为尧舜"，也说"人之所以异于禽兽者几希"，说明每个人都有圣贤潜质，但也有动物性。佛教同样认为人有佛性，也有魔性和众生性。发展什么，就会成为什么。每个人过去生的积累不同，来到世界的起点各异，所以我们想成为圣贤乃至佛菩萨，要下的功夫也不同。有些人善根深厚，现在一学就很相应；也有人障深慧浅，学起来刚强难调，格外困难。

　　不论难易，都要从立心开始。这就必须了解内心由什么构成，自己有什么家底，其中哪些是需要发展的正向力量，哪些是必须克服的负面力量。每种心行都有它的对立面，仁义礼智信、温良恭俭让的反面，是不仁、不义乃至不让。

　　只有充分认识心的两面性，才能有效地断恶修善。否则，人性中往往负面力量就会占据主导，让生命走向堕落。法律就是为了制约人的劣根性，但这只是为人处世的底线，想要学以成人，必须在此基础上建立正向追求。

三、 学以成人的不同境界

　　济群法师：佛教中，将人格追求分为三个层次。下等追求是遵循五戒十善，做到不杀生、不偷盗、不邪淫、不妄语、不两舌、不恶口、不绮语、不贪欲、不瞋恚、不邪见，成为有道德的世间好人，类似君子。

　　中等追求是成为阿罗汉那样的出世圣者，不仅有高尚人格，还能彻底断除恶业，息灭贪瞋痴。尤其是痴，这是无始无明，轮回之根。由此才能开启智慧，成就解脱，对生命不再有任何迷惑，也不再被动地随生死流转。

　　上等追求是成就佛菩萨品质，既要完善自己，还要造福社会。从佛教来说，这种完善不仅是道德上的，关键是断除无明，进而帮助芸芸众生断除无明，成就菩提。佛菩萨的人格有两大内涵：一是通达生命真相，成就大智慧；一是帮助所有众生，成就大慈悲，不管对人还是动物，都能平等相待。

这是佛教关于"学以成人"的三个层次，每个人可以根据自己的发心建立目标，付诸实践。

朱汉民院长： 我刚才认真听了法师的话，非常高兴，特别是他从佛学角度，对"学以成人"这个儒家命题做了很好的诠释，提出佛教关于成人的三个境界。我曾在国学基金会上讲过士大夫精神，早期的士大夫被称为君子，内在德行必须达到很高境界；到宋代被称为圣贤，不仅要有现实的德行和仁义之心，还要有天理、天道的超越，人心能和天相通。而最高的精神人格是把内圣和外王、圣贤和豪杰统一起来，就是将成就自我的道德人格与造福人类社会结合起来。也就是说，最高的理想人格一定要将内在德性修养与外在的治国平天下结合起来。

颜老师刚才的问题非常好。儒学和佛学本来各有重点，儒学的种种知识与道德追求，最后一定落实在治世，即齐家、治国、平天下上。庄子曾谈到孔子"六合之外，圣人存而不论"，认为孔子所说的那些，主要关注的是君臣、父子、兄弟、朋友等家族与国家的具体事务，这些是属于有限世界的，从宗教角度来看，是俗世之事，不具神圣、永恒的意义。而佛学通过治心，追求神圣、永恒的意义世界，不同于现实的世俗世界。

当有人问到死后之事时，孔子的回答是"未知生，焉知死"。儒家认为，如果处理不好活着的事，为什么要去关注死后的事情呢？换句话说，他认为现实世间才是值得关心的，儒家最重要的使命，就是解决现实中物质生活、社会生活、精神生活的问题。因为他处在春秋时期，诸侯争霸，国与国之间连年打仗，时局动荡。他感到非常难过，希望通过恢复周礼而建立一个稳定的秩序。但当时的人都不按礼去做，导致社会秩序被破坏，君不君、臣不臣、父不父、子不子。在这种情况下，他提出一套仁学理论，希望以仁义道德来补充礼。他号召士人成为"仁以为己任"的君子，以仁义精神、忠恕之道来重建社会秩序、救赎堕落的世界。

但我认为，孔子内心还是希望有一个最高主宰，就是说，他追求的仁义精神、忠恕之道还具有神圣、永恒的意义。他曾经说过，"下学而上达，知我者其天乎"。也就是说，我们学以成人，首先是属于家庭、社会、国家等世俗的有限世界，怎么做人属于日用常行的下学，但通过这样的下学可以上达于天，认为现实道德有超越的源头，人道来自天道。儒家士大夫普遍相信自己的内在心性和天道相通。换句话说，人追求的仁义礼智信、恭宽信敏惠，虽是处理人与人之间的关系，但最后一定是天道的体现。孟子提出"尽心、知性、知天"，相信一切人均有的恻隐之心，其实是人生而有之的本性，所以尽心就能知性、知天。

宋代理学大兴，进一步以哲学体系解决了儒学人道与天道的结合问题。湖南道县周敦颐的《太极图说》提出一套儒家的宇宙论思想，他以无极而太极、太极动静、阴阳五行、万物化生等主张，确立"圣人定之以中正仁义而主静，立人极焉"。儒家通过主静的心性修炼，遵循中正仁义的人文准则，就不仅仅是人道，还是天道，是至高无上的太极。这样的话，就把心和天打通了。朱熹进一步完善了儒家的宇宙理论，说天地世界本来只有两个东西，一是理，一是气，所有人和物都由理和气构成。人性就是我们禀赋的天理，颜老师的理，我身上的理，都是同一个理，都来自天理。所以，我们的心性就是仁义礼智信，它们具有永恒性和普遍性。我们服从本心的道德，就是顺应天理。

刚才法师说到宏愿，儒家到宋明之后，不仅对人间发宏愿，而且对天地发宏愿，所以推出"为天地立心"。这样就把儒家思想拓展了，从有限的时段拓展到无限，使家国的道德价值具有永恒的意义，贯穿于无穷无尽的天地之间。这样，内在的心和外在的天就打通了。

四、 从因果认识天道天理

颜爱民教授：两位老师是真正的大家，我不是专业领域的，但现在研究人力资源，不得不研究这些，所以要学习，而且我是实用主义者，要为我所用。我谈一下学习心得，先体会朱院长说的。孔子作为早期儒教的代表，主要解决成人的问题，是基于当时混乱的社会背景，父子相残，兄弟相争，率兽食人，礼崩乐坏。当务之急是建立一套社会规则，就像法师说的，先把人天乘做好。否则按佛教的观点，就会堕落畜生道，甚至饿鬼道、地狱道。我查了佛家的时空观，地狱生存环境恶劣，而且一天合人间2700年，寿命长达千百亿岁，就是人间的万岁万万岁。孔子慈悲大众，先让大家成人，别落下去，以后再到更高水平。到宋明理学，儒家和佛学开始融通。"为天地立心"不是狭隘的空间概念，已经超越；"为万世开太平"也不是当下的时间概念，而要对未来产生影响。

关于法师讲的，我的理解是，生命是无限的延续，我们的行为、语言和思想会不断积累。就像河流越流越长，越流越多，其中有清澈的水，也有各种杂质和污秽，由此呈现为不同的生命存在。用数学语言来理解，我们是过去函数的积累，是积分的过程。所以生命千差万别，有些人睿智，有些人愚钝；有些人漂亮，有些人丑陋；有些人仁慈，有些人残暴。多年前，我曾到湖南省女子监狱为重刑犯讲课。其中有个很年轻的女孩，我问她怎么进来的，她很不经意地说，咔嚓就进来了。监管人告诉我，她去偷东西被人发现，就把一家五口杀了。有些人杀只鸡都不敢下手，但她却把杀人说得很随意，没觉得有什么罪恶。可见，人确实存在差异。

我大学学的是冶金工程，觉得佛教说的修炼和冶炼过程相似。矿藏中混有黄金和杂质，冶炼就是去除杂质，把其中的黄金提炼出来，达到一定纯度。修炼的"炼"字用火字旁，可能就是这个原因。人有自然人、社会人之分，我们被生下来，只是生物学意义上的人，但作为社会人是有标准的。

仁义礼智信、温良恭俭让是儒家关于君子的标准。这个标准的制定依据是什么？我的理解是，如果大家遵守这些规则，社会就能和谐发展。如果觉得没人发现，就把别人干掉，把财产抢走，社会就无法正常运转了。所以君子的目标是成为正常人，但高不到哪里，允许有正常的享乐，付出后得到正常的回报。再往上是去除生命中的一切杂质，超出六道，修成正果。这是炼的过程。

我讲了这么久体会，还是要提问题。请问法师，大家都觉得人道好，尤其是在座的，很多人物质条件不错，吃点喝点，比较舒服，不愿再努力修炼，这算是对还是错？佛典告诉我们出家很好，是大福报，但问一下在座各位，有几个愿意出家的？怎么看这个问题？

济群法师：朱院长说到，儒家早期主要关心人道的道德伦理，到宋明理学开始关心天道天理。事实上，人道的道德建立非常重要。这种建立不是简单的认同，也不仅仅是知道怎么做，而是认识到遵循道德对自身的意义。只有这样，我们才能在任何情况下都坚定地选择道德，而不被外在因素干扰，甚至见利忘义。

很多时候，我们虽然对道德有一份尊重，但只是将之视为来自社会的外在要求。如果整个社会重视道德，那么遵循道德还不是难事。但在今天这种崇尚财富、追逐享乐的大环境下，如果我们不能认清道德的价值，是很容易被同化的。古人说"君子忧道不忧贫"，但现在很多人担心的只是钱不够花，根本不在乎道德为何。关键在于，我们没有把道德和生命成长联系起来。因为这种脱节，道德就成了空洞的教条。

孟子的四端告诉我们，仁义礼智都需要基础，所谓"恻隐之心，仁之端也；羞恶之心，义之端也；辞让之心，礼之端也；是非之心，智之端也"。佛法也以惭愧作为道德基础，西方哲学则以自尊和道德对应，人出于对不良行为的羞耻，以及对人格的自尊，才会产生道德诉求。但这种惭愧心和自尊心并不是天生就有的，多数人要接受教育才能建立标准，并以此检讨自身行为。如果没有标准，就谈不上惭愧心，也谈不上自尊心。

从宋明理学的角度，通过修行可以致良知，体会天道天理。但多数人的境界离天道很远，单纯立足于天道倡导道德，会有一定难度，还是要和现实利益挂钩，从道德与利益、幸福、命运、心态的关系，引导人们认识道德的价值，依此为人处世，完善人格乃至生命品质。

今天很多人不重视人格，只在乎身份、财富、地位等外在名利。事实上，你是什么远比你拥有什么更重要。因为拥有只是短暂的，人格才代表你的存在，对生命才有永久的意义。人格哪里来？来自身口意三业的积累。

从因果观来说，善行必然会招感乐果，带来利益和幸福。当然这个果不见得很快就能看到，从因感果是有过程的，要有缘参与才能成就。但就像种子，假以时日，必然开花结果。虽然感果时间不定，但善有乐果、恶招苦果的规律不会变。儒家没有轮回说，因果就显得没有说服力。比如颜回这么好的人，却又穷又短命，谁愿意效仿？反之，有些人为非作歹，横行霸道，当下似乎还很如意。所以单纯从现世看，不能有效解读道德的价值，只有从三世因果才能说清楚。

但现代人往往不信轮回，所以我侧重从心灵因果来解释。道德是代表健康的心理和行为，如果我们遵循道德，就会构成正向积累，有益生命成长。当你是这样的存在，本身就很容易幸福。我们应该有这样的经验，做了好事之后，内心会感到很快乐。同时也能得到他人的认可和尊重，对自己是一种正向激励。反之，如果你心态负面，行为恶劣，非但不会幸福，还会让周围人遭殃。由此可见，我们希望心安理得地活着，希望有更好的未来，现在就要遵循道德。这是从果来推导因，弥补了单纯强调道德的不足。

回到颜教授的问题，佛教并没有要我们都放弃现实生活，出家修行，也鼓励大家做健康的、有益于社会的人。至于想要获得世间利益，只要通过正当手段得来就没问题。问题是，人并不是解决生存问题就可以了。动物吃饱了就玩耍，人却会制造烦恼。有道是"家家有本难念的经"，不少人表面风光，其实却有焦虑、抑郁等种种心理问题。在物质条件极大提高的今天，心理疾病患者也与日俱增。为什么会这样？解决之道在哪里？怎么加以预防？

除了当下的生活，有些人还会思考生死、生命意义等永恒的问题。如果人生所有努力都立足于有限性，百年之后，生命的意义在哪里？找不到终极意义的话，现实中的一切价值何在？在你活着的当下，可以说它是有价值的，当你离开世界后，价值又在哪里？不必说人终有一死，即使地球也是要毁灭的，意义又在哪里？世间之所以会出现哲学和宗教，就来自这些终极追问——我是谁？从哪里来，到哪里去？人为什么活着？宋明理学之所以要解决这些问题，就是因为不解决的话，儒家作为哲学体系来说是不完整的。

至于有些人安于现状，不愿努力修行，其实是认识问题。有道是"人无远虑，必有近忧"，如果不解决生命问题，我们只是在世间随波逐流。虽然风平浪静时会有暂时的安乐，一旦波浪现起，我们又被卷到哪里？知道方向吗？能自主吗？可以说，修行就是我们在世间的自救之道。看清这一点的话，我们还不愿努力吗？

朱汉民院长：法师提到一个非常好的问题。我的兴趣是儒学，非常赞同儒学的价值系统，必须再从儒学的角度回应。首先是德和福的问题。道德的依据是什么？佛教有个非常重要的观念，即因果报应。我在世上的福祸是自己不断积累的结果，我做了善事会得到回报，做了坏事要受到惩罚。

积善也好，积恶也好，因果报应会无限延续。由于这个理念，我们愿意做善事，不愿做恶事。在这一点上，几乎所有宗教都是相通的。

有人认为儒家不是宗教，就在于儒家没有灵魂不死、因果报应的观念。我记得德国哲学家康德谈过德和福的问题，说一个人做了好事最终能得到回报，但必须有两个前提：一是灵魂不朽，二是有一个上帝主宰赏罚。只有建立起这种信仰，才能解决因果报应问题。儒家士大夫虽然相信有一个主宰性的天，但并不依赖天来解决德和福的关系，即不是祈求天来主宰人世间对善恶的赏罚。确实，儒学总是以善作为最重要的价值，鼓励人们以道德修炼成为仁德之人。那么，人做好事到底应不应该得到回报？如果好人得不到回报，反而是坏人总能得到好处，那么人为什么要做好人？

儒家的思考和解决方式首先体现在《周易》。《周易》作为群经之首，其实是卜筮之书。古人为什么要算命？因为不知道未来的吉凶得失。这次打仗是赢是输？这件事能做还是不能做？心里都没底。但他们相信神知道结果，或者能主宰结果，所以通过卜筮求诸神灵，希望神能指点迷津。但古人逐渐发现了一个规律，吉凶得失的结果往往与本人的努力程度相关。

我们的人生本来就处于吉凶祸福交替无常的变化中，那么在这种变动不居的社会人生中，如何把握不可捉摸的吉凶悔吝的后果呢？人应该怎样正确选择合宜的行动方案呢？《周易》经传中的大量义理就是告诉我们，吉凶祸福的过程与结果，其实与我们的德性、智慧密切相关。比如你抽到任何一卦，可能是吉，也可能是凶。但吉和凶是可以转化的。我们在世间做任何事，如果坚守自己的德性与智慧，就可以把握局势，逢凶化吉，劣势可以变成胜势。可见，《周易》基本上肯定了德与福的关联性，有德即有福，这是儒家的一个重要思想。

但在现实生活中，好人未必得好报。有些人善良、勤劳、诚恳，可突然得了暴病，英年早逝；也有人坏事做尽，却尽享人间富贵快乐，所以人们常说老天不公。《周易》作为儒家经典，已经将做人的道理哲学化、理性化，那它怎么回应和解决这一问题？许多儒家学者也在思考这个问题。刚才讲到，颜回品德很高，却"一箪食，一瓢饮，在陋巷"，那他值不值？为什么要那么做？包括孔子自己，有理想，有志向，以追求仁义道德为己任，但最后周游列国时却没人理他，嘲笑自己如丧家之犬。虽然结局那么差，

下篇 文化复兴

165

孔子还是乐以忘忧，还反复强调颜回也活得非常快乐，但很多人并没有仔细思考这个问题。

到了宋代的儒家，如范仲淹告诫张载"儒者自有名教可乐"，周濂溪启发二程"寻孔颜乐处，所乐何事"，他们的问题意识、哲学思考其实最终都指向德与福的问题。一方面，儒家认为道德能带来福报，因为道德能给他人、社会带来利益，最终也会给自己带来好处，这就是"我为人人，人人为我"。另一方面，道德可能不一定给我本人带来好处，做了好事得不到回报，这怎么办？儒家倡导的孔颜乐处的乐，其实就是他得到的福报。有个词叫作心安理得，我服从内心的德性做事内心就安，否则心就不安。这个安非常重要，如果你做了坏事没有得到惩罚，但内心每天惶恐不安，其实已经受到惩罚，不需要来世的惩罚。做好人好事也是同样，会让自己像孔子、颜回一样感到充实而快乐。

所以儒家对德与福的问题有两层理解。一层是做了善事，应该有现实的因果报应，在现实社会中得到利益回报，如一个讲诚信的商人可能会赚更多的钱；另一层是虽然没有现实利益，但我会为自己的善良德性而感到快乐，其实这也是回报。我有一个朋友从政，我问他从政的最大快乐是什么？他说，当我做了一件利国利民的好事，如果大家认同我的努力，我会发自内心地喜悦。其实这就是对德行的回报，不一定要有其他的利益回报。

法师说到，如果不解决生命永恒性问题，劝善的效果就不会那么好。确实，儒家没有借助生命的永恒性来劝善。但是，儒家确实有生命永恒的思考和看法，其生命永恒的思考深化了德与福的思考。

回到张载立心立命的话题，其立心立命是以《西铭》为宇宙观、人生观的基础，他说："乾称父，坤称母，予兹藐焉，乃混然中处。故天地之塞，吾其体；天地之帅，吾其性。"我是天地所生，天是我的父亲，地是我的母亲，我可以将这个世界看作与我息息相关的存在，虽然小我没了，但大我永远存在，天地永远存在，还有子子孙孙不断延续下去。这是儒家的宇宙观，同时包含儒家的价值观、人生观。中国人重视孝，孝是什么？就是人的生命一代代传递下去，生生不息，其实这就是生命的永恒性。孝是一种世俗的道德，但是孔子把世俗变成神圣，把有限变成永恒，孝敬父母和祖先其实就是维护生命的永恒性。可见，儒家德行与生命永恒性也是息息相关的。

五、 立心立命的继承与创新

颜爱民教授：我在想，佛家为什么能在历朝历代那么长时间被推崇？儒家更不用说，本身就是国家主流的文化体系，也是治国的主政工具。它们对民众的作用是什么？我在衡山观察过拜山的人，大体有两类。一类是大富大贵者，一类是特别贫苦者，背个红袋子一路拜。最不信的就是我们这个群体，日子还过得去，又不是大富大贵。为什么会这样？我个人理解，大富大贵者最怕突然来个灾难，失去富贵，所以到寺院求菩萨保佑。寺院先接纳，回头再加以引导，让他明白富贵是因为过去做得好，过去因是现在果。如果想继续维持，现在就要做好。让这些人不要为富不仁，恣意妄为。而对最贫苦的人来说，佛教告诉他们：因为你过去做得不好，才有今天的果。如果想以后过好，现在要努力做点好事，前途才会光明。这样让双方都有期待，有希望。

儒家之所以在过去特别有力量，是因为人们的欲望没那么复杂，容易受教化，良知容易被激发。但现在的人已经把最深层的欲望激发出来，再讲孔颜之乐就觉得没有吸引力，大家还是觉得喝酒更乐，赚钱更乐。怎么解决这个问题？我认为应该继承和创新。

我是自然科学背景的，现代科学有个说法比较热，认为整个自然是一体，所有的言行思想，一定会在自然系统中留下印记，相当于佛教讲的阿赖耶识储存种子。比如我现在讲话，摄像头把我的声音和形象留下印记，以后还能回放。其实自然本身具有记录功能，科技产品只是自然规律的提取物，但它做得还不到位，比如我在想些什么就录不下来。但在大自然中，所有一切都有记录，都会留下印痕，消都消不掉。

经济学有个观点是"人无恒产，必无恒心"。为什么会出现产权？中世纪时，欧洲很多国家都出现了圈地运动。起源是在英国的公共牧场，大家为了自己多得利，把羊越养越多。结果过度放牧，使牧场逐渐荒漠化。后来就让大家跑马圈地，使牧场归自己所有。这些牧场主就不再过度放牧，因为土地荒漠化之后要自己负责。还有个例子，当年集体生产时，效率很低，包产到户后效率就很高。这是通过产权归属来解决问题。

同样的道理，如果人知道要为自己所有行为承担责任，看到这一切是包产到户的，做得好有好的果，做得不好也必须买单，就不会恣意妄为，道德才会有力量。我理解的生命，应该是一团无形的能量信息。按佛教的说法，肉体只是一座房子。看到这一点，大家才会持续地考虑，如何洁净自己的生命品质，行为必然有所顾忌。但用什么方法我没想到，这是两位大家的事。

　　济群法师：朱院长前面讲到"天"，这个概念也值得进一步探究。西方关于天的概念是上帝。早期的上帝就是人格神，是有意志的。但基督教接受西方哲学后，这个人格神多少在和宇宙规律统一。在中国早期，周天子时讲到的天，应该也是有一定意志的。到宋明理学讲的天，则是属于一种规律，是作为自然存在的天理、天道。

　　关于这个问题，佛教有不同观点。首先，佛教否定世界有主宰神的存在。从生存处境来说，所有宗教都推崇天堂，认为是理想去处。但佛教认为人道比天堂更好，为什么呢？因为天堂是享乐之地，如果耽于享乐，就会不思进取。但天堂并不是永久居处，福报享尽之后还会堕落，当畜生、下地狱都有可能。而人的生存处境有苦有乐，而且人有理性，会为离苦得乐而努力，会不断探索自我和世界的真相。所以佛教特别看重人的身份，认为真理和智慧属于人间，终不在天上，就是因为天人没有探索的动力。

　　我们知道，西方在经历中世纪长达千年的神权统治后，由人本思想带来文艺复兴，强调以人为中心，重视个人价值的实现。其实，佛教的诞生背景与此相似。印度宗教发达，并以神本的婆罗门教为主流，至今已有三千多年历史。而佛教正是出现在反神本的思潮中，提出以人为本，认为人可以通过修行改善生命，这个身份更为可贵。

　　此外，佛教强调因缘因果，认为"善有乐报，恶有苦报"属于宇宙规律，是缘起的，并不是由神在主宰。也就是说，一切果报都是以身口意三业为因，并以各种条件为缘共同产生的。在此过程中，当因和缘发生变化，结果也会随之变化。所以每个人都可以通过修行把握命运，这是真正的"我命由我不由天"。

　　讲到人心和天心，回到那四句话：天地到底有没有心？人能不能为天地立心？如何为天地立心？关键是认识到，人心和天心是统一的。关于这个问题，宋明理学也有说明，认为"吾心即宇宙，宇宙即吾心"。并不是说，人心以外有一个天心，也不是在天心以外还有人心。这个统一的心，是大心。当然作为人来说，确实有属于自己发展而来的个体的心。二者如何统一？

在印度传统的《奥义书》中，有个概念叫"梵我一如"，认为宇宙是大我，就像大海；个体是小我，就像泡沫。修行就是让泡沫回归大海。禅宗修行也强调回归本心，所谓"菩提自性，本来清净，但用此心，直了成佛"。现在倡导"不忘初心"，从佛教见地来说，初心就是本初的心，是我们本来天成、生而有之的心，这个心和宇宙是统一的。在这个意义上说，"为天地立心"就是找到自己的心。立足于这个根本，我们才能重新建构生命的缘起。这是遵循宇宙的规则，因果的规则，不是神的意志。

至于如何体会"孔颜乐处"，这是一种精神境界，有些人理解起来确实困难，因为他还不在这个"频道"。从佛教来说，每个人都有觉性，当觉性未被遮蔽时，就能源源不断地产生喜悦。就像一个人没有被欲望左右，也没有烦恼、压力、焦虑时，是很容易快乐的。这种快乐不是因为物质享乐或得到什么，而是来自清净心，是由内心宁静感受到的。当然，我们平时体会到的清净之乐还不稳定，而且很有限。因为凡夫心是不稳定的，需要通过修行来调心，心才是快乐的源头。如何完成从人心到天理、从人道到天道的过渡？必须下一番功夫。宋明理学有很多相关修养，佛法也给我们提供了具体指导，尤其是禅修，通过空性正见，引导我们超越二元对立的世界，直接体悟人心与天理不二的真相。

朱汉民院长：中国本身有儒学和道家，而佛学传入中国后，完成了本土化的转型，在中国成为主导性的宗教。儒释道三家有很多相通之处，比如基督教需要有最高的神来赏罚人类，而儒家和佛教都不是这样，其思考起点是立足于人，而且希望靠人从自己身心下功夫来解决问题，人文性非常突出。所以说，心性之学既是儒、道之学的理论核心和修行重点，也是佛教思想的基础和核心。

如何成就自己的内在人格？中国文化强调应该从内在心性下功夫。关于这一点，儒释道三家既有各自的追求，也有相通之处。所以佛教传入中国后，到唐宋发生了很大变化，完成了中国化的转型。学术思想史界专门研究了唐宋佛学的重大转型，其突出表现就是入世化、世俗化。六祖惠能之后，佛教已经把修行和日常生活连为一体。上个月我到泰国，发现他们的僧人到今天仍然靠信众供养，就像原始佛教在印度时那样。但中国古代的僧人主要靠自己劳作，他们往往在劳作中修行，并不总是静静地坐在那里念经。我认为，这种转向和儒家文化相通。儒家讲"日用常行即道"，而佛家讲"劈柴担水，无非妙道"。

当然，儒佛之间往往是相互吸收的。如果说佛教在唐宋后更注重入世，那么儒家到宋代则增强了出世，所以两者相通之处更多，虽然其最终目标确实不同，起到的社会作用也不一样。我常说，在其他文明中只有一种宗教主导，有两种就会"打架"。但中国传统的儒释道和而不同，非但不"打架"，还能在相互交流中吸收对方的长处。儒释道的发展过程，满足了精神对文化多重性的需求。

回到天的问题，儒教信仰天，特别强调天，这也是中国文化的重要特点。外国人碰到麻烦会说"Oh my God"，而中国人一定喊天，"我的天啊"。几千年来，这个天在中国人的精神世界中占据了主导地位。如果我们进一步考察，会发现天的具体内涵其实在不断发生变化。上个月在岳麓书院召开基督教和儒教的研讨会，主题是"天命与上帝：中西比较与儒耶对话"，我专门写了一篇文章谈天的演变。

上古时期，中国人的天就是人格神，和西方的上帝一样。这种人格神在民间有很大意义，大家相信天能赏善罚恶——你做坏事，天会惩罚你；做好事，天会奖赏你。到后来，天又演化出天道与天理。在天道与天理的概念中，天成了形容词，形容的对象是道与理，相当于古希腊的逻各斯。天道的思想在春秋战国时期就大量出现，道家、儒家都讲天道，这时的天不再是人格神，而是人文道德、自然法则。

所以我认为儒家主要是一种人文信仰，特别是宋儒，更加强调"天理"。他们的"天理"主要是人文之理，即体现为道德规范与典章制度的"分殊"之理。但宋儒还强调，具体的人文之理还可以统一于"天理"。天理是最高的理，强调了它是宇宙天地的主宰。宋儒的理是人文之理，但又吸收了道家的自然之理。其实不管人文之理也好，自然之理也好，所谓"天理"都是能主宰、支配世界的"道理"。宋儒继承了传统儒家对"天"

的信仰，但强调对人文之理、自然之理的理性认知，所以说是人文信仰的强化与建构。

虽然中国人文理性兴起比较早，宗教观念相对比较淡，但是对天的信仰一直保留了下来。在精神层面上，儒家的"孔颜乐处"其实就包含着"知我者，其天乎"的精神信仰。孔子、颜回是对儒家天道天理的坚定信仰者，所以他们内心才会因人文理想而乐，才会心安理得，哪怕暂时受到不公正的待遇。

颜爱民教授：大儒和高僧一起论道，还可以论上几天几夜。过去岳麓书院的记载是三天三夜，不过两位高人交流的概率还很大，我们以后再论。下面进入问答环节。

六、 问答

（一）人生最大的困惑

听众：很高兴听到三位大师的讲解，受益匪浅。我是国学班的学员，觉得人生最大的困惑就是生死。随着年龄的增长，经历更多，也见证了很多同事和亲戚朋友的去世，这时会问自己：活着到底有没有意义？这个意义是不是随着死亡而消亡？有研究说，人有生死轮回，有灵魂，但也有很多争议。到底有什么途径能解决生死困惑，让我们活得更充实，更有意义？通常的途径有两个，哲学的智慧和宗教的信仰。颜老师、朱老师是研究哲学的，济群法师是学宗教的，希望能得到解答。

济群法师：说到生死问题，必须关注生命的无限层面。如果仅仅停留在有限性的认识，我们一定会面临这些问题：死了到哪里去？人为什么活着？生命的意义是什么？刚才说过，地球最后都会毁灭，那人类经历过的这么多，虽然当下都有意义，但终极意义是什么？这就必须探讨生命的无限性，只有了解"生从何来，死往何去"，才能找到人生意义。轮回思想正是对此做出解答。

我们现在的思考多半立足于今生，儒家思想也是侧重现实，告诉我们怎么过好这一生。而佛教是立足于轮回，探讨生命如何从过去到现在，进而走向未来，是从整体而非局部看待生命。在苏州西园寺举办的"戒幢论坛"中，佛教界和心理学界曾就"死亡焦虑"的主题进行过深入探讨。我在会上讲了"《心经》的生死观"，介绍佛法如何看待生死，解决死亡焦虑。如果我们相信轮回，知道今生只是生命长河的片段，死并不是最终结束，还有生生不已的未来，对生死就不会那么焦虑了。

入世也是同样。儒家的入世在于这一世，而佛教的入世包括现在，也包括过去和未来。我们不仅要为今生负责，更要为来生负责，这才是人生的意义所在。如果我们有信仰，能遵循因果规则，积极行善，杜绝恶业，就不会恐惧死亡了。因为我们已为生命的正向发展做出努力，这个因必定会带来乐果。除了在认识上接纳死亡，我们还能通过修行获得生死自在的能力。佛教历史上，很多祖师预知时至，坐脱立亡。之所以能这样，是因为他们已证悟空性，知道生死就是不生不死，对去处是有把握的。如果要解决死亡焦虑，离不开宗教信仰和人生智慧，也离不开自己的修行功夫，这样才能对未来做出正确的努力。

朱汉民院长：这个问题必须法师回答，因为宗教最重要的功能就是解决生命忧患。当然人生有很多问题需要宗教解决，但生死是其中最大的问题，西方叫作终极关怀。可见，这个追问是宗教产生的根本原因。

我谈谈自己个人的体会。说实话，我和你一样有生命焦虑。我过完40岁生日以后就常常思考：如果一个人能活80岁，我已经活过一半了，就像一支蜡烛燃了一半以后，剩下的蜡烛只会更短。我还记得60岁时同事同学要为我贺生日，我对大家说：其实过生日是我最烦恼的事，你们还来祝贺我。这也是内心深处的生命焦虑。当然我也希望生命长存、灵魂不朽，希望哪个宗教能帮助我解决生命焦虑。但我又受过太多的科学教育，这是根深蒂固的，很难相信灵魂会不朽。所以，生命焦虑看起来就是我们的无解难题，除了宗教的解决方案之外，儒家能提供什么解决方案呢？

刚才法师有个比喻非常好，说生命就是大海，今生只是其中呈现的一朵浪花。浪花是很短暂的，不管它多么美妙，高达几米甚至几十米，最后还是会落下，重新归于平静。我认为这个比喻其实和儒家思想相通，张载《西铭》为什么说"乾父坤母"？就是希望引出"天地之塞，吾其体；天地之帅，吾其性"的万物一体思想。这种万物一体的思想境界，既可以引申出"民，吾同胞；物，吾与也"的博爱道德，也可以引申出"存，吾顺事；

殁，吾宁也"的生死自在。

可见，儒家的生死智慧可以让我们对来到世上感到万分荣幸，而对死亡又表现出一种精神上的自由豁达。因为死亡只是作为个体的自我回归本原之气，就像浪花回到大海。个体小我是短暂有限的，那个大我却是永恒无限的，我还会存在于新的浪花中。可见，如果我们能够转变观念，不执着于个体小我的浪花，小我的浪花没了，但我只是回归大我的大海，大海又会形成许多浪花，这就是"存，吾顺事；殁，吾宁也"的生死自在。我常常用这些思想解答自己的生命忧患，现在用这句话来安慰你，不知有没有用。

（二）如何让心安定

听众：佛教说，因戒生定，由定开慧。《大学》也说："知止而后有定，定而后能静，静而后能安，安而后能虑，虑而后能得。"我从小就没定性，没耐心，对什么事都是三分钟热度。很想知道怎么才能让自己有定力。我参加三级修学，法师说要观察修和安住修。观察修有时能做到，但要安住在某个状态，我觉得太难了。怎么办？

济群法师：定不仅能让人安静下来，还能开发智慧，所以佛教把禅定作为修行的重要内容。今天是一个浮躁混乱的时代，人们只要带着手机，就不停地刷着，直到手机彻底没电才肯放下，根本没时间和自己相处。不像过去，人们多少有时间静一静，哪怕是被迫的。现在的人为什么普遍觉得很累？除了各种压力，更是因为我们没有休息能力。

怎么修定？离不开戒的基础。说到戒，我们通常觉得只是很多约束。其实戒是帮助我们建立简单、健康、有规律的生活，为修定营造心灵氛围。如果心复杂、混乱、毫无规律，怎么可能生定？所以要持戒，行为清净了，心也会随之清净。在此基础上，还要通过特定方法修定。

在三级修学中，主要通过观察修和安住修，从而改变观念、心态和生命品质。每种品行的获得，首先要在观念上接受。比如我们实践仁义礼智信，就要充分了解这些德行对自己的好处，并结合现实人生不断思维，通过百千万次的思维和确认，让这种心行成为自己的常规心理。然后把心安住于此，持续、稳定地保持这个状态，本身也是定的训练。包括对出离心、菩提心的训练，同样要通过思考、观察、确认，对这种心理做出选择，然后不断练习。

当然佛教中修定的方式很多。最基础的还有训练正念，比如吃饭的时候专心吃饭，走路的时候专心走路，坐着的时候专注自己的呼吸。通过这些训练，让心逐步安静，座上禅修就容易相应。有了定力之后，才能进一步导向观，使内在的智慧光明呈现出来。

（三）平常心和进取

听众： 现在很多人学国学，想保持平常心，这样会不会失去上进心？是不是和立志、立心、立命矛盾？什么才是真正的平常心？

济群法师： 国学包括儒释道，主要引导我们如何做人。儒家是从君子到圣贤，佛教是成就佛菩萨品质，这些都要从立志开始。儒家说志当存高远，佛教则是发菩提心，建立崇高愿望，成为能利益众生、对社会有担当的人。

有了愿望之后，一方面要修身，遵循做人的道德和行为准则，一方面要培养造福社会的能力。从佛教来说，菩萨要从五明处学，包括医方明（医学）、工巧明（科学技术和艺术）、声明（语言文字学）、因明（逻辑学）和内明（佛法）。凡是能利益众生的事，都要努力学习。可见并不是学了国学或佛学，就什么都不做了。

现在有个概念叫"佛系"，好像信佛了，四大皆空，什么都无所谓，都不当一回事。其实这是对佛教的极大误解。真正的学佛要勇猛精进，为了上求佛道、下化众生，甚至连生命都能舍弃。就像佛陀因地修行时的舍身饲虎、割肉喂鹰，还有玄奘西行的求法精神、鉴真东渡的传法愿心，都需要超乎常人的努力和大无畏精神。

但在精进的同时，又不能执着。这不仅是学佛必须具备的素养，也让儒家士大夫向往。所以很多儒者都喜欢诵读佛经，谈空说有，使自己在积极入世的同时保有出世的超然。《金刚经》中，就将出世和入世统一起来。菩萨要发阿耨多罗三藐三菩提心，要修习六度、庄严佛土、度化一切众生，但在利他过程中始终伴随两种提醒。一方面告诉我们，不要因为做事增长执着，陷入自我的重要感、优越感、主宰欲，而要无我相、无人相、无众生相、无寿者相。另一方面让我们学会放下，每说一件事都以"所谓、即非、是名"的三段式加以总结。比如布施，告诉我们布施只是条件关系的假象，在空性层面，一切了不可得。如果离开各种条件，根本没有布施这个行为，更不需要执着。

这正是世人最容易出现的两个问题。如果做的过程中很执着，就会特别辛苦，而且很难客观看待问题；如果做了之后很执着，就会患得患失。所以问题不在于做，而在于执着，这才是真正的苦因，是必须断除的。如果放下执着，在做事中体会无所得的智慧，在现象的当下认识其空性本质，做了和没做一样，了无牵挂，才是真正的平常心。这种平常心是建立在甚深智慧和修养之上，并不是什么都不做，和立志是不矛盾的。

（四）怎样获得幸福

听众：有句古话叫"万里江山不是皇上的，是闲人的"。这个闲人不是游手好闲，是没有心事和压力的人。如果从小我来讲，我觉得不需要立心、立命，也不需要立德、立功、立言，我就要现在和未来的幸福，要家人幸福、朋友幸福、大家幸福。比如古代的岳飞、曾国藩等仁人志士，既立德也立功，但我看他们过得根本不幸福。我想问的是，要获得幸福，必须立心、立命、立德、立功、立言吗？如果没有这些发心，会不会获得幸福？或者还有其他途径能让我获得幸福？

朱汉民院长：不管什么身份，在什么历史境况下，追求幸福是每个人的目标。但幸福的模式差别很大，有时皇帝坐在龙殿不幸福，但乞丐坐在路边可能很快乐。所以说，幸福其实是自己的感觉。人是有幸福意识的动物，这个意识包括两点。一是提出目标，人在世上会提出无数目标，哪怕不懂事的婴儿，饿了就哭，不舒服也哭，他的目标就是要吃，要解除痛苦。如果抽象地谈幸福，是没办法解答的。二是实现目标，幸福感就体现在实现目标的过程中。

至于立德、立功、立言，说实话，提出这些目标的是社会精英，是中国传统社会中地位较高的士大夫，他们的社会条件不一样，受的文化教育不一样，生活目标当然不一样。但对普通百姓来说，只是靠劳动养活自己，养活家人，确实没必要提那么高的目标。必须有一定条件，人才能造福社会而立功。比如你做了县委书记，几百万的家庭幸福与你息息相关，必须让人民安居乐业；或是你做了董事长，必须解决企业内部许多问题，这是不得不承担的责任。这些算是立功。如果你掌握很多公共资源，拥有很大权力，结果游手好闲，大家肯定不满意，你对自己也不会满意。

即使你是普通人，并没有地位和资源，但也可以立心立命。作为普通人你要养活自己，还要让家人幸福快乐。当你满足物质需求以后，马上会有进一步的目标，比如追求知识，追求艺术，必须满足精神层面的需求时才会幸福。做到这一切，就是立心立命。所以不要简单地谈幸福，要结合具体情况。每个人的定位不同，目标不同，获得幸福的途径也不同。

济群法师： 能够"为天地立心，为生民立命"的人确实不多，但对我们每个人来说，至少要为自己立心立命。简单地说，立心就是建立正向心行，立命就是规范自身行为，成为有爱心、有道德的人。

说到幸福，我们关注更多的是物质。但作为生命的存在，其实有物质和精神两个层面。现在不少人很富有，却不幸福，问题就是精神的贫乏甚至堕落。我们需要审视自己，建立健康、慈悲的心理，以及自利利他的道德行为。这些心行当下就能为我们带来幸福，同时也能为未来生命持续地带来幸福。所以普通人也可以从自己的层面立心立命，当然，这和"横渠四句"的境界是有距离的。

颜爱民教授： 时间关系，我们不再继续讨论了。习近平总书记说：人民有信仰，民族有希望，国家有力量。中国文化博大精深，我们通过这样的交流融汇，就能创造性地理解并运用中华优秀传统文化，达到推陈出新、返本开新的效果。感谢敬爱的济群法师和朱院长，感谢大家。

（原载于《跨文化思想家》2020 年第 4 期）

国学：中国的知识传统与
民族精神的双重建构

作为学科意义的"国学"提出以后的百年来，中国人文学界的硕学鸿儒都对这一个问题发表过自己的学术见解。特别是近一二十年来，中国思想文化界兴起的"国学"热更加强盛，官方和民间纷纷兴办以"国学"命名的文化学术社团，许多大学纷纷成立以"国学"命名的教育研究机构。事实上，"国学"已经成为当代人文学术、思想文化领域的一个热点问题。与此相关，国学学科是否应该进入国家学科目录的问题，也开始浮出水面并引发学界的普遍关心和认真讨论。

国学学科是否应该进入国家学科目录的问题，既是一个国家学术制度的问题，也是一个国学学科建设问题。作为学者，我们希望能够进一步探讨国学学科建设问题。笔者认为，国学学科建设问题，与"国学"所包含的知识与价值两个问题相关。所以，我们应该从中国古典学的知识传统与中华民族的精神传统这两个方面，思考其必要性与合理性。

一、 中国古典学知识传统的国学

"国学"虽然是历史文献中古已有之的概念，但是作为我们讨论的学科意义的"国学"，却是 20 世纪初才出现并成为一个重要的学术概念。"国学"的出现，其基本原因就是回应近代以来的西学大潮对中国知识传统与思想传统的冲击。这种回应，既是知识学意义的，也是价值观意义的。我们首先从知识学的视角和意义讨论国学。

在经历了西学东渐思潮洗礼后，特别是经过晚清新政、民国学制的改革，西方的学科体系和教育体系全面移入中国。但是有一个问题也随之而来：长期主导中国知识界的传统学术，如何进入到新的学科体系和教育体系中来？为了区别西方的知识体系和学科体系，许多学者将中国传统学术称为"国学"。他们还给这一个知识学意义上的"国学"取了另一个名词，就是所谓的"国故学"。

1906 年 9 月，章太炎在日本东京发起"国学讲习会"，不久又成立了国学振起社。章太炎又称"国学"为"国故"，并著有《国故论衡》。《国故论衡》分上、中、下三卷：上卷论小学，共十一篇，讨论语言、音韵问题；中卷论文学，共七篇；下卷论诸子学，共九篇，通论诸子学的流变。章太炎所说的"国故"一词，"国"当然是指作为国家、国族的中国，"故"则是指中国历史上已经过去的古典学术，"国故"也就是"我国固有的文化、学术"。可见，"国故"显然是一个中国古典学意义上的概念。

胡适作为中国近代学术的奠基人之一，也是从"国故学"的意义接受了"国学"概念。1921 年 7 月，胡适在南京高师暑期学校演讲时说："'国学'在我们的心眼里，只是'国故学'的缩写。中国的一切过去的文化历史，都是我们的'国故'；研究这一切过去的历史文化的学问，就是'国故学'，省称为'国学'。"[①] 在胡适看来，中国的国故书籍，实在太没有系统了。他主张现代学者对这些没有系统的历史资料，通过引进西方学术的方法重新加以辨别、整理，用这些新的研究方法建立起"国故学"。胡适心目中的"国故"主要是一套历史文献的材料，这是他和章太炎的区别。

"国故学"的提出，肯定了中国传统学术应该以及如何进入到民国时期新的学科体系和教育体系中来，肯定了"国学"在新的学科体系和教育体系中应有一席之地。同时，"国学""国故学"的提出，也对新的中国史学、中国文学、中国哲学的建立起到了一定的促进作用。1922 年，北京大学正式设立"国学门"，确立了"国学"在新的学科体系中的重要地位，国学门分设文字学、文学、哲学、史学、考古学五个研究室。同时，胡适还在校庆演讲中以整理国故的工作与全校师生共勉，以贯彻其整理国故的学术宗旨。此后不久，即 1925 年的清华学校成立国学研究院。清华国学研究院完全采用传统书院的学科制度和教育制度，没有采用引入的西学分科制度，希望延续作为独立知识体系的中国传统学术，在历史上影响很大。

由于胡适等仅仅是从"国故学"的意义接受了"国学"概念，因此其

① 胡适：《〈国学季刊〉发刊宣言》，《胡适文存》二集，黄山书社 1996 年版，第 6 页。

中包含的矛盾和问题也是十分明显的。胡适反复强调，"国故学"的建立就是要引进西方学术的科学方法，对中国传统学术重新加以辨别、整理。显然，他心目中的"国故学"还不具有现代的学科意义，中国传统学术似乎只是一堆自身没有独立系统的文献材料。故而，这种"国学"并不是一种独立知识体系的学科，而只能是西方学科体系的附属，即只能够被肢解到西方的文学、哲学、史学等学科之中。1922 年北京大学设立的"国学门"，最后还是按照西学分科设立的建制。所以，这种并不是独立知识体系的"国学"也难以持续。1932 年，国学门改称为文史部。与此同时，清华国学研究院也因为与清华大学的西学学科体制和教育体制不相容，被认为在教学上与大学部"脱节"，故而被看作一种"畸形发展组织"，最终在 1929 年停办。

其实，当代学界在讨论"国学"作为一门独立学科时，面临的重大问题仍然是："国学"与中国哲学、中国史学、中国文学的关系问题。北京大学的"国学门"将国学看作中国哲学、中国史学、中国文学等学科的总和，即以西方哲学、历史、文学的学科观念与方法处理中国学术的材料，这种"国学"失去了中国传统学术本有的内在体系、完整知识、文化生态。但是，如果像清华国学研究院那样完全采用传统书院体制而不分科，又很难与已经定型的现代中国的学科体制和教育体制相容。如何化解这一矛盾？

几年前，笔者和学界同仁一起倡导从古典学的学科视角和方法来建构国学，即将"国学"看作"中国古典学"①。古典学的一大特点，就是将世界上实存的文明形态、历史文化作为一个整体来研究，以解决北京大学"国学门"将中国传统学术分化到中国哲学、中国史学、中国文学等各个不同学科的问题。哈佛大学、剑桥大学、牛津大学等，都设立了古典学系。这些大学的古典学系，主要是以古希腊、古罗马的原典文献为依据，将古希腊、古罗马作为一个文明整体来研究。这与当代中国学者希望以中华原典文献为依据、以中华古典文明为整体来研究的"国学"学科理念是高度契合的。西方的大学的古典学是研究古希腊、古罗马文明的一门单独的学科，中国大学的国学也应该是研究中华古典文明的一门单独学科，完全可

---

① 参见《国学＝中国古典学》，《光明日报》2010 年 10 月 18 日，第 12 版《国学》。

以纳入当代中国的学科体系与教育体系中来。

我们将国学看作"中国古典学"，与胡适将国学看作"国故学"有相通的地方，就是均希望中国传统学术进入近代以来新的学科体系和教育体系中，肯定中国传统学术文化在新的学科体系和教育体系中的地位，推动这些新学科的建立。但是，将国学看作"中国古典学"，与胡适将国学看作"国故学"又有特别不同的地方。

胡适将国学看作"国故学"，强调以"科学"的方法去研究中国传统学术的材料；作为"中国古典学"的国学，并不将中国传统学术看作一堆任现代学者切割、处理的杂乱材料，而是看作有着自身内的体系性、完整性、合理性、完整生命的文化生态。因而，作为"中国古典学"的国学，应该以中华文明的历史的、整体的原生态为研究对象，以古汉语为载体的经、史、子、集为文献和历史文化遗产为依据，探讨在几千年的漫长历史中形成的，并且具有典范意义的中华文明体系。"中国古典学"应该以中国古人留下的历史文献为依据，以中国传统学术体系为学科基础，这是一门从学术范式到知识构架、学理依据均不同于现有的中国文学、中国历史、中国哲学的独立学科。

"中国古典学"与胡适的"国故学"还有一个重要区别。胡适将国学看作"国故学"，强调中国传统学术是"故"去了的文化知识。世界上其他古文明形态可以说是中断了，但是中华文明从来没有中断，是世界上唯一延续的古老文明。作为"中国古典学"的国学，并不将中国传统学术看作死去的文化知识，而是看作一个活的文明体系，一个承载着中华民族思维方式的知识体系和中华民族精神的价值体系。这样，研究者对"中国古典学"的研究，就不能够简单以所谓"科学"的傲慢态度，而应该持一种人文的"温情敬意"的态度对待中华文明。从春秋战国到晚清时代，中国传统士大夫在诠释中国传统学术时，均坚持了这一态度。恰恰是近代中国，一些知识界人士自以为掌握了"科学"的工具，将中国传统学术看作"死"去的学问、"故"去的材料，以粗暴和傲慢的态度看待养育中华民族的文化与学术。更有甚者，一些宣扬全盘西化论者对待中国传统学术文化采用一种精神暴力的态度，很像不孝之子不恭地对待自己年迈的父母，将自己混得不好归责于自己的父母没有留下丰厚的遗产，其实他们对自己祖先留下的珍贵遗产完全熟视无睹。所以，我们认同的"国学"不仅仅是"国故学"，国学还与当代的中华民族精神价值建构问题密切相关。下面我们进一步讨论这个问题。

二、 中华民族的精神传统的国学

当近代世界进入以西方文明为主导的全球化时代以来，西洋学术和文化在国家制度层面逐渐占据主导地位。"国学"概念的出现，同时还是中国知识界为了强化中华民族的国家认同、民族精神而产生的一种文化现象。将"国学"看作"中国古典学"，只是强调其知识学的特点。晚清以来知识界之所以提出"国学"概念，首先考虑的并不是学科建设的知识学问题，而是一个民族精神的价值建构问题。"国学"看起来是知识界希望复兴中国传统学术，其实骨子里是与民族精神的价值建构紧密联系在一起的。所以，近代中国知识界在倡导"国学"的同时，还提出一个"国粹"的价值概念。

中国文化近代化的过程，一直存在两个相反相成的演变趋势和发展方向。一方面，中国知识界不断通过学习、引进西方文化而推动中国近代化，所以中国近代史是一个从西方器物文化、制度文化到精神文化的引进过程，西方文化由浅入深、延续不断地影响、改变着古老的中华文明。另一方面，深受西方文化影响的中国知识精英，其骨子里仍然坚持一种强烈的民族主义精神，他们引进西方器物文化、制度文化、精神文化的精神动力，正是源于中华文化与学术中的民族主义精神。加之在 20 世纪的文明史上，以西方为主导的现代文明已经暴露出越来越多的严重弊端，文明的多元互补成为越来越多的各界精英的思想共识。

中国人强烈的民族主义精神，植根于中国传统学术文化之中。近代知识界一部分人开始意识到，只有通过对中国传统学术文化的挖掘、弘扬，才能够更多地获得中华民族的国家认同与精神弘扬。他们之所以提出"国学"概念，就是希望通过对中国传统学术文化的保存、挖掘，以弘扬中华文化的民族主义精神。所以说，"国学"并不仅仅是一个与知识学相关的学科概念，更是一个表达中华民族精神的思想概念。"国学"的学科、知识表达是"国故"，"国学"的思想、价值表达则是"国粹"。早在晚清，一些士大夫提出"国学"概念时，就将"国学"与"国粹"等同起来。如 1902

年秋，梁启超写信给黄遵宪提议创办《国学报》，不仅使用了"国学"之名，还提出"以保国粹为主义"的弘扬民族文化价值的思想。1906年9月，章太炎还在日本东京发起"国学讲习会"。提出"国学"概念的章太炎、邓实、黄节等，同时以"国粹"的价值建构为目标，形成中国近代文化思潮中的"国粹派"。1905年初，国学保存会成立，他们提出了"研究国学，保存国粹"的宗旨，并创办了《国粹学报》。邓实在为《国粹学报》所写的《发刊辞》中说："一国之立必有其所以自立之精神焉，以为一国之粹，精神不灭，则国亦不灭。""国粹"一词的"国"是国家、国族，"粹"则是精粹、优质。"国粹"之说强调通过挖掘中华传统学术资源，实现中华文化中精粹、优质的传统资源、价值体系、民族精神的建构和弘扬。他们张扬"国粹"的目的，就是要反对民族文化虚无主义态度，摆脱中国百事不如人的自卑心理，弘扬民族主义的自信、自强的精神，即"用国粹激动种性，增进爱国的热肠"。他们追求民族精神的价值建构，离不开中国传统学术的知识保存和挖掘。所以，国粹派的精神领袖章太炎强调：中国人为什么提倡国粹，就是要人爱惜中华民族的历史，这个历史包括语言文字、典章制度、人物事迹。国粹派希望通过对代表"吾国固有之文明"的传统学术等体现"国粹"价值的挖掘、弘扬，达到弘扬民族精神的目的。

在西学东渐的大背景下，国粹派特别强调从中国传统典籍的国学中寻求"一国之立必有其所以自立之精神"的想法，在历史上曾经受到知识界其他思想流派的批判。但是，国粹派努力从中国传统国学中寻求中华"一国之民族精神"，也得到许多知识界的同情性理解和支持，因为希望确立"一国之民族精神"是近代中国不同思想流派的普遍精神追求。即使那些推动西化的自由主义者，他们在国族认同、民族精神的追求上，也是希望确立"一国之民族精神"的。

如民国时期民主主义者杨昌济，虽然也致力于引进西方文化而推动中国文化的近代化，但是又有很强烈的民族主体性文化意识。1914年10月，杨昌济发表《劝学篇》，系统地阐发了他的中国文化主体性理念。杨昌济对于晚清中国的师夷长技、变法维新、建立共和政治均持积极肯定态度，认为引进西方文化是中国近代化的必经途径。但是，他又强调中国的近代化过程必须以本国的民族文化、民族精神为主体。他说："夫一国有一国之民族精神，犹一人有一人之个性也。一国之文明，不能全体移植于他国。"①杨昌济认为中国近代化过程太关注西方的器物、制度文化，故而呼吁挖掘中华文明的传统资源。他相信中国近代化应该以中华文化精神为主体，而这一中国文化的主体精神就存在于国学典籍中。他说："且夫学问非必悉求之于他国也。吾国有固有之文明，经、史、子、集意蕴闳深，正如遍地宝藏，万年采掘而曾无尽时，前此之所以未能大放光明者，尚未谙取之之法耳。今以新时代之眼光，研究吾国之旧学，其所发明，盖有非前代之人所能梦见者。"② 他肯定中华文化有着"万年采掘无尽时"的恒常价值与普遍意义，希望"以新时代之眼光"来研究传统学术，以激活中华文化的恒常价值与普遍意义。

一百多年来，从"国学"概念的提出，到今天的"国学热"，国学之所以能够不断兴盛和发展，其深层次的历史原因首先是思想史而不是学术史。所以说，"国学"的提出首先并不只是一种学术现象，更是一种思想文化现象。"国学"概念从出现到今天成为一个热词，恰恰体现了一百多年来，在世界进入以西方文明为主导的全球化时代以来，古老的中国传统文化及其精神价值历经了兴衰起落的巨大历史演变。

国学看起来是一个学术、学科概念，但是，国学学科的提出、变革的背后，是为了实现民族精神的价值建构。国学的兴起和发展，首先应该从中华民族精神的价值建构的时代需求来考察。我们认为，国学在当代的复兴，应该从中华民族精神的价值建构的时代需求来看待，因为国学能够为当代中华文明的崛起提供重要的精神支撑。中国崛起与中华文明崛起不是同一个概念：中国崛起是指一个独立的中国在政治上、经济上的强大；中华文明崛起则是强调一种延续了五千年的文明体系在经历了近代化、全球化的"浴火"之后，重新成为一个有着强大生命力的文明体系。在世界文明史上，中华文明是唯一历经五千年而没有中断的古文明，并且一直保持着强大的生命力。近代中国学习、吸收西方先进文明的同时，开始形成了一种文明的自觉意识，而国学的兴起，充分体现了中华文明的主体性自觉。

① 杨昌济：《劝学篇》，《杨昌济集》第 1 册，湖南教育出版社 2008 年版，第 73 页。
② 杨昌济：《劝学篇》，《杨昌济集》第 1 册，湖南教育出版社 2008 年版，第 76 页。

国学之所以能够为中华民族提供精神源泉，不仅因为国学中具有中华民族的历史价值和特殊意义，同时还因为包括传统国学的现代价值和普适意义，能够为当代世界、未来人类文明建构提供精神资源。现代化导致社会的急剧变革，个人命运往往变化无常，但是，现代人有关驾驭命运的精神动力、行动选择的人生智慧却严重不足，而中国传统的心性之学能够为当代中国人的安身立命提供帮助，为现代人的个体精神需求提供思想营养。特别是在现代化转型过程中，人们正在面临着种种社会失序的严重问题，中国传统的仁爱思想、忠恕之道仍然可以成为建构现代和谐社会的价值理念。总之，国学传统中的仁爱、中和、大同等价值追求，不仅仅对中华民族具有重要的意义，同时也是具有全球性的、普遍意义的价值观念，能够弥补某种单一文明主导的价值观念的缺失。西方人强调西方文明的核心价值具有普适性，而中国传统国学中表达的中华文明核心价值同样具有普适性，能够丰富、完善人类文明。我们相信，21 世纪建构的人类文明必然是一种多元互补的文明。

三、　知识与价值统一的国学

　　国学提出一百多年了，尽管国学能否成为一个独立学科，仍然在争议与讨论之中，但是诸多大学纷纷建立国学的研究教学机构，推动国学教育的试点，有关国学的著作、教材也出了许多种。国学学科建设问题受到学界的密切关注。

　　完成国学的学科建设，需要在当代中国知识界形成一系列共识。如上所述，这些共识中有两点最为重要：其一，从学科的知识形式来说，国学是中国古典学；其二，从学科的知识内容来说，国学是民族精神之学。由于国学既要体现中国古典学的知识传统，又要追求中华民族的精神传统，因此，国学学科建设的任务十分艰巨，应该实现中国古典学的知识传统与中华民族的精神传统的统一。

　　在当代学科分类中，体现为知识和价值统一的学科是人文学科。近代以来，知识界、教育界受科学主义思潮影响很深，认为一门学科必须是"科学"的，才具有存在的合理性。学界有人认为国学、儒学只是一种价值诉求而不具有"科学"性，故而不能够成为独立学科，就是受了这种科学主义思潮影响。其实，当代人类的文化知识可以分成基本的两大类。英国著名学者斯诺在他的名著《两种文化》一书中，将一切文化知识分为科学文化与人文文化这两种文化。科学知识与人文知识确实存在很大区别。一切科学（包括自然科学和社会科学）的目的都是要揭示对象的性质和规律，以获取关于对象的本质性、必然性的知识，其所要回答的主要是客观对象是什么、为什么等问题。与此不同，人文学科的根本目的则是要探寻作为主体的人本身，思考人的本质、人的生存意义等人的价值问题，并由此表达某种价值观念和价值理想，从而为人的行为确立某种价值导向，其所要解决的主要是人应该如何的问题。因此，如果说科学知识是一种求真的真理性知识的话，人文知识则是一种追求善、美、圣的价值性知识。按照马克斯·韦伯的说法，科学知识源于人的工具理性，而人文知识源于人的价值理性。

中国传统国学应该是以价值理性为主体的人文知识。尽管中国传统学术也包括一些科学知识，但我们今天谈的国学学科应该是人文学科。因为人类对客观自然的认识总是在不断深化，过去的科学知识或者已经过时，或者在不断改变。但是，人文学科的价值总是非常稳定，那些基本的人文价值往往具有恒常性。中国传统学术本来也是以价值理性为擅长，那些深刻表达中国人文价值的文化经典往往具有恒常性意义。国学对人的本质、人的生存意义等问题的思考，对价值观念和文化理想的倡导，在当代世界仍然有着十分重要的现实意义。所以，作为具有恒常价值和意义的国学经典，仍然可以为当代中国和世界提供重要的价值资源。

国学是一门人文学科，具有人文学科的一般特点。但是，国学与其他文、史、哲的人文学科有什么区别？为什么要将中国传统国学看作一门独立的学科？这是由于国学除了具有人文学科的一般特点外，还具有一系列不同于一般中国文学、中国史、中国哲学等人文学科的特点。

其一，中国传统学术的整体性。我们强调国学应该是一门独立门类的人文学科，应该不同于现代中国大学所设文、史、哲的任何一个门类的人文学科，因为这些文、史、哲的学科分科、知识体系、学科范式、研究方法源于西方分门别类的知识传统。这些文、史、哲的学科均不可能研究一个整体文明的知识体系、价值体系，特别是不能够将这一种知识体系、价值体系一起来做统一性研究。我们希望建立的中国古典学，应该是一个将中国传统学术做整体性研究的学科，是一种包括中华文化的知识体系、价值体系的整体性研究。

其二，中国传统学术的延续性。西方的人文学科是不断地继承、发展它们的学术传统而繁荣起来的，欧洲的文艺复兴和18世纪的新人文主义都是在继承古希腊、古罗马的人文精神中实现创新的。西方现代大学及其体制首先是源于其传统的人文知识，它们的哲学、文学、历史学、古典学等均是在古希腊、古罗马文化的学术基础之上形成的。中国的新文化运动、整理国故运动乃至新式的大学体制，则是在否定自身传统的基础上进行的。中国现代大学的人文学科没有很好地继承和发展本民族的知识传统和价值传统。所以，当代中国知识界复兴国学、儒学并推动相关学科建设，既是为了延续中国学术的知识传统，同时是为了延续中华民族的精神传统。

其三，中国传统学术的民族性。人文学科还有一个重要特点，即人文价值、人文经典具有民族性特点。如果说科学知识强调客观性、普遍性的话，那么，人文知识总是具有地域性、民族性的特征。表达价值理性的人文经典，不像表达工具理性的科学知识那样，完全以一种普遍的人类性为知识形态特征，而是以地域性、民族性为基础。人类人文价值理性本来就源于各不同地域文明传统的特殊性，不同文明的圣哲依据自身文明条件而提出了具有各自文化特点的价值体系、文化信仰。与自然科学、社会科学较注意探讨普遍规则不同，人文学科则与各民族文化的特殊性紧密相关，它提醒人们注意文明和文化的差异性、多元性，以及不同文明的交流和互补。所以，西方大学的古典学是以古希腊、古罗马文明形态为研究对象，探讨西方民族文明传统的特殊性，并且在各民族文明传统中寻求普遍性价值。中国大学建立的中国古典学，应该是以整体的中华文明形态为研究对象，探讨特殊的中华民族文明传统，并且在这一特殊的民族文化传统中寻求普遍性价值。

其四，中华文化的主体性。将中国传统国学看作一门独立的学科，还与人文学科的另一个重要特点相关，即人文价值、人文经典具有主体性的特点相关。人文学科思考人的本质、人的生存意义等人的价值问题，总是与作为主体存在的人本身有关，与一个文明体系的民族主体有关。"国学"

以"国"名"学"，就是强调这一学科的民族主体性、文明主体性意义。国学的兴起，本来就鲜明地表达出中华文化的主体性要求，故而国学学科的建立，就具有民族文化主体性的特点，表达出中华文化复兴的要求。

随着中华文明的复兴和世界文明多元互补格局的形成，国学的学科建设会显得日益重要。而且，中国人文学科的现状和发展表明，缺乏对自身知识传统和价值传统的继承，人文学科很难有所突破与创新。由于国学学科建设承担着建构整体性、民族性、延续性、主体性的中华文明的历史使命，所以，在中华文明传统的继承、创新和发展的进程中，国学学科建设必将是中国人文学界面临的一个长远而艰巨的任务。

〔原载于《中山大学学报》（社会科学版）2017 年第 5 期〕

找回为天地立心的精神气魄

一、 什么是士大夫精神

记者：您的一次题为《士大夫精神与中国文化》的演讲曾经很火，您在演讲中提出"中国古代丰富的人生哲学和政治哲学，其实都是士大夫精神的表达和追求"，在您看来，建构士大夫精神的人生哲学主要包含哪些内容？

朱汉民：士大夫是中国古代一种独特的"学者—官员"型的社会阶层，由于这个士大夫阶层既经营学术文化又从事社会治理，故而形成了一种独特的士大夫人生哲学。孔子是士大夫哲学的奠基人，他认为士作为社会精英，必须承担高度的社会责任和文化使命，具体体现为对"道"的承担，即"士志于道"。"道"既是士大夫维护的社会正义，又是他们追求的文化传承，"道"的追求和完成能够化解他们作为精英人物的社会焦虑与文化焦虑，"道"在士大夫人生哲学中居于核心地位。而且，"道"不仅代表士大夫追求的社会正义和文化传承，也是士大夫生命的终极意义——"朝闻道，夕死可矣"。所以，"士志于道"是士大夫精神及其人生哲学的根本。在此前提下，士大夫在不同历史条件下，又开拓出了率性自由、豪杰圣贤等一系列精神气象，建构了一种既具有强烈社会责任感，但是又兼有达观生命体悟的人生哲学，使士大夫精神获得丰富性发展。

记者：您以"横渠四句""为天地立心，为生民立命，为往圣继绝学，为万世开太平"来概括宋代士大夫追求的"圣贤气象"。这句话可以说是对儒家"内圣外王"理想的一个极生动、极富号召力的概括，"横渠四句"有什么内在的联系？对原典儒家有何继承和发展？对士大夫的道德完善和人格塑造产生了什么长远影响？

朱汉民："横渠四句"的突出特点是将原典儒学中关于士大夫的社会正

义责任、文化传承使命，提升为一种"为天地立心"的天地境界。什么是"天地之心"？中国哲学将宇宙天地、人文世界理解为一个生生不息的过程，人类就是通过参与生生不息的宇宙天地演化、社会历史进程而获得其生命的意义和价值的。宋代士大夫强调，他们承担弘道的社会责任、文化使命，就是在参与天地宇宙生生不息的演化，故而具有永恒的意义和价值。然而士大夫必须承担、完成"为生民立命，为往圣继绝学，为万世开太平"的社会责任、文化使命，才有可能达到"为天地立心"的天地境界。

"横渠四句"对后世士大夫的道德完善和人格塑造产生了深远影响，他们希望实现孔子讲的"老者安之，朋友信之，少者怀之"的理想，完成社会和谐、国家富强、圣学传承、天下安泰的社会责任、文化使命。他们将士大夫在人世间追求理想的仁道，看作是引导、完成人类参与天地宇宙的生生不息的过程、目的和意义，最终形成了士大夫所特有的"参天地，赞化育"的人生哲学和"为天地立心"的精神气魄。这种人生哲学和精神气魄培养了中国历史上许多追求"先天下之忧而忧，后天下之乐而乐"、敢于"舍身取义"的士君子、大丈夫，成就了一种士大夫精神的道德意志和理想人格。

二、 心性工夫与士大夫精神

记者：您是湖南人，又研究湖湘文化，我们读《曾国藩日记》，看到他曾在道光二十一年（1841 年）七月十四日去拜访他的老师唐鉴，即镜海先生。日记里说，他这一次去主要是请教"检身之要"和"读书之法"。"检身之要"是不是就是理学家讲的"修身工夫"？

朱汉民：曾国藩请教的就是理学修身的工夫。曾国藩在道光二十一年（1841 年）去拜访唐鉴，唐鉴传授的修身工夫论给曾国藩莫大的启发。第二年，曾国藩又向另一位理学大师倭仁请教修身工夫论。倭仁向他提出要写日课。之后，曾国藩制定了严格的修身养性的工夫课程，共有十二条，包括主敬、静坐、早起、读书不二、读史、谨言、养气、保身、日知所亡、月无亡所能、作字、夜不出门。自道光二十二年（1842 年）十月一日起，曾国藩开始记日课，希望"念念欲改过自新"。从现有的资料来看，曾国藩对理学的钻研是勤奋、躬行的。他立志要从事于克己之学，并且严格按理学家的要求，修身养性，潜心于义理之学，以求在人格修炼上有所成就。

记者： 士大夫精神与这种修身工夫有什么关系？

朱汉民： 根据宋代儒家学者的看法，儒家的孔子、曾子、子思、孟子等先圣先贤均终生致力于修己治人的实践活动，他们在这种修身实践中获得许多感悟与体会，并将这些感悟与体认总结记录下来，就成为后代儒者们读到的儒家经典——"四书"。可见，"四书"不过是儒家士大夫知行结合的工夫论记载，譬如《大学》的格物、致知、诚意、正心，《论语》的操存、涵养、三省吾身、忠恕之道，《孟子》的尽心、存性、体验、扩充，《中庸》的学、问、思、辨、行，以及尊德性、道问学、道中庸等，这些修身工夫都是先圣先贤在自己的修身实践中的个人体悟、经验总结。到了宋代，理学的修身工夫论又有进一步的发展，如周敦颐力倡主静、立诚、无为；张载讲穷神知化、存诚、大心；邵雍讲观物、心法等；二程则主张主敬、穷理、寡欲。这些理学家们认为，士大夫必须充分调动自己全部的心、性、情、意、志、气的主体力量，即做"策励此心"的工夫。如朱熹强调："圣贤千言万语，无非只说此事。须是策励此心，勇猛奋发，拔出心肝与他去做！"可以说，这些工夫论都是培养士大夫精神的步骤、方法和手段。

记者： 我们知道，曾国藩在近代有"古今第一完人"之称，说明他的道德与事功与我们传统文化的人格理想相吻合，也就是做到了立德立功立言"三不朽"。请您以曾国藩为例，进一步讲讲士大夫如何通过做工夫而转移精神气质。

朱汉民： 宋明理学的工夫论已经十分系统完备，但是要真正修炼出士大夫精神则必须知行统一。曾国藩是理学的实践派，他的最大特点是遵循这一套工夫论认真扎实地去实践。曾国藩按照"慎独"的要求，在待人接物中自觉地内省改过。如他与人久谈，过后会反省而觉得不妥，即所谓"多言不知戒，绝无所谓省察者，志安在耶？耻安在耶？"他看人作应制诗而应酬性地当面夸奖，之后也会自责"不忠不信，何以为友"。为实现"慎独"的修养境界，他总是自觉地去其好名利之心、无恒之弊，以及克服自己的忿气、懈怠、玩忽之习，总是在不断地自责和反省中，防微杜渐，不放过任何小事，持之以恒，最终铸就了自己的道德人格。

曾国藩坚持认为人可以通过长期不懈地读书、诚敬等修养工夫，达到

"变化气质"的目的，为此，他提出了一系列修身工夫，包括敬、恕、诚、静、勤、润等。譬如，他反复强调"诚"是人的立志躬行之本，人的"诚"自何来？曾国藩一方面坚持认为"诚"是人心中所本有的"天理""寂然不动之体"；另一方面他又认为"诚"能够为人所认知与实践，实现"反身而诚"。曾国藩强调，"诚意"以"致知"为知识基础与前提条件，他倡导"明宜先乎诚"，他通过"自明诚"的阐发，表明学问工夫的"明"最后会体现于"诚"中，学问积累与人格修养的方法因此获得了一种一致性。

三、 湖湘文化与士大夫精神

记者：近世湖南士大夫不只是曾国藩，其他如左宗棠、胡林翼、郭嵩焘等，是不是也都下过这样的苦工夫？湖湘文化精神中是不是特别强调个人的道德自律和人格养成？

朱汉民：是的。湖湘文化精神有一个特点，就是湖湘士大夫特别强调个人的道德自律和人格养成。湖湘士大夫的理想人格，体现出"圣贤"与"豪杰"相结合的特色。他们往往在推崇圣贤作为理想人格的同时，还追求一种"豪杰"的气质。这种合圣贤与豪杰为一体的理想人格类型，成为湖湘士大夫的最高精神追求，对湖湘地区的学术思想、社会风尚、人才培养均产生很大的影响。本来，"圣贤"所代表的是一种对儒家理念的坚定信仰、对儒家道德的身心实践、对儒家文化的传播推广；而"豪杰"体现为一种坚勇的气质、经世的能力、实干的猛劲等，两者各有所长。但是，湖湘士大夫强调做事必须以做人为基础，主张将"圣贤"的价值理想、文化理念与"豪杰"的意志能力、经世事业相结合。曾国藩、左宗棠、胡林翼、罗泽南、郭嵩焘等一大批人士，均以士大夫的道德工夫、人格修养为基础而从事军事、政治活动，进而在各自的人生道路上成就了"圣贤—豪杰"型人格。曾国藩强调："男儿自立，必须有倔强之气。"他还主张"凡事非气不举，非刚不济，即修身齐家，亦须以明强为本"。郭嵩焘认为："办天下事只是气，气盛则江河直泻，才虽小，亦乘势以飞腾；气茶则百端阻滞，虽有长才，无所用之。"这些人的精神气质影响了后来的数代湖湘士大夫与知识群体。

在后来的维新运动、辛亥革命、新文化运动中，湖南涌现出一批杰出的士人，包括谭嗣同、唐才常、黄兴、宋教仁、蔡锷、陈天华、刘揆一、刘道一、禹之谟、杨毓麟、毛泽东、蔡和森、刘少奇等，尽管他们主要是军界、政界的领袖人物，但他们均是这种"圣贤—豪杰"型人格的倡导者、实践者。他们既有很高的文化理想和道德操守，体现出"圣贤"的价值追求、人格修养，又有坚强的血性气质、卓越的军政才能，在风云变幻的近代历史上显示出独特的精神风范与人格类型。

青年毛泽东创建的新民学会，就是以杨昌济为精神导师建立起来的。杨昌济辅导他们理学的修身工夫论。由于王夫之、曾国藩的示范作用，新民学会和许多湘籍青年一样追求"圣贤—豪杰"型人格，以天下为己任，同时注意自我修养。新民学会取义于"大学之道，在明明德，在亲民，在止于至善""苟日新，日日新，又日新"，以"革新学术，砥砺品行，改良人心风俗"为宗旨，后来又进一步确定"改造中国与世界"的学会宗旨。学会对会员的道德修养做出了一系列的规定，强调会员必须不虚伪、不懒惰、不浪费、不赌博、不狎妓。

四、 士大夫精神的创造性转化

记者： 士大夫精神是中国传统政治文化的一个独特现象，作为一种文化它肯定是建立在一定的政治制度和经济基础上的。清末废科举，后来又经历了革命，作为社会阶层的士大夫不再存在。但是，您认为士大夫精神作为一种文化现象依旧存在，并且依然影响着现代中国历史的走向。

朱汉民： 士大夫群体有一个制度的基础，就是中国古代的选士制度。尤其科举取士，使得寒门弟子可以成为士大夫。一百多年前，科举制度废除了，原来意义的"士大夫"不能作为普遍化的社会阶层而存在。但是，士大夫精神作为一种文化现象、思想传统还继续存在。中国的洋务运动、维新运动、辛亥革命、新文化运动就是一系列由士大夫指导、推动的近代化运动。推动西方社会近代化过程的是新兴的市民阶级，他们追求的是其经济利益和政治权利。但是，中国的近代化恰好是由士大夫群体来推动的，他们的思想动机、奋斗目标似乎不是源于其直接的经济利益和政治权利，而是士大夫精神中的救国救民的经世情怀和"圣贤—豪杰"的人格理想。

这些运动的主要代表人物，特别具有传统士大夫精神，在价值理想、道德操守方面，都能够体现出士大夫精神的特点。而且他们往往是士大夫精神的实践者，如宋教仁说"须极力提倡道德，凡古昔圣贤治学，英雄豪杰之行事，皆当取法之"，其实这就是呼唤士大夫精神力量。

这些人提出的自由、平等、共和的政治理念，往往也与"士志于道"的士大夫精神有内在的联系。中国近代的政治理念为什么和西方近代的政治理念有很大区别，应该说与士大夫作为近代化运动的主体有关系。近代出现的各种社会思潮、政治思潮，都表现出对经济均平、政治平等等"大同"理想的特别向往，这种相同的思想推崇，和其推崇者身上具有的士大夫传统有关。另外，近代中国出现的那么多的科学救国、军事救国、实业救国的近代化思潮，其实也都是一种士大夫精神的体现。这和西方的近代化思潮有非常明显的差别。

（原载于《中国纪检监察报》2016 年 1 月 4 日）

下篇 文化复兴

中国文化的近代化与主体性重建

——以近代湖湘文化转型为例

到了晚清，古老的中华文明面临"三千年未有之变局"，中华民族似乎面临一个两难的处境：如果坚持中国延续数千年的古老文化而拒绝近代化转型，就会继续遭受西方列强的侵略而亡国灭种；如果通过全面引进西方文化而实现近代化，虽然可以达到强国保种的目的，但是绵延数千年的中国文化的主体性则会面临严重危机。是否可以选择一个将中国文化的主体性重建与近代性转型结合起来的道路？

在晚清以来的中国文化近代化过程中，湖湘士大夫即意识到这个艰难的文化建设任务，他们努力探索中国文化的主体性重建与近代性转型的双重文化建构。他们之所以能够成为推动近代化的主体力量和核心人物，就在于他们已经思考并希望解决中国文化建设的这个根本性问题。

一

中国文化近代化的第一个阶段，即坚船利炮、近代科技等物质文化的近代化阶段。应该说，这个阶段所推动的中国文化近代化建设，是确立中国文化主体性之下的近代化。自鸦片战争以来，因中国败于西方列强而引发士大夫的文化反思，他们意识到西方的火器、战舰优于中国，故而开启了学习、引进西方的军事工业、科学技术的近代化运动，即洋务运动。从呼吁"师夷长技"的魏源，到创造中国近代军工企业、派遣留学生的曾国藩、左宗棠，他们都是在坚持中国文化主体性的前提下主张引进西方军工、科技文化，这一文化主张被概括、标榜为"中体西用"。"中体西用"是中国文化近代化过程中提出的第一个应对方针与策略，这一提法的根本是强调中国文化近代化必须坚持中华文化传统的基本价值观念、社会制度，必须坚持中国文化传统的主体地位，而涉及战舰火器、物质生产等器物文化时，则属于功用方面的从属地位，故而可以从西方引进。左宗棠在接触了西洋文化之后，发现了中西文化各有所长，他指出："中国以义理为本，艺事为末；外国以艺事为重，义理为轻。"故而"彼此各是其是"。但是，左宗棠认为，中国传统的"本"与"末"、"体"与"用"是紧密联系的，既然西洋的器用文化之"末""用"是其所长，那么中国人完全可以引进为中国文化之体而用。他说："艺事系形而下者之称，然志道、据德、依仁、游艺，为形而上者所不废……宗棠在闽浙总督任内时，力请创造轮船，并有正谊堂书局、求是堂艺局之设，所有管驾、看盘、机器均选用闽中艺局生徒承充，并未参杂西洋师匠在内……此风一开，则西人之长皆吾华之长，不但船坚炮利可以制海寇，即分吾华一郡一邑之聪明才智物力，敌彼一国而有余……缘古人以道、艺出于一原，未尝析而为二，周公以多材多艺自许，孔子以不试故艺自明。"① 左宗棠认为西学之用完全可以纳入中学之体中来，他以道器、本末、体用不分的传统哲学，申明了坚持中国文化的主体性，同时又积极引进西艺的可能性。曾国藩也有相同的看法，他积极倡导引进、建设中国近代化军事工业，并且还派出留学生到西方发达国家学习科技知识，希望"拟选聪颖幼童送赴泰西各国书院学习军政、船政、步算、制造诸书，约计十余年，业成而归，使西人擅长之技中国皆能谙悉，然后可以渐图自强"②。但是，曾国藩对留学生仍然坚持中体西用的立场。他在《挑选幼童前赴泰西肄业酌议章程》中规定，留学生在国外"肄习西学，仍兼讲中学"，要坚持学习儒家经典。洋务派坚持中国文化的主体性是对的，但是他们并没有意识到以儒家文化为核心价值的中华文化必须经历一个近代化的变革。

其实，将中国近代划分为物质文化、制度文化、精神文化三个阶段，往往是一种为叙述方便而通用的分法，实际上每个阶段均包含另外的文化因素。从鸦片战争到甲午战争，这个阶段被理解为学习引进西方近代军工技术的物质文化的近代化阶段。但是，恰恰在这个时期内，许多湖湘士大夫也开始接触、思考有关近代化的制度文化与精神文化问题，而且从一开

---

① 左宗棠：《学艺说帖》，《左宗棠全集》第 14 册，岳麓书社 2009 年版，第 593—594 页。
② 曾国藩：《奏稿·拟选聪颖子弟赴泰西各国肄业折》，《曾国藩全集》第 12 册，岳麓书社 2011 年版，第 7331 页。

始，他们所思考的中国文化近代化问题，就是与中国文化的主体性建构联系在一起的。他们是如何实现中国文化的主体性与近代性这双重建构的统一的呢？

这得从儒家的价值体系构成说起。儒家文化一直在中国文化中居于主导地位，并且是以"道"作为价值体系的核心与主干，孟子说："天下有道，以道殉身；天下无道，以身殉道。"① 什么是"道"的价值体系呢？它并不是一个单一层面的东西。从留下来的儒家典籍，到儒家士大夫的精神世界，"道"均存在两个价值世界。一方面，儒家之"道"代表着一个理想的价值世界。儒家学派是一个追求理想的士人群体，从孔子创立儒家学派开始，他就向往那个理想的"三代之治"，《中庸》说："仲尼祖述尧舜，宪章文武。"他所祖述的尧舜时代，是一个"天下为公"的完善道德时代，是一个"选贤与能"的完善政治时代，也是一个"协和万邦"的世界和平时代。儒家学者往往将这个时代赞誉为"大道之行"的时代。另一方面，儒家之道也表达了现实世界的价值追求。儒家学派其实又是一个非常现实的士人群体，他们知道"三代之治"的文化理想难以实现，故而希望以历史提供的条件，争取在现实不平等的社会中建立一个和谐世界。譬如，儒家学派所处的春秋战国时代，已经是一个"天下为家"、贵贱有等的不完善社会，如何防止不同家族、不同个人的利益争斗呢？孔子及儒家学派又将"君君臣臣父父子子"看作合乎"天下有道"的社会。显然，这个"天下有道"的等级社会的价值体系，是不同于"大道之行，天下为公"的价值体系的。

对儒家之道的二重性，儒家经典《礼记·礼运》分别以"大同""小康"两个时代来表达其价值体系的依据。

> 孔子曰："大道之行也，与三代之英，丘未之逮也，而有志焉。大道之行也，天下为公。选贤与能，讲信修睦。故人不独亲其亲，不独子其子。使老有所终，壮有所用，幼有所长，矜寡孤独废疾者皆有所养。男有分，女有归。货，恶其弃于地也，不必藏于己；力，恶其不出于身也，不必为己。是故谋闭而不兴，盗窃乱贼而不作，故外户而

①《孟子·尽心上》。

不闭。是谓大同。今大道既隐，天下为家。各亲其亲，各子其子。货、力为己。大人世及以为礼，城郭沟池以为固，礼义以为纪；以正君臣，以笃父子，以睦兄弟，以和夫妇，以设制度，以立田里，以贤勇智，以功为己……是谓小康。"

这段话充分反映了早期儒家的价值体系。一方面，儒家倡导"礼义以为纪"，希望实现正君臣、笃父子、睦兄弟、和夫妇的社会和谐，恰恰是"大道既隐"后的"小康"之世的道德价值，是儒家学者从现实出发的不得已的主张。另一方面，他们内心真正向往的是那个"天下为公""选贤与能，讲信修睦""人不独亲其亲，不独子其子"的"大同之世"，这是以孔子为首的士人群体所向往的社会理想、价值理想。所以，两千多年来，在内心世界中真正抱有对儒家之道的价值信仰者那里，总是拥有两套相关的价值系统：一套是立足于"小康"世界的现实价值系统，他们希望遵循儒家礼义的要求，在现存的君臣父子兄弟夫妇的社会等级制、权力世袭制的"小康"社会中建立和谐的社会秩序；另外一套是立足于"大同"社会的理想价值体系，即内心世界盼望出现一个没有世袭制、等级制的平等、自由、博爱的理想社会，真正能够实现"天下为公""选贤与能""老吾老以及人之老，幼吾幼以及人之幼""民吾同胞，物吾与也"。两千多年以来，儒家士大夫追求的"天下有道"的价值体系，一直包含着这个理想与现实的两个不同层面。

晚清以来，中国文化近代化过程中出现一个有趣的现象，就是那些对中国传统"大道之行"的价值理想有真诚信仰的儒家士大夫们，特别能够与西方近代的各种政治民主制度、思想文化理念产生强烈的共鸣，他们接触到西方近代的民主制度、民主理想时，特别能够激发出一种似曾相识的亲近感。西方近代的政治文化与儒家"小康"社会的现实主义是有严重文化冲突的，但是与儒家"大同"的理想主义却十分相融。这正是晚清以来的儒家士大夫从一开始就能够特别欣赏并力主引进西方近代政治文化的内在原因。

二

从鸦片战争到甲午战争的这一段时期，人们通常将其理解为中国的物质文化的近代化时期，但是一些能够接触西方近代制度文化、思想文化的湖湘士大夫，已经开始介绍、欣赏并提倡这种近代化的制度与思想。特别值得指出的是，他们是从中国传统的"大同理想""三代之治"的文化立场致力于中国文化的近代化转型的，这就比较鲜明地体现出中国文化近代化的主体性建构的特点。

魏源是晚清推动中国近代化的首功人物，学界均充分肯定他"师夷长技以制夷"的主张及洋务运动的影响，其实，他对西方近代文化的引进绝不仅仅是坚船利炮一类的"长技"，他在《海国图志》中尤重介绍、引进西方近代的制度及思想文化。魏源特别欣赏美国民主制度所体现的价值理念和程序完备，他在《外大西洋墨利加洲总叙》中说：

> （弥利坚国——即美国）二十七部酋分东西二路，而公举一大酋总摄之，匪惟不世及，且不四载即受代，一变古今官家之局，而人心翕然，可不谓公乎？议事听讼，选官举贤，皆自下始，众可可之，众否否之，众好好之，众恶恶之，三占从二，舍独徇同，即在下预议之人，亦先由公举，可不谓周乎！①

魏源在此表达出对西方近代民主理念与制度的发自内心的欣赏，并不是一种实用理性的态度，而是一种价值理性的态度。他认为这种以"公举"形式来选拔总统，每四年换一届，改变了那种将国家权力归为家族、个人所有的局面，所体现的正是中国大同之世的"大道之行，天下为公"的理想，故而他以"可不谓公乎"而加以赞赏。同时，他对美国议会制度所设计的"议事听讼，选官举贤，皆自下始"等保证"公"的程序设计甚为欣赏，称之为"可不谓周乎"的周密详备的制度。所以，魏源又在《海国图志》中特别提出：

> 至墨利加北洲之以部落代君长，其章程可垂奕世而无弊。②

这是魏源对欧美近代民主制度普适性的肯定，这种肯定态度，源于其作为一个儒家士大夫对"天下为公"的价值理想的推崇。如果说魏源提倡"师夷长技"还是基于实用理性的话，而他赞赏、推荐欧美的民主政治，则

---

① 魏源：《魏源全集》第6册，岳麓书社2011年版，第1619页。
② 魏源：《魏源全集》第4册，岳麓书社2011年版，第8页。

源于其对三代理想的价值理性的向往。魏源的心中一直深藏着这一"三代以上之心"，他说：

> 君子之为治也，无三代以上之心则必俗，不知三代以下之情势则必迁。①

魏源之所以能成为推动中国近代化的先驱者，一方面是由于他从现实出发，意识到"三代以下之情势"的变化而做出的实用理性的选择；另一方面又是由于他对理想的向往与追求，使其找到了一个能够实现其"三代以上之心"的榜样，故而抑制不住内心的喜悦而向中国士大夫做推介，这种推介具有中国文化的主体性重建的意义。

洋务大臣郭嵩焘，是继魏源之后更进一步以"三代之治"的文化理想去解读、融通西方近代制度文化、思想文化的儒家士大夫。郭嵩焘是一位对儒家道统、中国传统学术文化有着坚定信仰和深厚素养的儒学学者，故而是儒家价值系统的坚定维护者；但是另一方面，郭嵩焘又是一位对西方近代文化有着深入了解，对西方近代的科技、政治、思想等文化给予最高评价的洋务大臣。故而，他的中国文化近代化的思想主张，能够鲜明表达出中国文化的近代化与主体性建构的双重要求。特别值得注意的是，郭嵩焘也是从实用理性的功利角度看待西方近代的科学技术的，提出"西人格致之学，所以牢笼天地，驱役万物，皆实事求是之效也"②。但是，他看待西方近代的经济、政治等制度文化就是从价值理性的视角出发了，他以"本末"来分析西方文化的体。他说："嵩焘窃谓西洋立国有本有末，其本在朝廷政教，其末在商贾，造船、制器，相辅以益其强，又末中之一节也。"③ 郭嵩焘对西洋国家的"朝廷政教"给予了很高的评价，完全是基于儒家士大夫的价值理念。尽管郭嵩焘是清代政治体制内部的一位权臣，但他对西方近代的民主主义社会政治给予极高的评价，在出使英、法两国后，对其民主制度特别欣赏，提出："泰西立国之势与百姓共之。国家有所举废，百姓皆与其议；百姓有所为利害，国家皆与赞其成而防其患。"④ 郭嵩

---

① 魏源：《魏源全集》第 13 册，岳麓书社 2011 年版，第 44 页。
② 郭嵩焘：《郭嵩焘日记》第三卷，湖南人民出版社 1982 年版，第 766 页。
③ 郭嵩焘：《郭嵩焘奏稿》，岳麓书社 1983 年版，第 345 页。
④ 郭嵩焘：《郭嵩焘诗文集》，岳麓书社 1984 年版，第 555 页。

焘对西方民主制度的赞扬，其文化原因与魏源一样，是基于这种制度与其儒家士大夫的"大道之行，天下为公"的价值理想相通。郭嵩焘将中国古代的政治制度、政治文化分为两个阶段，他说："天生民而立之君，所以为民也。三代圣人所汲汲者，安民以安天下而已。自战国游士创为尊君卑臣之说，而君之势日尊。至秦乃竭天下之力以奉一人而不足，又为之刑赏劝惩以整齐天下之人心。"① 他向往的三代时期，君、民之间是一种平等、互利的和谐关系，君为民而民拥君，是一种"大道之行"的理想社会；秦汉以后的君民关系则是一种尊卑、对立的冲突关系，是一个"天下无道"的黑暗世界。郭嵩焘直接以"有道"与"无道"区别这两个不同历史阶段，因为三代的政教风俗代表着他追求的价值理想，而秦汉以后的君主专制政治则是有严重缺陷的社会现实，他感叹："秦汉以后之中国，失其道久矣。"② 郭嵩焘在深度接触西洋文化后，对其"政教风俗"特别欣赏，认为这种政教风俗与中国三代之政的理想十分契合，故被他称为"有道"。这样，"无道"与"有道"又成为他评价中西政教风俗的标准，他说：

> 三代以前，皆以中国之有道制夷狄之无道。秦汉而后，专以强弱相制，中国强则兼并夷狄，夷狄强则侵陵中国，相与为无道而已。自西洋通商三十余年，乃似以其有道攻中国之无道，故可危矣。③

郭嵩焘所说的"无道""有道"，正与其所说的政教风俗相关，他赞扬英国的民主制度"是以君与民交相维系，迭盛迭衰，而立国千余年终以不敝，人才学问相承以起，而皆有以自效，此其立国之本也……中国秦汉以来二千余年适得其反"④。这是他评价"有道"与"无道"的依据。所以，郭嵩焘的近代化追求，就不仅仅是与船坚炮利的科学技术相关，还与政教风俗的制度文化、思想文化相关。特别值得一提的是，他所倡导的中国文化近代化，是对"三代"的"有道之世"的文化回归，故而虽然也包括了汲取、学习西方文化的内容，但是并没有放弃中国文化的主体性，这正是一种将中国文化的主体性与近代性结合的文化建构。

---

① 郭嵩焘：《郭嵩焘日记》第四卷，湖南人民出版社 1983 年版，第 69 页。
② 郭嵩焘：《郭嵩焘日记》第三卷，湖南人民出版社 1982 年版，第 814 页。
③ 郭嵩焘：《郭嵩焘日记》第三卷，湖南人民出版社 1982 年版，第 548 页。
④ 郭嵩焘：《郭嵩焘日记》第三卷，湖南人民出版社 1982 年版，第 373 页。

三

甲午海战，中国失败，中国制度文化的近代化迫在眉睫，维新变法的近代化思潮遍及全国。自觉承担天下之责的儒家士大夫成为维新运动的主导力量，特别是湖湘士大夫谭嗣同、唐才常等更是维新派的领袖人物。一般而言，晚清时期蓬勃兴起的维新变法运动，是致力于推动中国的君主专制制度向君主立宪制度转变，并涉及有关政治、经济、法律、教育、文化等各个领域的近代化变革，而那些成功完成君主立宪制的西方国家无疑成为晚清士大夫效法的典范。但是，那些主导中国维新变法的士大夫的内心，一直还坚持儒家传统价值理想的典范——大同社会，他们将维新变法运动看作中国进入最高理想社会——大同之世的过渡。维新运动的领袖人物如康有为、梁启超、谭嗣同等均继承了魏源公羊学的思想传统，他们将《春秋》学中"所见""所闻""所传闻"与《礼记》中的"小康""大同"结合起来，形成了新的公羊三世说。尧、舜、禹时代是大同之世的太平世，夏、商、周是小康之世的升平世，春秋以后是衰乱之世的据乱世。他们强调，维新变法的目的，就是要使中国进入小康之世的升平世，最终则是回归尧舜时代的"大同之世"。可见，他们仍是要将中国文化的近代化与中国文化的主体性建构结合起来。

谭嗣同将其推动中国的制度文化、思想文化近代化的思想纲领写入《仁学》一书中，鲜明地体现出他对中国文化近代性、主体性的双重文化建构目的。"仁"是孔子创立儒学时所倡导的核心价值观念，"仁"的核心价值是包括了"平等、自由、博爱"的价值理念，他在《仁学》开篇"仁学界说"中，就反复强调"仁通平等"的精义，提出"仁以通为第一义""通之象为平等"，并批判两千多年来荀学所倡导的"三纲""礼教"对仁道的悖逆。谭嗣同所向往的理想社会，正是孔子在《礼记·礼运》中所描述的"大道之行，天下为公"的大同社会，这个价值理想是可以通过中国文化的近代化而得以实现的。谭嗣同说：

> 地球之治也，以有天下而无国也……君主废，则贵贱平；公理明，则贫富均。千里万里，一家一人。视其家，逆旅也；视其人，同胞也。父无所用其慈，子无所用其孝，兄弟忘其友恭，夫妇忘其倡随。若西

书中百年一觉者，殆仿佛《礼运》大同之象焉。①

可见，谭嗣同所追求的近代化目标，最终是回归到孔子的仁学、大同社会的中国士大夫的价值理想。这一理想就是尧舜时代人与人之间的平等自由以及政治上的民主，正如谭嗣同所说："而有所谓民主者，尤为大公至正，彬彬唐虞揖让之风，视中国秦以后尊君卑臣，以隔绝不通气为握固之愚计，相去奚止霄壤。"② 民主制度是对秦以来"尊君卑臣"的政治文化的根本性逆转，这既是中国文化近代化的要求，又是对中国传统价值理想即尧舜之风的回归。

这种以"大同之世""唐虞揖让之风"的价值理想、社会理想为目标，推动维新变法运动的深入开展，成为中国晚清时期制度文化近代化的一个显著特点。这种文化理想存在于当时维新派主要领袖人物那里。如和谭嗣同为挚友的唐才常，以大同之道的理想推动中国政治文化的近代化，他说："吾微言大义之教统，竖亿劫，横冰海，通星球，世可界而素王之道不可界。何以故？曰：惟公理。公理者何？大同之道也。一国新而一国大同，万国新而万国大同，一世亲而一世大同，万世新而万世大同。"③ 对于唐才常及谭嗣同来说，大同的价值理想是他们投身维新变法的根本目标，也是他们最终献身于维新事业的最大精神动力。

中国传统的"大同之道""尧舜之风"的政治理想、文化理想不仅仅是康、梁、谭、唐等维新派士大夫的近代化目标，同样是辛亥革命前后那些致力于推翻清王朝的革命派人士的近代化目标。本来，维新运动、辛亥革命均被视为中国近代资产阶级的政治诉求，但是中国近代的维新变法、辛亥革命的主体是士大夫群体（或者是具有士大夫情怀的近代知识群体），他们均有着大同之道的价值理念，这种价值理念与近代西方市民阶级追求个人财富及经济成功的价值理念是有着严重冲突的。所以，主导中国近代维新、革命的领袖群体并未将争取、保障资产阶级个人财富的权利作为主要奋斗目标，相反，他们总是将共同富裕、人人平等、社会和谐的大同之道作为最高理想。在这个问题上，如果说维新派还主要是以儒家"大同"为

① 谭嗣同：《仁学二》，《谭嗣同全集》，中华书局 1981 年版，第 367 页。
② 谭嗣同：《报贝元征》，《谭嗣同全集》，中华书局 1981 年版，第 197—198 页。
③ 唐才常：《唐才常集》，中华书局 1980 年版，第 180 页。

社会目标的话，那么，革命派则是以与"大同"理想相似的社会主义（或民生主义）作为其奋斗目标的。有一个很有趣的文化现象，西方近代资产阶级革命的目标是发展资本主义、保护资产阶级的利益，而中国近代"资产阶级革命家"的革命目标竟然要"节制资本""扶助工农"，通过社会革命的完成而建设社会主义。这是世界近代史上一个奇特的现象，除了当时特定的历史条件（中国受西方资本主义列强的侵略，西方国家出现了批判资本主义的各种社会主义思潮）之外，确实还存在一个历史文化传统的原因，即推动中国近代革命的主体是一批怀有救国救民理想的儒家士大夫群体，他们的内心一直怀有对儒家大同之道的理想社会、理想价值的精神追求。康有为、谭嗣同希望通过维新变法的手段最终实现大同理想，而孙文、黄兴、宋教仁则希望"毕其功于一役"，将民族革命、民主革命与社会革命同时完成。

所以，致力于推动中国近代化革命运动的湖湘志士，均是执着于追求与大同理想同构的社会主义的士大夫或具有士大夫情怀的志士。宋教仁就是这样一位以儒家大同理想解读社会主义的革命领袖。在辛亥革命爆发前，宋教仁就接触了西方的社会主义思潮，经过认真思考与研究，他接受了这一能够解决西方资本主义国家的"资本与劳力"的"不平等之极"严重问题的思潮。他研究当时各种社会主义思潮，认定如果社会主义产生好的后果，就是《礼记·礼运》的大同理想的全面实现，即"人类社会乃成太平大同之景象，古人所谓大道之行，天下为公，选贤与能，讲信修睦，人不独亲其亲，不独子其子……夫然后实现于今日，各国社会主义学者所拟之理想的社会而求之不得者，而吾人竟一跃而达，其快乐固可知也"①。他明确将自己及革命党人追求的社会主义理想的最好结果，视为中国儒家士大夫的"大道之行，天下为公"的大同理想的全面实现。这正是近代辛亥革命党人追求"社会主义"的文化原因。同时，这也是中国近代资产阶级的革命领袖，却总是以劳动者、平民代表自居的原因，宋教仁对将人类分为掠夺阶级与被掠夺阶级的说法十分不满，认为"资本与劳力乃生出佣金之一问题，其不平等之极，一若陟天堂，一若居地狱。不有以救之，世界人

---

① 宋教仁：《社会主义商榷》，《宋教仁集》第 1 册，湖南人民出版社 2008 年版，第 346 页。

类其尽为刍狗矣"①。他之所以站在资产阶级的对立面说话，与他向往的"大道之行，天下为公"的理想社会、理想价值有关。可见，他们向往的革命成功后的社会，应该是体现出大同理想价值的社会主义。所以，革命党人的领袖在讨论中华民国的国旗时，黄兴主张用井字旗，而反对用青天白日旗，他的理由十分明确，主张"以井田为社会主义之象征"②，可见，在黄兴的心目中，中国革命的胜利，同时亦是社会主义在中国实现的开始。

四

正因为中国近代化过程中一直有中国传统的理想主义价值观相伴，三代之治、大同之道总是贯穿在近代化的思想与行动之中，所以，辛亥革命后新文化运动推动的思想文化的近代化，形成一股逐渐强大的社会主义思潮，就不难理解了。新文化运动中转化为信仰马克思主义的知识群体，大多是具有较浓厚的理想主义追求的左翼知识分子，他们在承担救国救民的社会责任与历史使命时，认为建立一个理想的、完美的社会形态，才能真正解决中国近代化过程中所面临的种种政治问题、社会问题、文化问题。

湖湘的早期共产主义者，大多对《礼记·礼运》的大同理想比较熟悉，对近代维新派与革命派的大同理想也很赞同，这对他们后来接受马克思主义，起了很大的作用。青年毛泽东是在 1920 年开始信仰共产主义的，在此之前，他是大同理想的坚定追求者。1917 年 8 月 23 日，毛泽东在《致黎锦熙信》中写道："彼时天下皆为圣贤，而无凡愚，可尽毁一切世法，呼太和之气而吸清海之波。孔子知此义，故立太平世为鹄，而不废据乱、升平二世。大同者，吾人之鹄也。"③ 他明确表达以"大同"作为自己的奋斗目标，这是对孔子的理想主义传统以及维新派康有为思想传统的继承。在同一封信中，他表示"独服曾文正公"，也是对曾国藩的立德、立功、立言的儒家理想人格传统的继承。此后，马克思主义传入中国，"中国人在刚刚接触到马克思主义时就把马克思主义、社会主义、共产主义设为'大同学'，认为

① 宋教仁：《万国社会党大会略史》，《宋教仁集》第 1 册，湖南人民出版社 2008 年版，第 43 页。
② 胡汉民：《胡汉民自传》，《辛亥革命史料选辑》，湖南人民出版社 1981 年版，第 179 页。
③ 《毛泽东早期文稿》，湖南人民出版社 2008 年版，第 76 页。

马克思主义的社会理想与中国古代的大同世界相一致"①。毛泽东的理想社会和共产主义就是"大同"，其区别是他领导的中国共产党"找到一条到达大同的路"。这种将中国传统大同理想与马克思主义结合起来的思想，在新文化运动以后十分普遍。如近代著名立宪派人士杨度，也是一位向往"大同"的士大夫，他像康、梁一样，认定只有通过君主立宪的道路，才能从"升平世"走向"太平世"，故而成为坚定的君主立宪派。但是，五四新文化运动以后，他受到马克思主义思潮的影响，转而信仰共产主义。杨度是在中国传统大同理想与西方共产主义理想的相互诠释中形成自己的价值信仰的。这一点，在他的一篇很有特色的文章《论圣贤同志》中表达得很充分，"圣贤"是"大同"理想的建立者，"同志"则是"共产主义"的追求者，他认为二者是可以合一的，因为"大同"与"共产主义"是一致的：

> 且夫共产主义有二义焉：一曰各取所需，所以定分配之制也；二曰各尽所能，所以定生产之制也。分配定，则货不藏诸己，而人共其物矣；生产定，则力不私于身，而人共其力矣……于是老有所归，壮有所用，幼有所养。举世之人，不必各私其财，各私其力，而无一不得所者，所谓"大道之行，天下为公"是也。②

杨度在通篇文章中，用中国传统的大同理想诠释共产主义，又用共产主义来诠释大同理想。由此可见，新文化运动中共产主义思潮出现，并发展成为中国近代化过程中的重要思潮，是有着很深的历史文化传统与近代化文化传统的。

（原载于《社会科学战线》2014 年第 8 期）

---

① 许全兴：《毛泽东与孔夫子》，人民出版社 2003 年版，第 67 页。
② 杨度：《论圣贤同志》，《杨度集》第 2 册，湖南人民出版社 2008 年版，第 668 页。

湖湘文化与中国文化主体性建构

　　湖湘文化作为中华文化空间上的组成部分，一直参与了中华文化的主体性建构过程。湖湘文化的形成、发展、转型的不同历史阶段，均与中国文化主体性建构密切相关。这里，我们将通过回溯湖湘文化的历史，回顾、思考、总结其在中国文化的主体性建构中的经验与思考，以进一步彰显湖湘文化的历史价值与现代意义。

　　本文分成三个阶段来论述：一、先秦至秦汉的中华文化定型期；二、两宋至明清的中华文化发展期；三、晚清到民国的中华文化转型期。

一、　早期湖湘文化与中国文化主体性建构

　　中华文化的定型经历了一个十分漫长的历史过程，最后完成于秦汉时期。从"三皇五帝"的漫长历史开始，中华大地形成了各种空间形态的文化，包括氏族文化、方国文化，最终由"满天星斗"逐步形成了一个以中原文化为核心的大中华文化。由于秦汉以后建立了政治上高度统一的中华帝国，故而就有了统一的疆域与交通，统一的政治法律制度，统一的文字与度量衡，也就有了统一的作为大文化传统的中华文化。通常所说的中华文化所包含的普遍性价值和主体性精神，均是指中华文化的大传统而言，而各地域以民风、民俗为主的氏族文化、方国文化，则成为中华文化的小传统，转化为中华文化体系下的区域文化。

　　湖南区域文化形态最早也是由各种氏族部落文化，即由三苗文化、南蛮文化、扬越文化等氏族部落文化构成，然后发展为春秋战国时期的南楚文化。直到秦汉以后，才开始逐渐转型为中华文化体系之中的区域文化，当然这个过程十分缓慢，以至于汉唐以后，湘中、湘西、湘南的许多地区仍然保留着很深厚的苗蛮部族文化色彩。中华文化的主体性建构，主要是

指文化价值体系中具有普遍意义的大传统。尽管湖湘地区跨入有文字的文明史较晚，但是在中华文明的主体性建构过程中，湖湘地域的一些重要文化贡献不容忽视，体现在许多重要的方面，尤其体现在以下两个问题上。

其一，"三皇五帝"系统与中华文明的开创。秦汉以后，中华大地建立了统一的中华文明，当时人们为了追溯中华的起源，形成了"三皇五帝"的说法。当时人们将中华先民创造的物质文化、制度文化、精神文化的功绩，均归于"三皇五帝"。因为人们所依的历史典籍不同，故而"三皇五帝"所指的具体对象不同，但主要均包括伏羲、神农、轩辕、颛顼、帝喾、帝尧、帝舜等在内。两汉时期人们所说的"三皇五帝"之所以很乱，除了与年代久远而传说众多有关外，还与"三皇五帝"的系统是综合了中华大地不同时期、不同地域的氏族、部族、古国、方国文化有关。"三皇五帝"的说法充分证明了中华文明是由远古、上古不同历史时期、不同地域文化建构而完成的事实。在这个"三皇五帝"系统中，"三皇"系统中的神农、"五帝"系统中的舜帝均与湖湘文化有密切联系。

其二，楚文化与中华文化的主体性建构。中华文明的成熟形态的成型主要是在秦汉时期。应该说，汉文化之所以那样宏阔、丰富与多姿，与它全面吸收、整合先秦时期各个区域的部族文化、方国文化有密切关系。但是，由于各个区域文化的特点不一样，其蕴含的文化价值不一样，故而对中华文化主体性建构的贡献不一样。学界普遍认为，在两汉文化体系中，有三个地域的贡献和影响最大，这就是秦、楚、齐鲁。人们曾以儒（齐鲁）、道（楚）、法（秦）三家学说代表三个地域文化的贡献，这有一定道理。但是文化比思想学说的外延大得多，如楚文化对两汉的影响，就不仅仅是道家学说，而且体现在文学艺术、宗教观念、科学技术、民间习俗等不同方面。

毫无疑问，从春秋战国到秦汉帝国，湖湘地区的文化特质就是楚文化，因湖湘在楚地南部，故而其文化亦被称为南楚文化。南楚文化给人印象最深的是汉代王逸所说的"沅湘之间，其俗信鬼而好祠"的文化习俗。显然，这种"信鬼而好祠"的民俗文化虽然具有文化特色，但必须将其做精神提升，使之获得一种普遍性的精神意义与文化价值，恰恰是屈原的楚辞创作，完成了这样一个重要的文化使命。屈原被流放于沅湘之地，创作了大量在中国文学史、中华文化史上具有不朽价值的诗歌作品。在这些不朽的诗篇中，他一方面大量吸收南楚之地的民间歌舞及相关的艺术、宗教等民俗文化，另一方面又从思想内容、艺术形式两个方面对这些民间宗教、艺术形式做了大幅提升。正如王逸所说："（屈原）出见俗人祭祀之礼，歌舞之乐，其词鄙陋，因为作《九歌》之曲。上陈事神之敬，下见己之冤结，托之以风谏。"① 不仅仅是《九歌》，其他如《九章》《离骚》《天问》等，均具有将巫歌、神话、祭祀等南楚民间文化与普适性的文化理念、道德精神等精英文化结合起来的特点。这样，中国南方所形成的以屈原为代表的《楚辞》与北方的《诗经》一样，共同构成中华文化的艺术精神传统。无论是思想内容，还是艺术形式，沅湘地区所产生的文学艺术成果，是楚文化系统中最具普适价值、普遍精神的文化成果，对汉以后的诗歌艺术、审美精神产生深远影响，为两汉的中华文化的主体性建构做出了重大贡献。

二、 湖湘文化崛起与中国文化主体性建构

从先秦到汉唐，湖湘还属于中华文化体系的边缘化地区，在中华文化体系中的地位还不是特别高，宋明以后湖湘文化进一步发展，故而在中华文化的主体性建构中发挥了更加重要的作用。所以，我们进一步讨论宋以后湖湘文化的地位及其对中华文化主体性建构的影响。

湖湘文化崛起于两宋，与中国文化发展演变的大背景有关。首先，两宋是中国文化重心南移的完成期。在周秦汉唐的历史时期，中华文化的重心一直在黄河流域，在中华文化的主体性建构中居于主体地位的是中原文化。如那个时期的齐鲁文化、秦晋文化在两汉构建的中华文化系统中占有重要地位，特别是西汉实行"罢黜百家，独尊儒术"，使齐鲁文化在中华文化体系中获得了前所未有的地位，成为一种为各个地域所接受的、具有普遍性价值的文化。两宋以后，中国文化重心南移，中国文化的演变、发展主要集中到南方，特别是南宋、元、明时期，主导中国文化大传统的主要都是南方人，这个地理文化格局一直延续到中国近代。湖湘文化开始崛起于两宋，在宋元明清时期湖湘地区涌现出许多重要的文化名人，他们对中

① 王逸：《楚辞章句·九歌序》。

华文化体系的建构做出了重要贡献。

其次，中华文化在面对外来佛教文化的挑战时，一直坚持中华文化主体性建构的态度，到两宋时期终于完成了中华文化发展、更新的要求。就在中华文化主体性建构完成的两汉时期，佛教文化开始从西域传入，刚开始时影响很小，而到了隋唐则演变发展到极盛。佛教的核心价值观与中国文化中占主导地位的儒家文化有严重的冲突，中国文化的主体性价值理念面临严重挑战，唐代著名学者韩愈著《原道》，发出重振中华文化主体性价值理念的呼唤。然而，要重振中华文化，就必须经过一个吸收、消化佛教文化的过程，再重新建构中华文化的主体性。这个任务是由两宋时期兴起的新儒学思潮完成的。

正是由于上述两个重要的文化背景，使得湖湘文化在两宋时期获得了崛起的机会。两宋以后中国文化的重心转移到南方，地处南国的湖湘学者通过吸收、消化佛教文化，参与了中华文化的主体性重构，建构了一个以儒家价值系统为主体，兼容佛、道文化的理学思想体系。这一以理学为中心的中华文化体系，不仅完成了中国文化的主体性建构，并一直延续到晚清中国的近代化时期。对于湖湘文化而言，这两个背景是密切联系在一起的，一方面，湖湘文化在理学思潮的兴起、发展、总结等方面均做出了重大贡献，成为参与中华文化主体性建构的重要区域文化之一，同时也是中国文化重心南移的重要体现；另一方面，由于中国文化重心转移到南方，从而为湖湘理学的兴起、发展创造了重要的历史条件。

理学思潮的整体过程，大体包括北宋理学兴起、南宋理学集大成、明清之际理学总结、晚清理学再起的几个阶段。湖湘之地向来被学术界视为"理学重镇""理学之邦"，在上述理学思潮的几个阶段，均涌现了一些重要的学者、学派。北宋是理学的兴起并成形阶段，出现了奠基理学的"北宋五子"，在此五位学者之中，湖南道县的周敦颐排第一，被尊为理学开山、道学宗主。周敦颐在理学史或中华文化史上的最大贡献，就是他不像韩愈仅仅呼唤回归儒家之道，而是能够"出入释老"，最终将佛教、道教的思想文化精华吸收到儒家文化体系中来。这样，他不仅坚持了儒家文化在中华文化中的主体性地位，由于他又将佛、道精华吸收到儒家文化体系之中，因此大大丰富了儒家文化的普遍性内涵，最终强化了中华文化的主体性建构。所以，周敦颐的代表著作《太极图说》《通书》，被后学认为是为儒家价值体系"穷源探本"，进而完成了儒家形上学体系的建构。周敦颐能够为新兴的理学思潮奠定理论基础，代表了崛起的湖湘文化为中华文化的主体建构所做的贡献。

南宋是理学集大成的发展阶段。在这个阶段，有四个地域为理学集大成做出了显著的贡献，它们分别是福建、江西、湖南、浙江，形成了在理学发展史上具有重要影响的闽学、赣学、湖湘学、婺学等四大理学学派，当时有"东南三贤"说（即闽学的朱熹、湘学的张栻、婺学的吕祖谦），还有所谓的南宋"乾淳四君子"（即东南三贤外再加上江西的陆九渊）。可见，南宋时期的湖南思想文化十分活跃，湖湘学派成为当时一个学者多、影响大、地位高的理学学派群体，著名学者就有胡安国、胡寅、胡宏、张栻等，《宋元学案》中他们均各有专门学案。一方面，湖湘学派群体继承了北宋周敦颐的学术文化宗旨，通过汲取佛老、重建儒家文化体系，来完成中华文化的主体性重建，所以他们特别推崇濂溪之学，在胡宏、张栻等学者的推崇下，周敦颐作为"道学宗主"的地位得以确立；另一方面，湖湘学派十分重视理学体系的建构，他们深入儒家经典研习，广泛继承周敦颐、张载、二程的思想学术，与当时的同道学者朱熹、吕祖谦、陆九渊一道，推动了理学集大成的完成。

明清之际是理学的总结时期。理学经宋、元、明的演变发展，一方面已经成为中国的主导性思想文化体系，全面、深入地渗透到国家、社会、家庭及个人的思想文化层面，同时还传播至东亚其他国家；但是另一方面，理学思想又暴露出许多问题，值得进一步总结与反省。所以，明清之际出现了一种总结、反思理学的文化思潮，其代表人物就是清初三大儒——王夫之、黄宗羲、顾炎武，三人中尤以王夫之的学术地位、学术成就最高。王夫之是湖南衡阳人，一方面，他继承了两宋时期周敦颐、张载及湖湘学派的学术传统；另一方面，他又总结、反省了明代以来理学中出现的问题。他坚持的文化使命是"六经责我开生面"，即在坚持回归中国传统原典"六经"的基础上，实现中华文化的更新与创造，从而实现新的历史条件下的中国文化主体性建构。王夫之所建构的思想文化体系，代表了中国思想文化史发展的新高度：一方面它继承了中国思想传统，体现出中国文化的深刻性、丰富性；另一方面它又根据历史发展和时代演变的趋势，对理学思想做出创新，成为宋明理学形成以来最有学术创新、思想贡献的学术思想，从而对晚清中国思想文化发展产生重大影响。

晚清一度出现理学复兴，湖湘又成为这一思潮的大本营，唐鉴、曾国藩、罗泽南等湖湘学人，即是晚清理学复兴的代表人物。因为晚清理学与那时的文化近代化有关，故放到下一节讨论。

从上述的几个重要阶段来看，理学思潮体现出中华文化在面对外来的佛教文化挑战而完成的主体性重建，湖湘之地成为历史上理学思潮发展的重要区域之一。湖湘的理学传统，代表了这个时期的文化主体性建构的重要成果。

三、 近代湖湘文化与中国文化主体性重建

宋明时期完成的理学文化思潮，是儒家士大夫在面对外来佛教文化的一种文化自觉与文化建构；而到了晚清时期，当西方近代文化与坚船利炮、资本商品一同涌入中国，使得中国陷入一种前所未有的民族危机和文化危机时，中国文化才面临一场更加艰难的文化主体性重建的历史使命。

晚清儒家士大夫推动的一系列以近代化为手段的民族自救运动，从器物文化近代化的洋务运动，到致力于制度文化近代化的维新运动、辛亥革命，再到思想观念近代化的新文化运动，均是中国文化近代化的表现。但是，由于中国近代化是一个从器物、制度到精神全面引进西方近代文化的过程，其后果就是中国文化主体性逐渐消失。这对有着五千年文化传统的中国人来说，完全是不可接受、不能容忍的事情。可否既让中国文化近代化而又不失去自己的主体性呢？这就必然要使中国文化的近代化成为一种中国文化主体性的重建活动。要达到这一目标，就是要深入挖掘中国传统文化中的近代性、普适性资源，完成中国文化精神的重建，实现中国文化传统与近代化转型的结合，这是在世界近代化大背景下中国文化主体性重建的基础与依据。

但是，在中国文化近代化大潮中，形成并流行过一种很有影响的思想观念与思维模式：完成近代化的西方文化已经是一种全球性、普遍性文化，而其他没有能够完成近代化进程的文化则均是地域性、特殊性文化。根据

这种观念，中国文化也是一种地域性、特殊性文化，那么，中国文化的近代化，就是一个全面吸收、仿效西方文化的普遍性，消解中国文化的特殊性的历史过程。这是新文化运动中一个十分流行的观点。依据这个观念，中国文化的近代化过程，就是一个放弃中国文化主体性的过程。显然，这种文化观不能正确主导中国文化的近代化。值得特别关注的是，已经成为中国文化核心区域的湖湘文化及湖湘士大夫，在推动中国文化近代化方面，做出了具有特别重要意义的文化贡献。

自晚清道光年以后，当强势的西方文明撞入古老中华文明的大门，西方的坚船利炮、科学技术明显具有特质文化的优势。清醒的湖湘士大夫们看到了西方文化的这一优势，他们希望学习、引进西方近代文明的"长技"，而这些倡导学习、引进西方物质文化的湖湘士大夫们，包括魏源、左宗棠、郭嵩焘等人，不仅对于中国文化普遍性的信念没有任何动摇，而且总是将学习西方文明与中国文化普遍性重建结合起来。

魏源是第一个"睁眼看世界"的儒家士大夫，他虽然提出"师夷长技"的主张，但是他对中国文化的普遍性价值仍有高度自信。他在编《海国图志》而声称此书"为师夷长技以制夷而作"时，马上反问自己："然则执此书即可驭外夷乎？曰：唯唯，否否！此兵机也，非兵本也；有形之兵也，非无形之兵也。"那么，魏源所说的"兵本""无形之兵"是什么呢？恰恰就是中国文化中具有普遍性意义的价值体系，即他之后所讲的，"故君子读《云汉》、《车攻》，先于《常武》、《江汉》，而知二《雅》诗人之所发愤；玩卦爻内外消息，而知大《易》作者之忧患。愤与忧，天道所以倾否而之泰也，人心所以违寐而之觉也，人才所以革虚而之实也"[1]。魏源所看重的"兵本""无形之兵"源于三代圣人所留下的经典之中，这些经典就包含着中华文化的普遍性精神。所以，魏源提出：

事在四方，要在中央，圣人执要，四方来效。[2]

故夫经之《易》也，子之《老》也，兵家之《孙》也，其道皆冒万有，其心皆照宇宙，其术皆合天人、综常变者也。[3]

---

① 魏源：《魏源全集》第13册，岳麓书社2011年版，第180页。
② 魏源：《魏源全集》第13册，岳麓书社2011年版，第24页。
③ 魏源：《魏源全集》第13册，岳麓书社2011年版，第204页。

可见，尽管魏源对夷之长技能够采取文化开放的态度去学习、引进，但其内心对中国文化的普遍性、对圣人之道的普遍性的自信从未改变。他对欧美民主政治、议会制度的欣赏，也更多地从"大道之行，天下为公"及三代之治的儒家士大夫的社会理想角度去观察与思考，西方社会的君民关系并没有否定，反而坚定了他对儒家价值理念的普遍性的看法。

洋务大臣郭嵩焘对西方文化有更加直接、更加深入的了解，对西方近代文明加以学习、引进的态度也更加明确。尽管郭嵩焘对西方近代文明十分欣赏，认为从科学技术到政教风俗均值得中国学习引进，譬如他说："嵩焘窃谓西洋立国有本有末，其本在朝廷政教，其末在商贾、造船、制器，相辅以益其强，又末中之一节也。"① 但是，他仍然坚持中国文化价值的普遍性，他对近代西方文明所取得的成就，也往往将其纳入中国文化普遍意义的视角加以评判。也就是说，即使西方近代文化表现出许多优胜之处，如他所说："西洋立国自有本末，诚得其道，则相辅以致富强，由此而保国千年可也。"② 尽管他认定西洋立国能够"得其道"，故而能"致富强"，但他所理解的"得道"又包含在他对儒家之道的普遍价值的认定上。郭嵩焘一直认为，尧、舜、禹的时代，圣人君临天下，实现了"大道之行，天下为公"，故被他称为"有道"之世。在郭嵩焘的内心世界中，"有道"是一个民族文明发达、完善的标准，也是一个民族国家强盛的根本原因，因而，"道"是全世界的普遍性文化价值。他认为三代中国是"有道"的，即所谓"三代之前，皆以中国之有道制夷狄之无道"，他实际上确认了中国传统的圣人之道是一种具有普遍性的文化价值，即如他所说："圣人之道，其迹存乎名物象数之末，而其精究乎天人。"③ 他深信儒家的圣人之道是能够"究乎天人"的普适性文化，近代西洋文明强盛起来，就在于西洋民族在追求、实现"有道"，而秦汉以后的朝廷则与之相反，"失其道久矣"④，故而需要回归三代时期的圣人之道。郭嵩焘将中国文化的近代化视为一个"得其道"的过程，这既是通过对西方近代文明的学习而"得道"的过程，也是一个

---

① 郭嵩焘：《郭嵩焘奏稿》，岳麓书社1983年版，第345页。
② 郭嵩焘：《郭嵩焘日记》第三卷，湖南人民出版社1982年版，第137页。
③ 郭嵩焘：《郭嵩焘诗文集》，岳麓书社1984年版，第204页。
④ 郭嵩焘：《郭嵩焘日记》第三卷，湖南人民出版社1982年版，第815页。

回归中华文明圣人之道的普遍性价值的过程。

继郭嵩焘之后，谭嗣同则是一位主张从器物、制度到思想等各个方面全面推动中国文化近代化的湖湘士大夫。从近代化阶段而言，郭嵩焘属于激进的洋务派，谭嗣同则属于激进的维新派。他们在推动中华文化近代化过程中，共同强调中华文明的普遍性意义，仍然坚持以中华文化为主体而实现近代化。所以，尽管谭嗣同对中国传统的纲常名教思想与君主专制制度做了最严厉的批判，但是他的批判并没有引向对中国传统文化的全面否定，相反，他力图建构一个以中国传统文化为主体而兼容西方自由、民主、平等的近代制度文化与思想文化，这就是他的新仁学体系。为了坚持中国文化主体性的近代化建构，他特别强调中国文化核心的孔子仁学、圣人之道的普遍性价值。他反对将圣人之道局限于中土的看法："尝笑儒生妄意尊圣人，秘其道为中国所独有，外此皆不容窥吾之藩篱，一若圣人之道仅足行于中国者。尊圣人乎？小圣人也。盖圣人之道，莫不顺天之阴骘，率人之自然，初非有意增损于其间，强万物以所本无而涂附之也。"① 谭嗣同认为，中国传统"圣人之道"是一种具有普遍性意义的价值理念，因为这种价值理念不仅曾经主导"三代"时期的中国，同时还可以是近代西方的民主政治的价值基础，可见，中国传统的价值系统中包含着古今中外得到普遍性认同的价值系统。谭嗣同将这样一部旨在推动中国近代化，倡扬自由、平等、博爱的文化理念，民主政治，商品经济的一部书命名为《仁学》，可见他是要坚持以孔子的仁学为核心来兼容西方文化，即要建构一套以中国文化主体性为核心而兼容西方文化的近代文化形态。也就是说，西方近代的许多重要价值理念，包括自由、平等、博爱等，其实均是与仁学的价值体系相贯通的，故而可以通过对中国传统仁学重新诠释，也就是中国文化主体性的重振，来实现中国文化的近代化建构。辛亥革命后，进一步将中国文化的近代化转型与主体性重建结合起来的是著名学者、教育家杨昌济。杨昌济既深受湖湘文化传统的影响，对湖湘理学传统尤有深厚的使命感，又是一位思想开放并致力于推动中国近代化的民主主义者。杨昌济是具有深厚理学传统的岳麓书院的生徒，为了拓展自己的文化眼光而留学日本、

① 谭嗣同：《报贝元征》，《谭嗣同全集》，中华书局 1981 年版，第 199 页。

英国，学成回国后主要从事教育与学术研究。杨昌济的文化教育背景独特，既有很强的民族主体性文化意识，又有开放的文化眼光，故而他在致力于中国文化的近代化转型时，特别强调要坚持中国文化的主体性。杨昌济在1914年10月曾发表《劝学篇》，文章系统地阐发了他的中国文化主体性理念，是近代学人中有关这一问题中特别具有文化自觉的重要文献。杨昌济作为希望通过海外留学以求推动中国近代化的学者之一，对于晚清中国的师夷长技、变法维新、建立共和政治均持积极肯定态度，同时也是新文化运动的推动者。要推动器物文化、制度文化、观念文化的近代化，引进西方文化是必须的途径，正如他所说："夫科学为白人所发明，彼既着我先鞭，吾辈自不得不师其长技。"他特别强调"留学外国者，固负有输入文明指导社会之义务"，"吾愿留学外洋者，坚忍刻苦，务求其学有成"，"吾人求学海外，欲归国而致之用"①。可见，他是清末民初积极引进西方文化、推动中国文化近代化的新文化人物。但是，他仍然强调，在中国文化近代化过程中，必须以本国的民族文化、民族精神为主体，靠全盘移植外来文化的近代化道路是不可取的，他特别指出：

> 夫一国有一国之民族精神，犹一人有一人之个性也。一国之文明，不能全体移植于他国。②

杨昌济对中国文化近代化的道路有着特别清醒的认识，一方面，要根据时代的变化而致力于文化的变革，故而要大力引进西方文化，他认为不仅要学习西方文明的科学技术、政治法律，还要学习西方的"精神科学"，认为"吾国近来之变革虽甚为激急，而为国民之根本思想者，其实尚未有何等之变化"③，其原因在于中国近代化过程太关注西方的器物、制度文化，他呼吁"吾人不可不研究其精神科学也"④。但是另一方面，他又主张研究、发掘传统的历史文化资源，特别是挖掘中华文明的传统资源，他主张中国近代化应该是中华文明的主体性建构的完成。他说：

> 且夫学问并非悉求之于他国也。吾国有固有之文明，经、史、子、

---

① 杨昌济：《劝学篇》，《杨昌济集》第1册，湖南教育出版社2008年版，第73页。
② 杨昌济：《劝学篇》，《杨昌济集》第1册，湖南教育出版社2008年版，第73页。
③ 杨昌济：《劝学篇》，《杨昌济集》第1册，湖南教育出版社2008年版，第74页。
④ 杨昌济：《劝学篇》，《杨昌济集》第1册，湖南教育出版社2008年版，第74页。

集义蕴闳深，正如遍地宝藏，万年采掘而曾无尽时，前此之所以未能大放光明者，尚未谙取之之法耳。今以新时代之眼光，研究吾国之旧学，其所发明，盖有非前代之人所能梦见者。①

杨昌济的见解是深刻的、具有前瞻性的，即中华文化的近代化应该与中华文明的主体性重建结合起来。他肯定中华文化有着万年采掘无尽时的恒常价值与普遍意义，问题是如何将其发掘出来。杨昌济认为"以新时代之眼光"来研究传统文化，其实也就是激活中华文化恒常价值与普遍意义的重要途径。值得注意的是，杨昌济认为这种中国文化的主体性建构，不仅对中华文明的现代复兴是一大贡献，同时对人类文明的发展亦是一大贡献。

应该说，杨昌济的眼光是深刻而独到的，相比后来的许多文化保守主义者，他有着更为准确把握世界大局、时代趋势的眼光与胸襟；相比后来的那些留学归国的西化派，则有着对中国文化的恒常价值、普遍意义的深刻思考和文化使命。他对"世界人类之前途"的预测与期冀，应该仍然能够对 21 世纪初的中国文化人产生思想启示。

（原载于《湖南社会科学》2014 年第 3 期）

① 杨昌济：《劝学篇》，《杨昌济集》第 1 册，湖南教育出版社 2008 年版，第 76 页。

中国书院的精神及当代意义

一、 引言

　　书院改制与近代高等教育体制的建立是 20 世纪初中国高等教育发展史上的两件大事。然而，这二者之间并未建立真正的前后关联性，1901 年书院被视为历史的垃圾而抛弃，正如傅斯年先生所言："清末改革教育，凡旧制皆去之，于是书院一齐关门，而书院之基金及地皮多为劣绅用一花样吞没了。"① 正因为如此，在必须变革中国传统教育的背景下，近代中国大学的建立就不可能以书院改制为基础，而模仿西方已经相当成熟的大学制度便成为当时必然的、可行的选择，蔡元培先生云："晚清时期，东方出现了急剧的变化。为维护其社会生存，不得不对教育进行变革。当时摆在我们面前的问题，是要仿效欧洲的形式，建立自己的大学。"② 这种建立近现代高等教育体制的选择，使得中国传统高等教育与近现代大学之间出现明显的断裂，书院在千余年发展历程中所积淀的文化精华，并未成为中国大学文化的组成部分。在建设 21 世纪中国大学文化的过程中，充分挖掘书院精华，将其转换为大学文化的有机组成部分，应是构建 21 世纪有中国特色的大学文化的必经之途。

二、 作为中国古代大学的书院

　　书院是唐末五代出现的一种独特的教育组织形式，它是在系统综合和改造传统官学和私学的基础上所构建的一种不是官学但有官学成分，不是

---

　　① 傅斯年：《改革高等教育中几个问题》，《独立评论》第十四号。转引自杨东平：《大学精神》，文汇出版社 2003 年版，第 21 页。
　　② 蔡元培：《中国现代大学观念及教育趋向》，转引自杨东平：《大学精神》，文汇出版社 2003 年版，第 5 页。

私学但又吸收了私学长处的全新的教育组织形式。对于书院教育的层次问题，书院研究者表现出明显的分歧。①

在中国古代书院发展史上，书院是有层级差异的，既有作为蒙学层次的家族书院、乡村书院，又有作为高等教育机构存在的高层次书院。在中国古代的教育体制中，教学内容实际上只存在着蒙学和高等教育的差异，并没有一个中学教育的中间层次。因为读书人通过启蒙教育之后，其学习内容便是科举考试所规定的知识，其难易程度上并无明显的差异。因而，古代教育体制实际上只存在小学和大学两种类型的学校。显而易见，实施高等教育的机构则是大学，高等教育层次的书院是中国古代大学的重要形式之一。

大学是以成年人为培养对象，通过教授高深学问，创新和传承文化，培养高级专门人才的机构。根据大学的这个界定，结合书院的相关文献和前贤的研究成果，笔者对书院是中国古代大学的论断进一步加以阐述。

首先，书院以成年人为主要培养对象。尽管从现有史料看，绝大多数的书院都没有规定生徒入学的年龄，但我们还是可以从一些相关的史料中窥见书院生徒的年龄。如著名汉学家钱大昕在苏州紫阳书院肄业时已经 22 岁，两年之后便成为举人，乾隆十九年（1754 年）又登乾隆甲戌科进士。②另一位汉学家王鸣盛 23 岁时即乾隆九年（1744 年）进入苏州紫阳书院，乾隆十二年（1747 年）考中举人，乾隆十九年（1754 年）被取为榜眼。③在岳麓书院的著名生徒中，贺长龄 22 岁、中国第一位驻外使臣郭嵩焘 18 岁、左宗棠 20 岁左右、魏源 19 岁进入书院学习。对于书院生徒的年龄，我们还可以根据元代程端礼所制订的，并广泛应用于书院教学的《程氏家塾读书分年日程》来推断，他将读书分为"八岁未入学之前"、"自八岁入学之后"

---

① 有的学者认为书院是大学，"书院从总体上讲是古代的大学，实施的是有别于启蒙教育的更高层次的教育"（李才栋：《中国书院研究》，江西高校出版社 2005 年版，第 284 页）。有的学者则认为书院是多层次的，既有"大学一级，也有小学一级，不能只讲大学而不讲小学"（邓洪波：《中国书院非大学说》，《教育评论》2002 年第 6 期，第 79 页）。而有的学者则从大学自治的视角出发，"可以肯定地说：在中国的传统中既没有自治权之说，也不存在学术自由的思想"，"因此没有可以称得上大学的高等学府"（许美德：《中国大学 1895—1995：一个文化冲突的世纪》，教育科学出版社 2000 年版）。

②《钱辛楣先生年谱》，转引钱大昕：《嘉定钱大昕全集》，江苏古籍出版社 1997 年版，第 12 页。

③ 黄文相：《清王西庄先生鸣盛年谱》，王云五：《新编中国名人年谱集成》第 12 辑，台湾商务印书馆 1986 年版。

和"自十五志学之年"三个阶段，认为生徒自十五岁开始，需要用三四年的时间来潜心学习，以掌握真正的"为己之实学"，之后才能准备参加科举考试。因此可以推断，属于古代大学的书院所招收的生徒至少应在 15 岁，或者稍大一点。由此可见，书院生徒的年龄与现在大学学生的年龄相差无几。

其次，书院实施培养高级人才的教育。在传统中国的教育体制中，除医学、天文、书法、算学、律学等专门的职业教育之外，几乎全部的高等教育机构都是教授儒家经典和通识方面的知识，主要是培养能充任职业文官的人才，这是一种典型的文官专业教育。当然，书院也不例外，在千余年的发展历程中，书院承担起了培养高级专门人才——从事儒学研究的人才和政事人才的重任。

唐末五代是书院的萌芽时期，书院的产生和发展有多方面的原因，其中书院能够补官学之不足，满足生徒获得知识需要是最主要的原因之一。唐代中后期开始，儒学及充任文官的士人纷纷选择隐居山林读书这种求学方式，在隐居读书的山林中逐渐衍生出一种新的教育组织形式——书院或者书堂。可见，书院就是作为人才培养机构的形式而出现的。

作为教育组织形式的书院在宋代得到长足发展，是书院发展的鼎盛时期。北宋建立之初，在朝廷无法提供足够的求学之所的背景下，书院则受到朝廷和士人的青睐，成为官学的替代机构，承担起了教学的重任。南宋建立之后，书院再次承担起了培养人才的重任，书院的教学内容和科举考试内容逐渐趋向一致，书院成为教育机构的内在发展逻辑更加符合社会的需要。元代蒙古族入主中原之后，为缓解教育资源紧张的状况，将书院纳入官方的管理范畴，书院与官学一起承担人才培养的重任也就是必然的选择了。

明清时期，书院作为人才培养机构的作用更加突出。由于官学的机构特质以及经费不足等方面的限制，官学无法承担起培养人才的重任。在这种情势下，各级地方官吏、乡绅和士人将人才培养的希望寄托在书院之上，数千所书院成为培养人才的主要机构。因此，我们认为书院是为传统中国培养研究儒学和从政专门人才的大学。①

再次，研究和传播高深学问是书院的主要功能之一。高深学问是一个相对的概念，不同时代对高深学问的界定都不相同。以阐释人的存在意义、价值取向为核心的儒家哲学是古代中国的高深学问，这是毋庸置疑的。而高深学问是与大学直接关联的概念，"每一个较大规模的现代社会，无论它的政治、经济或宗教制度是什么类型的，都需要建立一个机构来传递深奥的知识，分析、批判现存的知识，并探索新的学问领域。换言之，凡是需要人们进行理智分析、鉴别、阐述或关注的地方，那里就会有大学"②。这样，古代中国肯定有创新与传播以儒学为核心的高深学问的大学，书院则是古代中国大学的代表。

北宋中后期，以二程为代表的新儒学家因为无法利用官方机构研究和传播其学说，于是民间色彩浓厚、具有相对独立性的书院就成为他们的首要选择。新儒学和书院的结合不仅使新儒学获得发展的依托，而且也使书院获得了新的发展空间，书院因之转型为新儒学的研究和传播基地。南宋时期，为谋求自身的发展空间，以朱熹、陆九渊、张栻、吕祖谦等为代表的新儒学家再次选择书院作为研究基地。程朱新儒学不仅建立了完整的学术体系，而且还将学术研究与教学结合起来，在造就了大批研究、传播新儒学人才的同时，也培养了大批通过科举考试入仕的生徒。

与人才培养功能相较，元代书院的学术传薪功能并未得到充分发挥，这一时期的书院主要承担了传播儒学的任务。明代中后期，以王阳明、湛若水为代表而创建的心学，以直截了当的表达方式获得了士人的认同，书院再次成为王湛之学的倡导者和信奉者研究和传播学术的场所。这些讲求心学的书院重视讲学，通过建立讲会制度开展会讲，使书院的学术创新功能得到了更加充分的发挥。

清代书院的学术功能并未因书院科举人才培养功能的强化而被削弱。乾嘉汉学产生、发展都与书院有着不可割舍的联系，出现了专门研究汉学和培养汉学人才的书院，如阮元创立的诂经精舍、学海堂等。乾嘉汉学的

---

① 参阅李兵：《书院教育与科举关系研究》，台湾大学出版中心2005年版，第5章。
② ［美］约翰·S. 布鲁贝克：《高等教育哲学》，王承绪、郑继伟、张维平等译，浙江教育出版社2001年版，第13页。

领袖人物和中坚学者或肄业，或执掌，或任教于书院，书院成为汉学研究、人才培养场所。创新和传播高深学问是书院作为中国古代大学的最典型标志之一。

在千余年的发展历程中，作为中国古代大学的书院不断调适自身的发展逻辑，通过培养高级专门人才、创新和传播高深学问，以满足社会的需求和适应中国传统政治和社会环境，正是在这种调适与发展中产生了具有典型中国特色的书院文化精神。

三、 书院精神的基本内涵

书院精神是在书院的发展历程中形成的，经过千余年的传承与创新，形成了独具特色的价值取向、思维方式和行为规范的精神。书院精神的内涵相当丰富，笔者试图从以下几个方面来进行解读。

(一) 以道为核心的人文精神

人文精神是指一种注重人格的发展与完善，强调人的价值和需要，关注"生活世界"存在的基本意义，并且在现实生活中努力实践这种价值、需要和意义的精神。儒家文化是中国传统文化的核心部分，而儒家文化对士人的人格要求、价值体现和实践这种价值的方式方法，都体现为对"道"即儒家的道德理想的追求上来。而儒家对于"道"的追求分为两个相互关联的层面：士人通过改造自身、完善自身人格，实现所谓"修身"。在此基础上，儒家强调士人应该将"道"转化为和谐社会秩序，最终实现"天下大同"的理想，即所谓的"齐家、治国、平天下"。

儒家将这种人文精神渗透到教育的各个层面，使中国传统教育呈现出典型的人文特色。如前所述，书院是唐宋以来教育的主要承担者，也是以"道"为核心的人文精神的主要践履者。书院将道德教育摆在教育活动的首要位置，并按照儒家的道德理想模式来设计书院的人才培养模式。长期主讲南宋岳麓书院、城南书院的著名学者张栻认为书院应该"传道而济斯民"[1]，将儒家的"道"作为教学的主要内容和追求目标。王阳明的为学理

---

① 张栻：《南轩先生文集》卷十，《岳麓书院记》。

路虽然与程朱理学明显不同，但在书院的人才培养模式的选择上，则显得高度一致，他认为书院教育在于"明人伦"①。所谓"明人伦"就是要精通儒家的伦理道德，并将其内化为信念，进而外化为行为准则。

书院将道德教育渗透到教育教学活动的每一个环节，并将其制度化为章程、学规等形式，使书院重视道德教育的人文精神充分显现出来。朱熹在白鹿洞书院制定的《白鹿洞书院揭示》中，对书院生徒的道德教育有非常明确的规定，"观古昔圣贤所以教人为学之意，莫非使之讲明义理以修其身，然后推以及人。非徒欲其务记览为词章，以钓声名、取利禄而已也"②。南宋以后，大多数书院都遵循这一学规，只是在不同的时期和不同的书院会根据实际情况补充一些大同小异的条目而已。清代岳麓书院山长王文清于乾隆十三年（1748 年）制定《岳麓书院学规》，其内容的前半部分就对道德教育进行了详细的规定：

> 时常省问父母，朔望恭谒圣贤；气习各矫偏处，举止整齐严肃；服食宜从俭素，外事毫不可干，行坐必依齿序；痛戒讦短毁长，损友必须拒绝；不可闲谈废时。

在这份学规中，将儒家的孝、忠、庄、俭、和、悌、义等道德规范作为生徒的行为准则，这是岳麓书院强化道德教育的重要手段。很显然，重视道德教育是实现个体道德完善的具体手段，也是书院人文精神得以彰显的一个维度。

书院人文精神另一个展开的维度则是培养生徒实现治国、平天下的理想。书院学者认为儒家对"道"的追求不只是个体的完善，也不仅仅是在超世脱俗中得到满足，而是应该在个体道德完善的基础上，实现全社会的完善。因此，书院学者们往往将这种人文追求与社会政治、日用人伦结合在一起。而在传统中国的政治体制下，科举是几乎将儒家经典知识权力化的唯一制度，也是士人将文化话语权转化为政治话语权的必经之途，书院与社会政治的结合往往表现为对科举仕进的追求。因而，为实现个体道德完善与"治国、平天下"的理想，大多数书院都将道德教育与应试教育统

---

① 王守仁：《增修万松书院记》，《王阳明全集》上册，上海古籍出版社 1992 年版，第 253 页。
② 朱熹：《白鹿洞书院揭示》，《朱熹集》第 2 册，四川教育出版社 1996 年版，第 3894 页。

一起来，目的在于培养"德业"与"举业"并重的人才。书院大师们认为士人必须在研习儒家经典的基础上，将儒家思想内化为良好的道德修养和崇高的品格，而不是片面追求科举之学，即所谓"立志"。朱熹说："若高见远识之士，读圣贤之书，据吾所见而为文以应之，得失置之度外，虽日日应举，亦不累也。"[①]

为避免忽视个体道德完善而片面追求"举业"的教育趋向，书院学者对片面的应试教育进行了严厉批评。如南宋湖湘学派的奠基人胡宏在《碧泉书院上梁文》中指出：在科举取士的影响下，学界出现了"干禄仕以盈庭，鬻词章而塞路，斯文扫地，邪说滔天"[②]的不幸状况。尽管如此，我们在解读书院人文精神的时候，还是不能简单认为书院的人文精神是反对科举应试教育的。实际上，科举应试也是书院学者人文精神的一个组成部分，只不过科举之学的最终目的必须与内圣外王之道紧密结合在一起而已。

此外，以"道"为内核的人文精神，还广泛地体现在书院环境的选择和建设上。书院一般都选址于环境优美之地，如白鹿洞书院在江西庐山五老峰下，岳麓书院在"岳麓之胜甲于湘楚"的岳麓山下，嵩阳书院在五岳之一的嵩山脚下，等等。[③]

除了重视外部环境的选择，书院还注重内部环境的创设。书院建筑的总体布局是遵循儒家纲常伦理的，内部环境的布置也时刻彰显出道德教育的重要性。如岳麓书院的讲堂布置就十分具有代表性，讲堂左右两边墙上嵌有朱熹手书的"忠、孝、廉、节"和清代山长欧阳正焕手书的"整、齐、严、肃"八个大字，集中体现了岳麓书院的院风和道德教育传统。岳麓书院讲堂的这种布置使书院生徒置身于一种浓厚的儒家伦理道德氛围之中，时刻警醒生徒保持对儒家伦理道德的体悟和追求。

书院的祭祀也体现出显著的人文特征。书院除了与官学同样祭祀孔子等先圣、先师、先贤外，还要供奉本院学派的创始人或代表人物，以及与本院息息相关的人物。其目的在于一方面彰显本院的学派学风和旨趣，另一方面意在将这些人树立为本院生徒道德和学术的榜样，通过潜移默化的

---

① 黎靖德：《朱子语类》，岳麓书社1998年版，第219页。
② 胡宏：《胡宏集》卷三，《碧泉书院上梁文》，中华书局1981年版，第201页。
③ 参阅朱汉民：《儒家人文教育的审思》，湖北教育出版社2000年版，第130—131页。

方式开展人文教育。

书院不仅将以"道"为核心的人文精神提升到绝对主导的地位,并将其贯彻到书院的各个层面,使书院教育呈现出典型的人文特质。书院教育强调生徒道德的完善和治国、平天下的能力的统一,培养了不少德才兼备的人才,他们在各个历史时期都发挥了中流砥柱的作用,这充分表明书院所倡导的人文精神是有着旺盛生命力的。

(二)学术创新精神

宋代以来,中国古代学术经历了多次发展,包括宋代的程朱新儒学、明代的王湛心学、清代的乾嘉汉学。这些学术学派的形成与发展都与书院息息相关,或者是以书院为研究基地,或者是以书院为传播基地,或者是二者兼而有之。书院的学术创新精神是以书院宽松的学术环境为基础,学术大师云集讲学为推动力,通过师生相互答疑问难、相互激荡获得新的观点、思想而形成的。

1. 相对宽松的学术环境。在具备一定物质条件的前提下,相对宽松的学术环境是决定学术创新与传播的关键因素。书院的学术创新需要在两个方面取得突破。一方面,书院学术创新需要超越固有的学术传统和习惯的桎梏,如程朱新儒学通过重新阐释儒家经典,打破汉唐经师对儒家经典解释的垄断地位。王湛新儒学则是试图突破程朱新儒学的"支离",提出了"心即理""致良知"的学术主张。乾嘉汉学是对程朱新儒学的反动,用汉代学者重考证的方式方法来研究儒家经典。另一方面,书院学术创新还必须突破统治者通过科举制度、官学体系所实行的学术控制。书院学术创新要实现这两个方面的突破,必须具备宽松的学术环境和灵活的体制。如前所述,书院的性质不同于官学,它发端于私人藏书读书之所,即作为私人办学机构的形式出现的。虽然在不同的历史时期,书院受到了官方的重视,甚至直接由官吏来创办、管理和任命山长,大多数书院教学也以科举为目标,使书院出现官学化,但与官学相较,书院从来没有被朝廷的官方文件正式纳入官学体系之中,即书院没有被官方视为"储才以应科目"的机构。正因为如此,书院受到的控制远远小于官学,书院在经费管理、山长选聘、教学内容与方式以及人才培养目标的确定等方面都有一定的自主权,这是书院实现学术创新的重要条件。

不仅如此，书院与私学也有着显著的不同。其一，书院有以学田为核心的经费体系的支撑，将学田出租的收益作为其日常的运作经费，并建立了相当完善的经费管理体制。其二，书院制定了相当完善的选聘山长、招收生徒、教学活动、藏书与祭祀等方面的制度。如清代书院选聘山长时，不少书院从学术水平、道德修养方面要求候选的山长，而且还规定山长必须能坚持长期住院开展教学活动。如有的书院将山长的薪水与其是否到岗工作联系起来，如果山长一月不到书院任教，就将这一个月的束脩和薪水支给代课者，以达到"重月课而收实效"① 的目的。

书院与官学、私学的这些差异使得书院获得了相对自主的学术传薪环境和必要条件。如不少书院以充足的经费为支撑，购置和收藏了大量的图书资料，甚至出版学术著作。如河南大梁书院是清代汉学在中原地区的重要基地，其藏书数量相当惊人，至清代光绪二十四年（1898 年）收藏有经、史、子、集、丛书、算学书、时务书等七类图书，共计 2299 部，42151 卷。如果没有足够的经费支援，大梁书院是难以收藏如此巨大数量的图书的。除了收藏书籍，经费充裕的书院还自己刊刻本院教师的讲义、生徒的优秀课艺、本院志等。如以研究和传播汉学而著名的杭州诂经精舍就将其生徒的课艺出版，先后出版了《诂经精舍文集》八集，成为清代汉学研究的重要成果。无论是书院教师的讲义，还是生徒的课艺等既是对书院学术创新水平的反映，也是对书院创新的一种激励措施。

由此可见，书院不但具有与官学类似的经费保障体制，有类似于私学的灵活办学体制，而且还有官学、私学都不具备的相对自由的办学空间和宽松的学术环境，使得书院师生不仅可以自由讲学，而且能够潜心创新学术，取得了程朱新儒学、王湛心学和乾嘉汉学、清代实学等重大创新成果。书院改制之后，胡适先生曾经感慨过："书院之废，实在是吾中国一大不幸事。一千年来学者自勤的研究精神，将不复现于今日。"②

2. 学术大师主讲。学术学派的产生、发展及其影响力的大小不但取决

①《墨池书院章程》，清刊本。
② 胡适：《书院制史略》，《东方杂志》第二十一卷第三号，1924 年 2 月。

于学术本身的价值大小，还取决于学术学派创始人、学术中坚及学术信奉者个人的影响力，学术大师对学术学派的影响是至关重要的。如前所述，相对独立的管理体制使书院不仅能聘请学术大师担任书院的山长或主讲，也可以延聘不同的学术大师前来讲学，甚至会在书院形成相互答疑问难的学术讨论盛况。

朱熹是南宋新儒学的集大成者，他创建、修复和支援多所书院发展，并积极讲学于书院。朱熹一生创建寒泉精舍、云谷书院、武夷精舍、同文书院和考亭书院等五所书院，还利用到各地为官的机会修复影响较大的书院，并讲学其中。据统计，朱熹以在任官员的身份修复了 3 所书院。而在其讲学的 21 所书院中，有 8 所是作为在任官吏的身份去讲学的。此外，南宋学术大师张栻、陆九渊、吕祖谦，明代的心学大师王阳明、湛若水，清代的汉学大师惠栋、卢文弨、钱大昕、王鸣盛等人都在相当长的时间内讲学于书院。

这些学术大师将书院视为学术创新的基地，他们的重要学术研究成果不少是在书院完成的。朱熹的一生大部分是在书院度过的，其学术成果应该大多是在书院取得的。南宋乾道三年（1167 年）农历八月，朱熹携弟子从福建到湖南岳麓书院讲学，与当时湖湘学派的代表人物张栻讨论学问，他们讨论的问题主要集中于中庸之义和"太极"这两个宋代新儒学注意研究的问题上。这次讲学对朱熹的学术体系建构产生了极大的影响，他自己多次指出："去冬走湖湘，讲论之益不少。"①

不少书院为提升学术创新水平，争相延聘学术造诣高的大师担任主讲和山长。如汉学大师陈祖范深入研究儒家元典，取得了丰硕的成果。正是由于他在学术研究上有著作等身的成就，加之训导有方，苏州紫阳、徐州云龙、安庆敬敷、扬州安定等书院都竞相延聘他担任山长。其他不少声名显赫的汉学家也在多所书院讲学，以书院教学为终身职业者也不乏其人。吴派大师钱大昕晚年以书院教学为生，先后主讲书院达 23 年之久，其中主讲苏州紫阳书院 16 年，并老死于书院之中。不仅地方大员争聘学术造诣深邃的乾嘉学者执掌书院，有的私人创办的书院亦聘请乾嘉学者担任山长，

① 朱熹：《答程允夫》，《朱熹集》第 1 册，四川教育出版社 1996 年版，第 1920—1921 页。

江苏洋川的毓文书院由商贾谭子文创建以后，即延聘汉学大师洪亮吉担任山长 3 年。①

书院学术创新成果与教学活动相结合，不但为教学活动提供了丰富的资源，也极大地推动了学术创新，而且是学术学派形成的重要途径。长期执掌江宁钟山书院的著名汉学家卢文弨在书院教学过程中，通过让生徒参与校勘工作来提高汉学研究水平，这样不仅能加快学术研究的速度，而且能培养生徒的校勘水平。严元照说："抱经先生嗜古好书，每观罕见之本，辄课生徒分抄，抄竣，亲以朱笔校勘，所抄之书，卷以百计。"② 除了让生徒直接参加学术研究活动，书院教学的重要方式答疑问难也是学术创新与教学结合的典范。朱熹在《白鹿书院揭示》中明确规定了"慎思"，这一方法在书院教学中得到了普遍采用，学术大师们的《语录》《文集》中有大量的书院师生答疑问难的记录，这些记录是书院大师学术成果的重要组成部分。③

3. 社会教化精神。在中国传统政治体制中，社会教化是历代文教政策的重要组成部分，也是各级地方官吏任职时期的重要工作。然而，官方的社会教化途径却是相当有限的，私学等传播途径所能发挥的作用又相当微弱。书院的出现使得传统中国的社会教化局面发生了显著变化，书院成为以文化传播与普及为核心的服务社会的重要机构。

首先，书院实行开放式办学。如前所述，由于书院不属于国家教育体制，其创立、修复和废止的自主性相对较大，官吏、学者、乡绅、商人或士人都可以根据自己的需要设立书院，延师授徒讲学。正因为如此，在宋代以来的绝大多数时期，书院数量都是多于县学、府学和州学的。清代新创建的书院达 3757 所，修复前代书院 608 所，两项共计为 4365 所。④ 书院不仅数量远远超过官学，而且还遍布在全国各地的乡村，成为传播文化的重要基地。

书院不仅在创设方面有相当大的自由度，而且在传授对象方面是极为

---

① 吕培：《洪北江先生年谱》，《新编中国名人年谱集成》第 14 辑，台湾商务印书馆 1986 年版。
② 柳诒征：《卢抱经先生年谱》，《中央大学国学图书馆第一年刊》1928 年版，第 48 页。
③ 参见李兵：《书院与科举关系研究》，华中师范大学出版社 2005 年版。
④ 白新良：《中国古代书院发展史》，天津大学出版社 1995 年版，第 271 页。

开放的。书院招收生徒虽然有严格的名额限制，即由书院资助或者部分资助的生徒数量是相当有限的，朱熹复兴白鹿洞书院时，在给朝廷的奏折中说："始议即其故基，度为小屋二十余间，教养生徒一二十人。"① 朱熹重振岳麓书院时，正式生徒的名额也只有四十名。然而，招生名额并不能真实反映接受书院教育者的数量，书院还面向更加广泛的社会群众，实行开放式的办学。一是书院打破了官学限制生徒异地入学的规定，可以自由择师而从学，其生徒的来源更为广泛。如朱熹创办的武夷精舍建成以后招收的70名门人中，除10人里籍不详之外，不属于福建省籍贯的有24人，占有明确籍贯记载的60人中的40%。② 张栻主教岳麓书院时，除2人里籍不详之外，31人中有20人来自湖南之外的地区。③ 二是书院不限制院外的士人来书院听讲，凡是有志于学问者，都可以进入书院听大师讲学。关于这方面的记载很多，如陆九渊讲学于象山书院五年，四方士子访问者过数千人。这正好反映了书院的办学宗旨——向广大士子开放，以满足其"道问学"的需要，从而达到传播和普及文化的目的。

其次，书院教化的方式。与书院通过日常教学活动教授生徒不同，书院的社会教化往往是通过自身的学术活动与服务社会的方式来实现的。书院交流学术的重要方式就是会讲，明代将会讲制度化，形成了比较完善的讲会制度，并在各地出现了相当多讲会，使之成为学术传播与社会教化的重要途径。王阳明去世之后，王门弟子为传播其学术，成立了水西会、同善会、君山会等讲会。为能达到传播和普及文化的目的，讲会几乎直接对所有的社会成员开放，可以说是来者不拒。如虞山书院规定："虞山会讲，来者不拒……凡我百姓，年齿高者与年少而知义理者，无分乡约公正粮里市井农夫，无分僧道游人，无分本境他方，但愿听讲，许先一日或本日早报名会簿。"④ 社会的各阶层都积极参加讲会，不少讲会的人数多达数百乃至上千人。对听讲者开放的程度越高，社会教化的效果就越好。

除阐扬所属学派的学术观点之外，书院讲会的主要功能就在于进行社

---

① 毛琦德：《乞赐白鹿洞书院敕额》，《白鹿洞书院志》卷二，转引自《白鹿洞书院古志五种》中华书局1995年版，第1058页。
② 参阅方彦寿：《朱熹书院门人考》，华东师范大学出版社2000年版，第90—132页。
③ 参阅《宋元学案》卷七十一，《岳麓诸儒学案》。
④ 耿橘：《虞山书院会簿引》，《虞山书院志》卷四，明万历年间刊本。

会教化，赵绍祖在《赤山会约跋》中明确指出，书院讲会的目的就在于教化社会，即所谓"拳拳以善俗为心"①。而由萧雍所制订的《赤山会约》的内容包括遵谕、营葬、睦族、节俭、正分、广仁、积德、慎言、忍气、崇宽、劝业、止讼、禁赌、举行、黜邪、戒党、置产、恤下、闲家、端本等方面，这些都是关于民间风习、改善社会风尚的规范。

此外，书院的藏书和刻书活动也是书院传播和普及文化的重要方式。如书院藏书除为本院师生的教学、学术研究服务之外，不少书院的藏书向院外开放，具有公共图书馆性质。如湖南益阳箴言书院的《箴言书院规制》中规定："凡院外之人愿读某书者，自具薪水蔬油来院，呈明监院，限以日月而借之，仍不许出院门，其标记、赔偿之法悉如前。"②

再次，生徒的教化活动是书院教化的延伸。在研究书院传播与普及文化的教化精神时，不仅应该将关注的目光集中在书院活动的影响上，而且还应该重视书院所培养的生徒对社会教化的作用。

一般来说，长期在书院接受教育，受到书院精神熏陶的生徒往往能利用自己的地位继续从事教化活动。一部分通过科举考试进入统治阶层的书院生徒，利用自身的地位直接参与书院的建设与管理，成为书院发展的重要力量。如陶澍于乾嘉之际就读于岳麓书院，为嘉庆七年（1802 年）进士，历官江苏巡抚、两江总督等要职。他一生十分关注书院的发展，并直接参与书院的管理、建设与讲学。道光六年（1826 年），他率领下属捐廉，于嘉定倡建震川书院，并亲自参与考校。道光十七年（1837 年），修复敦善书院，作为盐籍子弟的求学之所。次年，仿照阮元的诂经精舍和学海堂创建江宁惜阴书舍，并制定了《惜阴书舍章程》10 条，规定其讲求汉学的教育方针。陶澍的这些活动直接推动了书院教化活动的开展。

而大部分书院生徒则是只能回归到民间，不少人以社会教化为终身己任，不仅成为文化知识的主要传播者与普及者，而且也是民间礼仪、乡规民约的制订者、推行者，社会舆论与道德评判的主导者，在民间社会担当着精神领袖的角色，通过他们自身的言行、处事接物等方式，成为民间社

① 赵绍祖：《赤山会约跋》，《丛书集成初编》，商务印书馆。
② 胡林翼：《箴言书院规制》，《益阳箴言书院志》卷上，清同治五年箴言书院刊本。

会道德的模范。① 书院强调通过书院生徒的不懈努力，将儒家文化传播与普及到民间，实现儒家的社会理想。《石南书院记》云：

多士诚能克自振拔，力追古人，后先相望，以宣圣天子文治之隆，又各以其所闻闻其乡人，自党塾而至于里间，父与言慈，子与言孝，交相劝勉，涵濡渐摩，道德一而风同，其在是矣。②

四、 启示

21 世纪是知识经济的时代，大学将进入社会的中心，直接参与社会经济活动的运作，从而实现自身的变革，而构建有中国特色的大学文化在这一过程具有举足轻重的地位。从总体上而言，中国的大学体制应属典型的舶来品，这是由近代中国特定的政治社会条件所决定的，在相当长的一段时间内这种移植的方式是有其合理性的。然而，制度移植的合理性并不意味着大学文化也可以照搬，因为文化是历史积淀的产物，也是一个民族精神的重要体现，而民族精神是无法模仿的。正如梅贻琦先生所言："今日中国之大学教育，溯其源流，实自西洋移植而来，顾制度为一事，而精神又为一事。"③ 大学文化的构建需要在继承中国古代文化的优秀传统的基础上，对其精华部分加以现代化转化，使现代大学文化呈现出明显的中国气派。

如前所述，书院精神是中国传统教育的精华，必须运用历史学、教育学、哲学、社会学等学科的方法和观点，对书院在千余年的发展历程中所积淀的文化精神全面的梳理，然后再结合当前大学的发展，将书院与现代大学结合起来研究，特别需要注重对大学文化的个案研究，力图将书院文化通过现代转换，将其人文精神、学术创新精神和传播、普及文化的教化精神转换为现代大学文化的重要组成部分。

(原载于《哲学与文化》2008 年第 9 期)

---

① 肖永明：《书院社会教化的实施途径》，《教育评论》2003 年第 3 期，第 81 页。
② 王巡泰：《石南书院记》，《兴业县志（续修）》卷九，清乾隆四十三年抄本。
③ 梅贻琦：《大学一解》，《清华学报》第十三卷第 1 期，转引自杨东平：《大学精神》，文汇出版社2003 年版，第 46 页。

中国书院的历史价值与现代意义

一、 中国书院与西方大学的自治权有区别

记者：近期有一股复兴中国传统书院的潮流。素闻您对中国书院文化有研究，特邀您接受我们的采访。不乏学者将中国历史上的书院文化与西方大学制度相提并论，请您谈一谈中国古代书院的兴起、组织形式等方面与西方大学制度有哪些异同。

朱汉民：中国书院与西方大学的历史比较，是一个很有意义的问题，甚至可能会涉及中西文化的历史特征和近代命运等一系列重大问题。中国书院产生于 10 世纪的宋代，但继承了先秦儒家的教育传统、学术传统；而西方大学也产生于中世纪，比书院稍晚两百多年，继承了古希腊的教育传统、学术传统。应该说，中国书院与西方大学均在各自的文明发展上做出重大贡献，而且二者的组织制度方面均有一些重要的共同点，其中最突出的是它们均是学者的自治组织。学界认为，西方大学的主要特征是它作为学者的自治组织而具有自治权。其实，中国书院也是中国古代士人的自治组织。书院作为一种官学系统之外的教育组织，是"士大夫留意斯文"而建立的学者团体的自治组织。在宋代，书院没有朝廷的正式诏令而建立，一般也不纳入朝廷或地方的行政管理。书院作为一种官学之外的独立教育机构，在高度中央集权的中国古代社会有相对的自治权，宋代书院学者可以根据自己的需要创建和修复书院，以便能研究与传播学术思想；能够独立自主提出自己的办学理念，在教学内容的选择、教学方式与方法的运用、内部管理体制等方面都表现出独立性。

但是，中国书院与西方大学的自治权有区别。西方中世纪大学拥有的自治权是一种法权，这种自治权的获得是师生仿效城市自治和行会自治，通过不断向教皇、君主和市政当局争取而来的，而且被以法律的形式固定

下来。大学可以颁布独立于教会和世俗政权的法令，大学法定的自治权主要表现为对外争取发展空间和独立处理学校内部事务两个方面。中国古代书院的自治权不是一种法权，以皇权为主导的行政权力决定着书院自治权的有无和大小。元明清以后，随着中央集权的加强而皇权对书院的控制逐渐深入，其形式也由间接向直接转变。所以，中国书院在近代化过程中的改制，不能仅仅从教学内容的变革来理解。

二、 宋学与书院是一种互动的关系

记者：我们知道，历史上的书院在学术思想的传承、学术派别的形成，乃至学术思想的争辩等方面扮演了重要的角色，请您从中国学术思想史的角度谈一谈，书院文化在中国学术思想史上的功能与作用。

朱汉民：中国学术史存在一个非常突出的现象，就是学术与教育的紧密结合。

这里以中国学术史的重要阶段和形态——宋学与书院为例来谈谈。宋学与书院是一种互动的关系：宋学学者推动和影响了书院教育，书院则为宋学学术的繁荣和发展提供了条件。宋学主要是一种自下而上的学术思潮，学者们特别需要一个来自民间的研究学术和传播学术的基地，而独立于官学之外的书院满足了这种需要，从而促进了宋学思潮的蓬勃发展。宋学思潮的发展离不开下列几个途径：第一，在深入研究儒学的基础上实现对新的学术体系的建构；第二，广泛而持久地传播这种新的学说，培养宋学人才；第三，在前两者的基础上建立学派。由于宋学学者能充分利用书院的特殊条件潜心研究学问，同时，他们在书院广泛持久地传播宋学，培养新学术人才，从而促进宋学思潮的发展。书院不仅是教育中心，也是学术研究中心，其教育活动和学术研究又有着十分密切的联系。从宋初到庆历的数十年间，正是书院初兴、成形的重要时期。以范仲淹为首的庆历士大夫集团，在推动宋学兴起的同时，亦推动了书院的兴起。范仲淹对书院教育的推动，主要表现在他在睢阳书院的教学活动。"宋初三先生"中的石介主持徂徕书院、孙复主持泰山书院，推动了宋学的发展。张栻、朱熹、陆九渊、吕祖谦是南宋四位著名的理学家，他们主持的岳麓、白鹿洞、象山、丽泽四所书院成为"南宋四大书院"。全祖望说它们"并起齐名，四家之徒遍天下"。"南宋四大书院"的学术影响大，教学卓有成果，成为闻名全国的四大理学学派——湖湘学、闽学、婺学、赣学的学术基地。因此，"南宋四大书院"的出现既标志着中国书院发展到了一个新的历史时期，也同样标志着宋学发展到了一个新的历史阶段。

三、 书院复兴的关键是继承与弘扬书院精神

记者：在传统文化日渐复兴的今天，书院应该承担起怎样的功能？如何传承书院文化的精神？据您了解，目前现存的几大书院开展了哪些有意义的工作？

朱汉民：中国书院是中国传统文化的重要组成部分，一百多年来，它们都面临严重的挑战。近些年来，在中国文化复兴的大背景下，中国书院也得到人们的关注，传承书院精神、复兴书院的呼声愈来愈高。许多传统书院与新建书院也在从事教育与学术活动，主动承担起中国文化复兴的功能和使命。

中国书院的复兴，离不开下列几个途径：

其一，修复现存的中国古代书院，继续发挥它们在中国传统文化的承传和发展的功能。许多古代书院在历史上就是传统学术、传统教育的重要基地，它们的复兴与激活具有特别重要的文化象征意义。岳麓书院、嵩阳书院、白鹿洞书院等传统书院就是这一类书院的代表。

其二，在有条件的地方创办新的书院，这包括由学者群体创办的书院，它们可以成为国学研究、国学人才培养的重镇，如20世纪80年代北京大学的中国文化书院，近年来新建的圣源书院、原道书院等；另外还有更多传统文化普及型的书院，这些书院为国学的普及做出了一定的贡献。

其三，中国书院的复兴，关键是我们应该继承与弘扬中国书院精神。中国书院精神的最大特点是求道与求学的统一，体现出价值关怀与知识追求统一的精神。同时，中国书院是"士大夫留意斯文"而建立的学者自治组织，故而书院能够保证价值关怀与知识追求统一的精神得以实现。一方面，我们必须重视中国书院精神及其书院制度对现代中国大学建设的重要

意义，中国现代大学应该继承中国古代书院的精神文化与制度文化，使中国现代大学具有明显的中国气派。另一方面，无论是重修的古代书院还是创办的现代书院，要能够承担起中国文化复兴的功能和使命，必须继承与弘扬中国书院精神，并且继承、学习书院作为"士大夫留意斯文"而建立的学者自治组织制度方面的特色。

（原载于《原道》2015 年第 4 期）

激活书院，功莫大焉

当代中国的崛起应该理解为一种文明的崛起，中华文明复兴逐渐成为一种全民族的自觉追求，这是人类文明史上的一个重大历史事件。中国传统国学全面进入中国人的文化生活，其实正体现了中华文明复兴和崛起的要求。正是由于中华文明复兴的时代背景，儒家文化遗产保护与利用就不仅仅是一个文化遗产的保护问题，而应该成为当代中国重大文化战略、文化建设的组成部分。儒家文化遗产的文庙、书院应当成为当代中国人的精神殿堂，成为中华文明传承与发展的文化驿站，成为中华文明复兴的重要基点。

一、 管理体制应合乎儒家文化遗产特点

我国全国重点文物保护单位和省级文物保护单位中，共有儒家遗产 546 处，包括文庙 327 处、书院 144 处，它们分别属于文化、教育、旅游、园林及其不同的企事业单位管理。其中有管理得好、作用发挥得好的，也有管理得不好、作用发挥得不好的。应该积极探索更加合乎儒家文化遗产特点的管理体制。

我们要注意儒家文化遗产的特征，它既不同于皇家宫廷建筑，也不同于佛教寺庙、道教宫观，作为儒家文化遗产的文庙、书院等具有自己的文化特点。儒家士大夫、乡绅等是文庙、书院的创建者和主持者，他们通过文庙、书院以推动道德教化、知识传播、文化积累，在社会基层从事道德教化、知识传播、文化建设的工作。我们要继承这一文化传统，要让那些有志于在社会基层从事道德教化、知识传播、文化建设的民间社团、社会力量、公益组织的各种力量，参与到儒家文化遗产的保护与利用的文化工程中来。应该通过全面调动地方政府、公益性组织、社会团体、社区群众

等参与力量，探索、实施政府与各种社会力量参与的多种途径，将作为儒家文化遗产的文庙、书院打造成地域文化、社区文化的重要基地。

二、 应该将中国书院联合申遗列入规划

从世界文明的宏观视野考察，中国书院既是世界教育体系中的一种独特教育模式，同时也是一种独特的儒家文明的典型形态。应该充分认识中国书院的独特价值和意义，充分认识关于重要书院联合申遗，是一个有关中华文明的理解和认同的重大问题。书院作为一种绵延一千多年的中国传统教育体系和儒家文明典范，具有一系列人类文化的普遍价值。书院代表了世界教育体系中的一种独特的教育模式，也体现为世界文明体系的一种独特类型。书院鲜明地体现了人类文明的追求知识与道德的普遍价值，又形成了自己独特的文化模式和教育形式。书院现存的建筑设施以及学规、学箴、教学法、读书法等碑刻、匾额，均是这一独特教育模式与文化传统的见证。书院也是中国古典建筑艺术的独特类型。在中国古典建筑艺术体系中，除了帝王的宫廷陵墓、佛道的寺庙宫观、民间的村落庭院等类型外，还有一种反映中国古代士大夫生活与观念的类型——儒家士人建筑。

书院是儒教文化最为杰出的典范，书院建筑是儒家士大夫建筑类型的典型形态。中国留下了众多的书院遗产，其中不少已经是全国重点文物保护单位。这些书院其实就是重要的人类文化遗产，具有十分重要的文化价值。为了进一步强化儒家文化遗产的保护，建议能够将中国书院联合申报联合国世界文化遗产，列入儒家遗产保护利用规划。

（原载于《中国艺术报》2017 年 6 月 9 日）

中国知识传统的审思

知识是人类认识世界的精神成果的累积，故而知识首先应是客观世界的真实反映。但是，另一方面，知识又都是在某种特定的文化背景下形成的，每个人均是以某种先在文化条件为基础去认识世界和建构自己的知识体系的。法兰克福学派哈贝马斯将这种追求知识的先在文化条件称为"旨趣结构"和"先验框架"。由于人们获取知识的先验旨趣结构不同，故而会形成一些不同类型的知识形态。

我们在比较中西知识的形态时，会发现一个鲜明的差异：中国传统的知识形态主要是一种实践型知识，而西方传统的知识形态则主要是一种理论型知识。这种知识形态的明显差异，源于形成这种知识形态的先在文化条件的差异，即知识旨趣的差异。

所以，要深入思考和了解中国传统知识形态，就需要以比较的视域，探讨中国知识旨趣的差异和特征。本文认为中国传统知识旨趣的特征主要体现在下列三个方面。

一、 知识的操作性

古代中国人的终极存在是天人合一的，他们眼中的宇宙并不是一个可以独立于人而存在的纯客观世界，而是一个必须由人类"参天地、赞化育"的生生不息的过程。故而，古代中国人建构知识的出发点不是那个独立于人的宇宙存在，关注点也不是客观世界的本质与规律，他们的思想出发点是天人合一的宇宙过程，其知识关注点是人的参赞宇宙天地的活动过程和操作程序。

由于古代中国的知识传统更为关注主体作用于客体的行为方式和操作程序，而并不特别在意知识应如何认识宇宙世界的存在和本质，故而，中国知识传统的着重点不是世界是什么，而是人应该怎样，正如一个美国汉学家所说的，"在古典时代的中国，'认知'不是认知什么，即这样一种东西，它提供关于周围自然世界条件的知识，而是要知晓怎样很好地对待关系，在乐观地对待这些关系提供的种种可能性时，怎样增强对这些关系的生命力的信念"①。所以，中国传统知识体系的特色、优长体现在操作方面。传统数学的长处不是有关定义、公理的"概念性知识"，而是在于处理实际问题的运算操作的"程序性知识"，故而古代中国有着源远流长的算术知识和丰富发达的运算技术；传统医学的优长不在于对人体生理解剖和病理性质的科学把握，而是在于如何观察切脉、如何配药用针的操作技术上，这种独具特色的医疗技术在医学发达的今天仍能发挥重要作用。同样，在社会科学方面也是如此，礼乐刑名之学不是研究礼法的本质和原理，而是着重研究探讨如何制订、颁布、执行礼法的条文，有关如何操作的程序性知识永远是礼法知识的主体，人的行为模式永远是社会知识关注的对象。

由于中国传统的知识形态具有鲜明的操作性的特色，无论是作为一般儒生必须具备的经学知识，还是有关职官教育的专业知识，都保持着操作性的特征。儒家经学不是概念化、逻辑化的知识体系，而是操作性、规范性很强的程序性知识。就以"五经"而言，《周易》的决事、《尚书》的典范、《仪礼》的准则、《春秋》的义例等，均是后人的生活实践、社会政治实践的规范性、程序性知识。儒经中有许多重要概念，但也是要求学生如何去"做"而不是如何从逻辑上定义。如《论语》中，许多学生均问老师什么是"仁"，而孔子的诸多回答则不是定义上的，因为他并不要求学生仅仅是明了"仁"的概念，获得"仁"的知识，而是不同的人在不同的社会情境中应如何实践仁，包括"克己复礼为仁""爱人""能行五者于天下为仁矣""己欲立而立人，己欲达而达人""仁者不忧""仁者先难而后获"等。那么，学生要能真正理解仁就绝不是观念上的认知，而是行为上的"体知"，他必须能够在自己的家庭、社会、国家的社会生活实践中去体会、实践、了悟"仁"的精义。那么，这种对"仁"的学习过程不仅仅是知识学意义上的认知过程，也是社会文化意义上的实践过程。

---

① 〔美〕郝大维、安乐哲：《汉哲学思维的文化探源》，江苏人民出版社1999年版，第156页。

儒学发展与文化复兴

其实不光是儒家，其他各家各派的知识形态均具有很浓厚的操作性知识的特点。向来以探讨抽象性很强的形而上之道著称的道家，他们在讲到许多关于"道"之不可描绘、不可言说的特点后，最后则讲了许多关于如何在实践中领悟、把握道，正如庄子以庖丁的口气所说，"臣之所好者道也，进乎技矣"①。因此，尽管道家的理论十分抽象深奥，但是最终的知识具有浓厚的实践特色，以至于《汉书·艺文志》评述说："道家者流，盖出于史官，历记成败存亡祸福古今之道，然后知秉要执本，清虚以自守，卑弱以自持，此君人南面之术也。"这种"清虚以自守，卑弱以自持"的知识就是一种操作性知识。

由于中国传统的知识形态具有实践性的品格，故而深刻地影响了中国古代的教育思想。历史上那些重要的教育家们所提出的有影响的思想，均是要求将知识学习与生活实践统一起来。孔子最早提出了"学""思""行"的教学环节，荀子提出"闻""见""知""行"的教学环节，而《中庸》则系统地提出了"学""问""思""辨""行"五个环节，其实它们最终均可以简化为求知、躬行两个基本环节。将躬行实践作为教学过程的最重要环节，强调教学过程与生活实践过程合为一体，成为中国古代教育思想、教学过程论中最显著的特色。从知识学角度而言，学、问、思、辨中所学习、探讨的知识主要是一种以操作性为特色的实践知识，而不是以思辨性为主的概念知识，故而，"尽天之学，无有不行而可以言学者"②。这种实践知识如果不落实于生活过程，则完全学不会，因为实践方是这种知识的依据和源泉，也就是说，必须要有实践的教育环节，"讲得一事，即行一事；行得一事，即知一事，所谓真知矣。徒讲而不行，遇事终有眩惑"③。另一方面，必须要有生活实践的教育环节，才能达到其教育的目的，因为这种实践性知识本来就是以指导生活日用的活动为目的。

二、 知识的直觉性

由于中国传统知识的主体是主客合一的操作性知识，这种知识形态不

---

① 《庄子·养生主》。
② 《传习录·答顾东桥书》。
③ 《家藏集·与薛君采二首》。

强调区分主体与客体，以及如何分别探讨认知对象的独立本质和认知主体的观念形式，而是将主体与客体统一起来，探讨统一二者的实践活动。对于概念性知识来说，建构知识的逻辑规则是十分重要的问题；而对于实践性知识来说，行为的"度"才是最重要的问题。所以，在中国传统知识中，关于"中""度""宜"的思考和把握，一直是一个十分关注的重点。古代中国发达的辩证法，不是那种概念运动、逻辑演运的辩证法，而是一种如何在两极中把握实践活动的"中""度""宜"的辩证法。古代的兵书、医书、农书、天文书等均与实践联系十分密切，其中列有大量的关于"度""宜"思维的辩证法，如《孙子兵法》中在治乱、主客、众寡、强弱、分合、攻守、进退、奇正、虚实、动静的无穷变化中把握准确的军事行动，《黄帝内经》力图以阴阳辩证的思维方式以搜寻促使人的身体平衡的治疗技术等，均是对"度""宜"的思考。至于《周易》《老子》等经典中的辩证法，同样是从实践性知识中提升出来的，它们同样是从对立的两极中寻找行动合宜性的那种实践知识，如《老子》主张在荣辱、雄雌、强弱、废兴、夺与、祸福的两极中寻找其认为合宜的行为方式，包括"知其雄，守其雌""知其荣，守其辱""将欲弱之，必固强之；将欲废之，必固兴之；将欲夺之，必固与之"。这种对立的观点均不是概念性的知识理性，而是在社会生活实践中如何把握合宜行为方式的实践理性。

那么，如何对这种"中""度""宜"做把握呢？它显然与概念体系的贯通无关，而只能靠在生活实践中做一种直觉性的把握。孔子是中庸思想的重要阐发人，对中国传统中庸思想的奠基和发展起了十分重要的作用。但是，他从没有系统地阐述过"中庸"的理论知识，而是以自己在日用实践中的言行来表达什么是中庸，即"子温而厉，威而不猛"，或是以自己对中庸的体认来表达自己对中庸的把握，包括"乐而不淫，哀而不伤"[1] "师也过，商也不及"[2] 等。《中庸》一书似乎是对"中庸"做了许多深入的探讨和阐述，但是，这种探讨和阐述主要是涉及主体活动的程序，如以主体心理活动表达"中"："喜怒哀乐之未发谓之中"；以主体的实践的操作技艺

---

① 《论语·述而》。
② 《论语·八佾》。

来领悟"中"："执其两端，用其中于民"①。

由于"中"并不是指两个极端的中间，而是指两端之间的最适宜、最合理的位置，那么，究竟哪一点是"中""宜""度"呢？这主要依赖于主体在实践中的直觉把握。所以，古代思想家、教育家们从不对学生直接表述哪个位置、什么程度为"中""宜"，而总是将两个侧面或两个极端点出，要学生们自己在生活实践中体悟什么是"中"。孔子就是这样教诲学生的，他提出诸如"质胜文则野，文胜质则史，文质彬彬，然后君子"②"不得中行而与之，必也狂狷乎。狂者进取，狷者有所不为也"③，都是在日用常行的两极中寻求"中"与"度"。孔子自己概括说："有鄙夫问于我，空空如也。我叩其两端而竭焉。"④ 他以"叩其两端而竭"告诫学生们如何在实践中体悟"中道"。不仅道德实践是如此，其他实践活动均是如此。如《黄帝内经》强调人的生理应处在阴阳平衡的状态之中，而平衡的打破就会导致生病。但是，医师应如何把握病人的阴阳失衡呢？这同样依赖医师在治病实践中的个人体悟。"阴胜则阳病，阳胜则阴病。阳胜则热，阴胜则寒。"⑤要把握、调整这些阴阳失衡的状态，逻辑性的概念知识是无能为力的，而只能依赖于实践中悟性的把握和经验的积累，特别是依赖于医术操作进而对失衡加以控制和调整。

古代思想家、教育家们往往将"中""和"形而上化，《中庸》称"中也者，天下之大本也；和也者，天下之达道也"。那么，对"中"的体悟，也就是对"天下之大本""天下之达道"的体认。故而传统的直觉性方法，更是包含着对形而上之道的体认。

三、 知识的功利性

中国传统知识的建立，往往与人们在生产、生活实践中的实际问题与功利需求密切相关。实践是建构知识的原因和起点，衡量知识的价值又总

---

① 《论语·先进》。
② 《论语·雍也》。
③ 《论语·子路》。
④ 《论语·子罕》。
⑤ 《黄帝内经·素问·阴阳应象大论》。

以是否能解决这些实际问题、满足现实需求来加以衡量，而并不在于知识是否真实、客观地反映了外部世界的规律和本质。

这在中国古代科技知识中表现得十分明显。由于中国传统科技以解决实际问题、满足现实需要为目的，故而在纯知识的领域，即以定义、公理为基础的科学理论方面发展得不够，但是在应用技术方面则在古代是独步世界的。中国古代的应用性知识，包括农耕、水利、天文、医学、冶炼、制造等领域的技术知识十分发达。就是被古希腊人认为是研究抽象概念、不属于实用范围的数学，在中国知识传统中也是"从问题出发而不是从公理出发，以解决问题而不是以推理论证为主旨，这与西方之以欧几里得几何为代表的所谓演绎体系旨趣迥异，途径亦殊"[①]。如著名的《九章算术》中的数学知识即主要是围绕现实中需要解决的实际问题而提出的，包括农业生产、手工业制作、产品交换、赋税负担以及利息、关税、分配等生产、生活实践中的计算问题，《九章算术》就是为了解决其中的数学计算而编纂的。

不仅是科学技术知识，就是在人文社会知识领域内，功利主义也是建构知识的目的和衡量知识价值的标准。在中国古代，经学一直是传统知识谱系中的主流，是一切文化人必须系统学习的基本知识。但是儒家经典本来就是一般的历史文献，它们能够由一般的历史文献上升为经典，就是为了解决社会政治生活中的现实问题，它要承担统一意识形态、确立政治法典、形成社会规范等一系列社会政治功能。所以，和我们今天的有些理解完全不同，经学本身绝不是一门纯粹的学术，通经致用完全是经学的内在要求，尽管经学内部派别各异，各有不同的学术思想特色和成就，但是从最终目的而言，经世致用是经学的根本宗旨。另外，按现代的人文社会学科分类，中国古代也有政治、历史、伦理、宗教等不同学科的知识，这些知识领域也有重视现实问题解决、以社会功用为衡量标准的特点。如政治学说在中国古代知识系统中占据十分重要的地位，但是这些发达的政治学说主要是"治道"，而不是"政道"。"政道"是以政治原理、公理为出发点的政治学说，而"治道"则是以解决现实政治生活中的权力运用、政治

① 吴文俊：《关于研究数学在中国的历史与现状》，《自然辩证法通讯》1990 年第 4 期。

运作为目的的技能、手段，它们主要是以政治功能而不是政治原理来衡量的。历史知识发达亦是中国古代文化的一大特点，但在中国古代，历史也不是一种纯粹的知识学问，"资治"是中国历史知识发达的根本原因，社会功用成为历史学发展的原动力。

未来，知识的真理性与功用性是紧密联系的两大根本特性。由于知识能真实反映客观实在，是一种具有真理性的精神成果，故而能够指导人们的生产、生活实践活动，具有满足人的目的、需求的功用性。同时知识能帮助人们认识世界、利用世界、改造世界，使人们在生产实践、生活实践中达到自己的目的，其原因也在于知识能真实地反映客观实在，故有真理性根本特质。但是，知识的真理性、功利性毕竟是两种衡量知识的不同尺度。对它们二者的不同偏重，形成了中西方构造知识体系的不同旨趣结构，而中国传统的知识旨趣是功利型的。

与上述的中国知识传统旨趣的操作性、直觉性、功用性相比，西方知识旨趣鲜明地表现出思辨性、逻辑性及真理性的特征。我们可以在古希腊人那里找到这种知识旨趣的源头。古希腊的知识形态建立在主客相分的认知关系前提条件上，一方面强调对理论思维形式的反思，建构了一套脱离现实内容的纯思维形式；另一方面则强调知识是客观世界的认识和反映，将客观世界确立为独立于主体的认知对象。古希腊人相信宇宙世界可以归结为一种最高的存在和普遍的法则，他们称之为"存在""理念""逻各斯"，同时，世界万事万物各有其具体的本质和规律，知识就是运用概念去反映世界万物的本质和规律。古希腊的知识传统中有一种对知识、思想及思维方式等精神文化做反思的传统。奠定古希腊知识传统的那些著名哲人如苏格拉底、柏拉图、亚里士多德等人均对知识的逻辑形式做过深入的思考。他们在"对思想的思考"（thinking on thinking）方面具有十分浓厚的兴趣，并且在这种思想的反思活动中充分发展了形式逻辑。他们相信人们所认识的外部世界是有严谨秩序的，"逻各斯"就是外部世界的秩序、规律的总称。人们必须运用思维的、知识的逻辑形式，即概念、判断、推理的理性思维，才能认识把握那个外在的"逻各斯"。所以，古希腊人在思想反思的过程中建立了形式逻辑的法则，包括正确定义概念、科学推理的形式方面的规则。构成全部西方知识文化的基础的思维规律、逻辑形式，就是在这种对思想的思考中发展起来的成果，它们深刻地影响并决定了西方文化知识体系的建立，并且对西方的科学知识的建立和发展都起了奠基的作用。同时，古希腊的广义的知识阶层中盛行一种脱离社会功用而纯粹为了知识理性的完善而展开的辩证活动和学术交锋，探求知识似乎不是为了现实需要和功利追求，而是为了摆脱人类的愚昧和无知，寻求真理本身就是知识的目的。亚里士多德曾提出"古今来人们开始哲理探索，都应起于对自然万物的惊异。为了寻求真理，希腊人对为学问而学问有着比为现实功用而学问有着更高的评价"，他们认为"为这学问本身而探求的知识总是较之为其应用而探求的知识更近于智慧"。所以，尽管古希腊发达的知识文化给他们的物质生活、社会功用带来了无穷的益处，但是，古希腊的知识形态却鲜明地保留着这种以求真为根本取向的特色。

如上所述，中国传统知识旨趣具有不同于西方的显著特征，那就是强调操作性、直觉性、功利性，这和古希腊以来的西方知识传统，即强调知识的思辨性、逻辑性、真理性表现出明显的差异。这种知识旨趣的文化根源在哪里呢？

福柯的"知识考古学"就是探求知识的文化根源之学。他认为每个时期的文化都有自己的结构类型，它们决定和支配着知识总体的构成原则和基本信码。如果知识形态是人们理性地、有意识地建构起来的话，那么，支配这种知识的文化根源则往往是非理性的、无意识的。

中西知识形态的差异不是智力水平、认知能力的差异，而是一种知识旨趣的差异。本文希望借用"知识考古学"的方法对形成中国传统知识形态、知识旨趣的文化根源做一探讨。

在以文字为符号的知识形态产生之前的漫长时期，文化的主体是原始的巫术礼仪，那个时期的文化人被称为"术士"，所以，我们将这段时期的文化简称为"术文化"。术文化完全是一种行动实践化的文化，与后来概念文字化的知识文化相区别。远古时期，术文化在人们的生活中占据着十分重要的地位，它不仅涉及祭祀、卜筮、祈祷、治病等巫术性的宗教活动，而且还从中发展出包括生产、打猎、军事等各类社会活动的仪文礼节，"其主观目的是沟通天人，和会祖先，降福氏族；其客观则是凝聚氏族，保持秩序，巩固群体，维系生存"①。

其实，在世界各古文明中，都有一个巫术文化占主导地位的历史源头，以后才从这种原始的巫术文化演变发展为文明时期的宗教文化、科技文化、典籍文化。但是，中西文化在文明化过程中却走的不是一条途径。古希腊文化经过"哲学的突破"之后，其思想文化摆脱了原始巫术，科学与宗教脱离了巫术而获得独立的发展。这样，西方的知识传统具有了思辨性、逻辑性、求真性的特色。但是，古代中国的巫术文化则直接转化、演变成新的文化形态，这种文化形态既保存了巫术文化中操作性、功能性及主客互渗性的特点，又具有理性化、典籍化、体系化的特点，儒家的《周易》《仪礼》等经典就是这种典籍化巫术的文化结晶。

这种由"术"而转化过来的"学"，就必有不同于西方知识形态的传统和特色。中国的知识传统所具有的特色，与它源于术文化，同时又包容术文化有密切联系。譬如，巫术文化是一种身心一体的文化，注重程式化的活动，其思想概念都体现在规范化、操作化的活动过程之中，古代中国的知识形态也具有操作性的特点，"知行合一""理在事中"就表达了这种特点；巫术的活动过程是主客不分的，施行巫术者既是具有主动精神的祈求者，又作为"神灵"的对象性存在，而古代中国的知识形态也明显具有主客不分、天人互渗的倾向，认知对象从来不是某种脱离主体的对象性存在，即使朱熹确立了"天理"作为认知对象的客观法则，但他最后又承认"心与理一"，认知对象就在认知主体之中，格物时所认识的万物之理与体认心中之理结合起来，是同一个"天理"；巫术文化不是为了个体的精神超越，而是希望获得世俗的现实需要和物质利益，古代中国的知识形态也具有功利性取向，功利性成为衡量知识价值性的根本标准。

由于中西文化的历史渊源演化过程、基本结构不同，故而导致古代中国、古代希腊各自不同的知识形态。这两种各具文化渊源和显著特色的知识、知识旨趣分别代表着两种不同的知识传统。古代中国的知识传统体现出一种鲜明的实用精神，以这种实用知识传统为依据，古代中国人创造了自己独特的科学技艺、文学艺术、宗教信仰、伦理道德、社会政治及相关

---

① 李泽厚：《说巫史传统》，《己卯五说》，中国电影出版社 1999 年 12 月版，第 41 页。

的社会组织结构，使中华文明一直保持为世界最发达、最优秀、延续时间最长的古代文明之一。而古希腊的知识传统则体现出一种理性主义精神，要求一切知识均要建立在思辨化、形式化的逻辑思维的基础之上，古代西欧以这种思辨理性为依据而创造了自己的哲学、科学、宗教、道德以及相应的社会结构，西方文明同样是世界最发达的优秀古文明之一，从历史角度来看，应该说，中西方知识形态、理性传统各有千秋，并且形成了各自灿烂的古代文明。

在今天，我们应该如何看待中国传统的知识传统呢？

一方面，要充分认识到古代中国的知识传统的不足。我们要以更快速度推动现代科学技术的发展，促进市场经济的建设，建设一个高度组织化、效率化、法制化的社会组织和政治组织，就需要克服、弥补传统中国在知识理性方面的不足，学习、吸收西方的知识传统和理性传统。西方知识的理性主义精神，是我们发展现代科学技术、建立市场经济与契约社会所必须接受的。但是，另一方面，如果从人类文化生态学的视域来思考，又会发现中国的知识传统有其独特的价值和意义。西方后现代主义对西方的启蒙运动、理性主义的质疑、反思与批判，击中了遍及全球的现代化运动的深刻弊端，包括工具理性对人的宰制、科技手段对自然的掠夺、机械化社会组织的非人性化等，从而使人类的生存和发展遇到了严重的问题。本来，从人类文化生态的角度看，文化只是人类生存和发展的手段，是联结人类与自然共同构筑的一个和谐发展的文化生态系统。但是，西方的理性主义传统能够建立最大程度上激发、满足人类的消费欲望的商品经济，发展更有效地开发和掠夺自然的科学技术，建立更有效率但又更加机械化的社会组织，这种膨胀了的工具理性非但不能建立一个和谐的文化生态系统，反而激化了人与自然的矛盾。而中国传统的知识理性并不预设主客二分，而是将宇宙看作是人参赞化育的过程，这种实践型的知识形态，永远保持着人类参与宇宙过程的特点，以保持人类文化生态的和谐。所以，人类为了真正实现自己的生存和发展的目标，为了构造一个更适应人类生存和发展的文化生态，就需要重新认识、理解中国的知识传统。

（原载于《船山学刊》2003 年第 3 期）

回归经典，重建经学

对中国人而言，中华文明复兴是一种全民族的自觉追求。这种自觉离不开两点要求：一个是回归中华经典，另一个是重建中华经典学。

我们为什么要回归中华传统经典？

第一，中华传统经典是中华民族的人文理性、人文价值、人文信仰最集中的体现。人类在两千多年前轴心时期所创造的人文经典，那个历史时期留下的人文价值理念，包括怎么做人、怎么处理人和人的关系、怎么建构一个和谐合理的社会等一些涉及道德、审美、信仰等人文精神的内容，仍然是今天人们的思想源泉。然而，近百年来，我们不时中断这一源头活水，常常会对中华文化的人文经典采取很不适当的态度。今天，当我们富国强兵的梦想即将实现之时，却突然发现，我们的人文经典所承载的人文理性、人文价值是多么重要。今天很多岳麓书院的学生，包括很多企业家、公务员，他们乐于读经典。这种行为没有谁号召，完全是发自内心的。这种重新回到经典的冲动，实质上也是一种回归中华人文传统的精神渴求。

第二，中华文明的每一次重要发展，都跟重新回归经典有关系。比如，当隋唐时期佛教大盛，中华文明面临外来宗教的挑战，中国会不会成为一个佛教化的国家呢？许多儒家士大夫强调中华民族自身的文化传统，并且选择了春秋战国时代的儒家子学（《论语》《孟子》）和解释"五经"的传、记之学，把这些典籍重新确立为新的经典体系，即所谓的"四书"，从而为中国文化又一个高峰的近世文明奠定了人文价值、人文信仰的基础。

回归经典并不是目的，而是要重建中华经典学，或者说是重建"现代新经学"。

当代中国，我们需要通过回归经典来追求现代人所需求的人文价值、人文理性、人文信仰。但是，这并不是说把古代的经典搬过来重读就可以解决问题，而是需要一个重建中华经典学或现代新经学的过程。这个重建的过程，应该说是一个更加艰难的过程。

如何重建中华经典学或现代新经学？我认为应该包括三个方面。

第一，就是要重建新的经典体系。如果我们站在整个中华文明史发展的角度来看，历史上所谓的"经"实质上是在不断地变化的。比方说，孔子创立的所谓的"六经"体系，它的前身实际上是夏商周时期的先王们留下的档案、文献等历史典籍，而孔子希望在那样一个礼崩乐坏的历史时期，重建一个理想的社会秩序和文明形态，故而从历史传下来的典籍中间挑选、整理出一个"六经"体系。

第二，为了真正实现中华文明的复兴，我们应该从浩如烟海的文献典籍中，选出哪些典籍作为中华文明复兴的经典？今天假设我们要重新编一套当代中国人所需要的经典体系，很多人自然而然地想到"五经""四书"。其实如果我们要建立合乎当代中华文明复兴的经典体系的话，不应该局限于历史上的经典，而是要根据这个时代的需求而重建经典体系。

当代中国要重建新的经典体系，需要实现两个超越。一个是超越时代。也就是说我们重建新的经典体系，应该不再以"三代"圣王为标准，我们除了充分考虑轴心时代的先哲所创作的著作外，也可以延续到汉唐以后，只要是既能够体现中华民族文化内涵又具有普遍性、永恒性价值和意义的文献，都可以进入中华经典体系。另一个是超越学派。中国古代的经学，在经、史、子、集里面只有儒家的经典才是经学，其他各家各派的都不是经学，而是子学。如果我们建立中华民族现代新经典体系时，只要具有普遍意义和现代价值，均可以成为当代中华经典。从中华文明的历史建构和现代需要来看，儒家典籍仍然是中华新经典体系的主体。但与此同时，我们应该超越学派，从中华民族无限丰富的典籍里，为现代中国人构筑精神家园、为中华文明复兴、为人类文明的发展，来建立新的经典体系。

第三，我们选出新的经典体系来，还要根据时代的发展做出合乎我们现代人所需要的创造性诠释。我相信，中国经典的创造性诠释，其实就是我们当代学人、当代中国人和千古圣贤打破时空关系的一种心灵对话，我们要在这种对话中完成回归经典、重建经学的使命。这种对话对实现现代中华文明的建构，特别是对当代中国的人文价值、人文信仰、人文理性的建构有着非常重要的、关键性的意义。

（原载于《光明日报》2016 年 2 月 29 日）

道德与养生

——儒道生命伦理片论

儒家与道家道教的人生价值观是截然不同的。儒家推崇个体对社会的道德义务、责任，主张为了实现这种义务与责任，个人甚至应不惜牺牲最珍贵的生命。所以，在儒家的道德箴言中，充满着"舍生取义""饿死事小，失节事大"之类的劝诫。而道家道教则相反，他们总是将个体的生命看得高于一切，为了珍生、养生，个体甚至可以完全放弃自己对社会的道德责任与义务。从道家的珍生、养生，到道教的炼丹以求长生，均是将个体生命看得高于一切的人生价值观的体现。根据这两种价值观点，似乎可以看到儒家的道德义务与道家的珍生养生是两种对立的人生价值观，前者的目标是社会稳定，后者只是为了个体生存。

然而，这种对立只是体现在两家的根本宗旨上，一旦到了许多具体的思想主张及修养方法方面，二者并不是那么鲜明对立的。一个显而易见的事实：精神生活与生理自然、道德观念与生命存在并不是一种不相关联、彼此排斥的两极，相反，它们是一个相互制约、相互影响的整体。具体而言，健康的生理机能、长久的生命存在，必须依赖于和谐的精神生活、道德观念；同样，和谐的精神生活、道德观念有益于身体的健康、生命的长久。因此，儒家与道教在涉及精神生活与生理自然、道德观念与生命存在的关系问题上，其观点常常惊人的一致。

首先，我们来看看道教在关于珍生、养生以求长生的追求中，是如何重视精神生活、道德观念的。

道教的根本教义就是肉体成仙，长生不老。这种观念的思想来源之一，就是道家的养生、长生思想，老子《道德经》中有"故能长生""长生久视之道"。而《庄子》一书中，经常有长生不死、自由逍遥的神仙家出现，那些神仙"不食五谷，吸风饮露，乘云气，御飞龙而游乎四海之外"①，庄子认为，"无劳汝形，无摇汝精，乃可以长生"②。战国、秦汉时期非常流行的神仙传说与方士方术，亦是道教的重要来源。那些方士、神仙家声称有长生不老之药，吃了之后能够长生不死、神通广大。《韩非子·外储说左上》中提到"客有教燕王为不死之道者"。再加上中国古代医学中养生健身之道，包括导引术、辟谷法、服气法、房中术等，就形成了道教中既有思想理论又有实践方法的长生不死、成神成仙的宗教教义。

在如何实现养生、长生的方法方面，道教所注重的，首先在"炼形"，即人的自然生理方面，具体是指通过药物、呼吸、导引等方术以实现养生、长生。晋代著名道士葛洪对这一系列"炼形术"很有研究，他讨论了服药的方术，接着说："服药虽为长生之本，若能兼行气者，其益甚速，若不能得药，但行气而尽其理者，亦得数百岁。然又宜知房中之术，所以尔者，不知阴阳之术，屡为劳损，则行气难得力也。夫人在气中，气在人中，自天地至于万物，无不须气以生者也。善行气者，内以养身，外以却恶，然百姓日用而不知焉。"③ 无论是服药，还是行气、房中，均是从人的生理上下功夫，以达到强身健体、养形养生、长生不死的目的。这种养生法，是着眼于"人在气中，气在人中"的人的生理和谐，即如人们所评价的"为道者，盖流出于仙法，故以炼形为上"④。这种以"炼形"为特征的方术，完全是通过医学、药物学、体育的途径，以增强人的体质，延长人的寿命。

道教不仅主张"炼形"，也重视"养心"，因为，他们懂得精神生活与生理身体有着不可分割的内在联系，身体是否健康、生命是否长久，均受到人的精神状况的深刻影响。所以，道教又把"养心"作为追求长生、修炼神仙的重要道术。唐代著名道士司马承祯说："神仙之道以长生为本，长生之要以养气为根。夫气受之于天地，和之于阴阳。阴阳神灵谓之心主。"⑤他认为"养气"是追求神仙之道的根本，但他也肯定，作为精神力量的"心"是"阴阳神灵"，能使人的阴阳之气达到一种和谐的状态。那么，在

---

① 《逍遥游》。
② 《庄子·在宥》。
③ 《抱朴子·至理》。
④ 《弘明集》卷十三。
⑤ 《天隐子·序》。

修炼神仙的活动中，能"养心"者即能实现"养气"。所以，道教中不少人士注重"养心""炼神"，即通过对精神的修养而达到健身益生、长寿成仙的目的。他们在这方面积累了丰富的经验。唐代道士吴筠提出："性全则形全，形全则气全，气全则神全，神全则道全。"① 为了实现"性全"，他主张通过"守静去躁"以养心，只要心养性全，即可形全而长生。他所著的《心目论》一文中清晰地论述了精神生活对身体生命的作用，他说，"人之所生者神，所托者形"，那么，"静则神生而形和，躁则神劳而形毙"。这都表明，人的主观精神状况，对自己的身体状况及生命存在，有着不可忽视的作用。

以上主要是从人的精神状况即应该是无躁、无累、无滞，以实现神全心养，最终达到炼形、长生的目的。更为重要的是，道教还注意到道德精神在养生中的作用，他们声称行善积德的道德行为可以促进长生成仙，《太平经》称："精华润泽，气力康强，是行善所致，恶白衰落，亦何所疑。"② 葛洪亦提出："欲求仙者，要当以忠孝和顺仁信为本。若德行不修，而但务方术，皆不得长生也。"③ 甚至在民间还流行这样一类道德俗语："为子而孝，孝即金丹；为臣而忠，忠即金丹；兄弟友，夫妇和，长幼序，朋友信，皆金丹也。""金丹"是道教中使人长生的药物，将忠孝等伦理道德规范都视为金丹，正是为了说明它们具有使人长生的功能。孙思邈说："德行不克，纵服玉液金丹，未能延寿。"④ 但是，道德为什么能够作为养生、长生、成仙的手段呢？除了宗教的因果报应的解释，诸如《太上感应篇》所说："（积善）人皆敬之，天道佑之，福禄随之，众邪远之，神灵卫之，所作必成，神仙可冀。"另外，从修身养性、求道成仙的本身，道教亦有两方面的解释。一种是消极方面的解释，道德能够克服、消除许多不良的欲求、心态、习性，而消除这些不良的欲求、心态、习性，本身即有利于健身养生。葛洪曾提出："且夫善养生者，先除六害，然后可以延驻于百年，何者是邪？一曰：薄名利。二曰：禁声色。三曰：廉货财。四曰：损滋味。五曰：

①《玄纲论》上篇。
②《太平经合校》卷一百一十四。
③《抱朴子·对俗篇》。
④《备急千金要方·食治》。

除佞妄。六曰：去沮嫉。六者不除，修养之道徒设耳。"① 这里所列的薄名利、禁声色等"六害"，亦是道德首先要禁抑的，他要求通过"崇教""仁明"等道德手段以淳化风俗、修养品德。但是作为一个道士，他的最终目的是要能够克服这些不良欲求、习性，实现健身养生、长生成仙的目的。这样，道教就得以将道德与养生结合起来了。另一种是积极方面的解释。道德价值的实现、道德行为的完成，均可以给人带来一种崇高的精神境界、恬适的心理状态、乐观的生活态度，这些都有益于人的身心健康，亦能达到健身养生目的。这一点，道士葛洪亦有论述，他说："心内澄则其神守其位。气内定则邪物去其身，行欺诈则神悲，行争竞则神沮。轻侮于人当减算，杀害于物必伤年。行一善则魂神乐，构一恶则魄神叹。常以宽泰自居，恬淡自守，则身形安静，灾害不干，生录必书其名，死籍必削其咎，养生之理，尽于此矣。"② 人们可以发现，那些经常做坏事、恶事者会有一种内心深处的不安、沮丧，如果一个人经常处于这种不良的精神状态、心理境况，是不利于健康长寿的。相反，那些经常行善事、做好事者则会拥有内心深处的宽泰、恬适、满足，这是一种十分有益于健康长寿的精神状态、心理境况，正因为如此，许多古代的养生家总是强调养生必须和道德结合起来。唐代道士施肩吾即提出："善养寿者，以法修其内，以理验其外。修内则秘精修气，安魂清神。形神俱妙，与天地齐年。炼神合道，超凡入圣也。验外则救贫济苦，慈物利人，孝于家，忠于国，顺于上，悯于下，害不就利，忙不求闲。……苟不达养寿之宜，安得内外齐成乎？"③ 他认为，救贫济苦、慈物利人、孝家忠国等道德品质、道德行为是检验一个人是否"达养寿之宜"的外在标志，任何一个"善养寿者"，都会具有救贫济苦、慈物利人的善良品质与道德行为。

其次，我们再来讨论儒家在追求其伦理价值的同时，又是如何重视珍生、养生，从而将道德与养生结合起来的。

本来，儒家伦理的宗旨就是要每一个人努力成就自己的道德人格，发扬自己的道德能动性，从而实现一个君仁臣忠、父慈子孝的道德化社会。

---

① 《抱朴子·养生论》。
② 《抱朴子·养生论》。
③ 《西山群仙会真记·养寿》。

在儒家的道德理想中，道德并非一种外在的行为规范、社会义务，而是与个体内在的精神世界、心理功能不可分割地联系在一起的。正因为如此，孔子将自己的道德教育归结为一种"为己之学"，那种最高的、最完善的道德境界，是一种将社会道德与个体存在、外在行为规范与内在心理欲求紧密交融的状态。孔子自称"七十而从心所欲，不逾矩"，说的就是这种状况。由于个体养生所要借助的那种超然的精神境界、恬和的心理状态、乐观的生活态度，恰恰又是儒家道德思想境界所追求的，所以，儒学虽不以养生长生为目的，但是当它倡导修养心性时，亦包括了养生学的内容。这一点，明代大儒王阳明高弟王畿曾说："不求养生，而所养在其中，是之谓至德。"① 正是概括了儒家伦理这一方面的特点。

儒家伦理能够实现养生的目的，也可以从两个方面来加以考察。第一，儒家伦理要求抑制个人种种贪婪的欲望、偏执的情绪，纠正那些错误的概念、不良的习性，将人的感情欲望纳入礼义允许的范围，即要求个体保持一种被称为"中和"的精神、心理状况，这种精神的、心理的乃至生理的状态，恰恰具有养生修性、延年益寿的功能。战国儒家荀子在论述修身时说："治气、养心之术：血气刚强，则柔之以调和，知虑渐深，则一之以易良；勇毅猛戾，则辅之以道顺；齐给便利，则节之以动止；狭隘偏小，则廓之以广大；卑湿重迟贪利，则抗之以高志。庸众驽散，则劫之以师友；怠慢僄弃，则照之以祸灾；愚款端悫，则合之以礼乐，通之以思索。凡治气、养心之术，莫径由礼，莫要得师，莫神一好。"② 道德修身的目的，就是要用儒家的义理、礼仪去规范、约束人的各种有偏向的情感、欲望、心性、观念，这就是儒家所谓的治气、养心之术。由于道德修身能使人们克服种种习性的偏执、情绪的骚扰、心胸的狭隘等毛病，因此这种修身就具有双重功能：一方面，它能够完成社会道德的调节功能，促使人们自觉服从道德规范的约束，而免受那些不良的习性、贪婪的欲望、偏执的情绪的影响；另一方面，它又能够完成个体身心和谐的调节功能，促使人们的习性中正而不偏，心胸广大而开阔，进而保持一种健康的精神状态、心理状

---

① 《东游会语》，《龙溪王先生全集》卷四。
② 《荀子·修身》。

态，这一切都显然有利于人的健身养性、延年益寿。

其次，从积极的一面说，儒家伦理从来就是将塑造最高的理想人格作为道德修养的目标，这种人格能够通过"忘我""与道为一"而实现"天人合一"的精神境界。这是一种具有超脱世俗，并能获得高度愉悦的精神境界，实现这种道德人格、达到这种精神境界的人能够对人生、对世事持一种非常乐观的态度，这正如许多儒家学者所说："上达则乐天，乐天则不怨；下学则治己，治己则无尤。"① "'仁者不忧'，乐天者也。"② "涵养着乐处，养心便到清明高远。"③ 这是一种无忧无怨而充满快乐的心理状态、精神状态，一个人一旦达到了这个境界，就会对现世的富贵贫贱、功利得失保持一种超然的态度，人的精神、心理不会再受外物所累，而达到一种高度自由的状态。这正如明代儒家学者陈献章所说："士从事于学，功深力到，华落实存，乃浩然自得，则不知天地之为大，死生之为变，而况于富贵贫贱、功利得丧、屈信予夺之间哉?"④ "自得者，不累于外，不累于耳目，不累于一切，鸢飞鱼跃在我，知此者谓之善，不知此者虽学无益也。"⑤ 一个人如果能够使自我处于"与道为一"的崇高感和"浩然自得"的圆满自足之中，那么他就能够在精神上保持对生死常变、富贵贫贱、功利得失的超然态度，而这种超脱的精神境界、心理状态正是养生家们所着意追求的，因为那种执着于富贵贫贱、功利得失的人总会处于一种不能满足、难以平衡的心理状态和精神状态之中，相反，那种忘我的"与道为一"、高度满足的"浩然自得"，必然会带给人一种健康的心理状态和蓬勃的精神追求。这一点，诚如一些学者所说："能病病者，病奚从生? 以不能病病，我故病焉。然病之大者，莫若生心，心生则靡所不至矣，岂惟病哉! 故曰：眼病乎色，耳病乎声，心病乎我。惟忘我者，病无所病，可以药天下之病。"⑥ 那种纵情于声色、执着于自我者，必然会破坏生理的平衡、心理的健康，是产生病情的重要原因。与之相反，一个人如果能够处于一种"忘

①《张载集·正蒙》。
②《河南程氏遗书》卷十一。
③《河南程氏遗书》卷六。
④《陈献章集·李文溪文集序》。
⑤《陈献章集》。
⑥《紫柏老人集》卷九，《长松茹退》。

我"的精神境界、"自得"的精神满足，则可以预防、医治许多精神的、心理的及生理的疾病，最终达到养生、长寿目的。

由上可见，尽管儒道两家的宗旨不同，儒家所崇奉的是以仁义为核心的道德，道教向往的是肉体的长生成仙，但是，他们在精神与生命、道德与生理的关系上，却又有着非常契合的一致。产生这一结果的客观原因在于：人的身体生理与精神道德本就有着深刻的内在联系。所以，追求养生长生的道教亦须把遵循道德规范、崇尚道德价值包括在自己的范围之内，同样，追求仁义道德的儒家又会拥有养生健身的思想内容。

然而，由于儒道所崇尚的基本价值不同，即使他们同样注重修身养生，却仍然体现出一些重要区别。首先，他们所追求的目标不同，儒家注重修身养性，主张节制情欲、摒弃杂念，追求一种超然而高远的精神境界及淡远而平和的心理状态，主要是要培养一种能自觉实现儒家伦理价值的道德人格、圣贤气象，至于在这种目标追求时所能具有的养生效果，则是其次的。明代心学大师王守仁在讨论良知与精气神的关系时，反复强调良知的主宰、统帅地位，他说："夫良知一也，以其妙用而言谓之神，以其流行而言谓之气，以其凝聚而言谓之精，安可以形象方所求哉?"[①]，所谓"精气神"，原为道教养生学说的基础、养生工夫的出发点，道教相信养生的实现，依赖于所谓的炼精、养气、存神等过程，儒学大师王守仁则强调具有养生功能的精、气、神均需受制于作为道德主体精神的"良知"，从而使得炼精、养气、存神等修养工夫被纳入"致良知"的道德目标的实现。这样，一方面，可以保证"良知"的绝对主宰和价值优先的地位，在"良知即是天理"的原则下，确立仁义礼智的道德规范与伦常秩序；另一方面，又可以通过养心存神的心性修养工夫，兼而完成个体的养生功能。王守仁的大弟子王畿也说："圣学存乎真息，良知便是真息灵机。知得致良知则真息自调，性命自复，原非两事。若以调息为事，未免着在气上理会，与圣学戒慎不睹恐惧不闻致中和工夫终隔一层。"[②] 在王畿的学说中，"真息"是修养身心的核心，被称为"性命合一之宗也"，他相信，"一切药物，老嫩浮沉，

---

①《答陆原静书》，《阳明全书》卷二。
②《留都会记》，《龙溪王先生全集》卷四。

火候文武进退，皆于真息中求之"①，可见，"真息"是养性养命的根本。但是，王畿则将"致良知"作为"真息"的根本，认为只要努力发挥道德主体精神即"致良知"，就可以"真息自调，性命自复"。由此可见，尽管儒家学者也讲调息养生，但始终是将道德良知作为精神主宰和首要价值。儒家学者这种对待养生的态度不同于道教，道教是以养生、长生为根本目的，即所谓"神仙之道以长生为本"。当然他们也倡导积德行善、忠孝仁爱，但也只是将其作为长生、养生的途径和手段。可见，尽管儒、道两家均赞成道德与养生的结合，但他们的主要目标不同。儒家以道德价值为主要目标，只是在追求"良知""至善"时，顺带把养生包括在其中。道教以长生成仙为主要价值取向，为了实现养生、长生的目的，才将积德行善的道德要求包括在内，这是儒道的原则区别。

其次，儒家和道教对养生的方法手段也有不同偏重。中国古代的养生方法主要是两个方面：一是致力于人的生理自然方面的修养调节，即注重"气"的工夫，其具体手段无非是炼气、调息、药物、房中术、导引之类；二是致力于人的精神心灵等方面的修养调节，即注重"神"的工夫，其具体手段包括养性存神、道德修养等。道教作为一种以养生、长生为根本教义的宗教，其方法手段有偏重于生理自然的一面，也就是注重"气"的工夫。所以，道教发展出了一套系统、完整的从人的生理自然实现长生、养生的方术，如神秘复杂的炼丹术、强身健体的吐纳导引术、讲究颇多的房中术等。当然他们也注重精神心灵方面的修养调节，后来道教还发展出了一套"养心长生法"或"精神炼形法"，肯定精神因素对养生、长生的重要作用。但是，道教作为一种追求肉体长生的宗教，总是将炼形、养气、药物、导引之类的工夫作为其长生的基点，许多养生的方术往往为道教所特有，成为道教的象征。这和儒家主要侧重于精神性的心性修养是大不相同的。儒家是以社会道德而不是个体生命为最高价值，所以，儒家学者对专事养气、炼形之类十分反感，对许多道教所特有的方术十分蔑视，尤其是炼丹术、房中术，更成为儒家士大夫激烈抨击的对象。儒家学者十分重视道德人格的心性修养，即注重"养神"的工夫。当然，对于一些有益于道

---

①《东游会语》。

德心性修养的养气调息之类的"养气"的工夫，他们也重视并付诸实践。但是，他们总是将体现道德精神的"养神"工夫置于首位。明儒王畿受佛道影响，既讲炼神养心，又讲炼气调息，但他严格区分儒、道在这方面的区别，他说："盖吾儒致知以神为主，养生家以气为主，戒慎恐惧是存神功夫，神住则气自住，当下还虚，便是无为。作用以气为主。从气机动处理会，气结神凝，神气含育，终是有作之法。"① 道家、道教是"以气为主"而实现养生、长生的目的，因而主要着眼于以"气"为实体存在的身体生理，以"气"为基础而实现"存神"的功效；而儒家的修身方法不同，是"以神为主"而进行心性修养，主张通过"存神"的道德精神工夫来控制"气"，在"存神"的基础上实现"炼气"。所以，尽管儒家、道家均有"性命合一""性命双修"的说法，但儒家更重视"以神为主"的修性功夫，而道教则更重视"以气为主"的修命功夫，这就是他们对修身功夫的不同侧重。

（原载于《中国医学伦理学》1994 年第 1 期）

---

① 《三山丽泽录》，《龙溪王先生全集》卷一。

和谐文化建设的传统资源

　　社会主义和谐社会建设是一个巨大的社会系统工程，而社会主义和谐文化建设则是这个社会系统工程中必不可少的重要条件，因为和谐文化能够为和谐社会提供意义系统、奋斗目标、精神支撑、发展手段等。但是，和谐文化应该如何建设？这绝不仅仅是靠理论论述所能够解决的，因为文化建设是一个民族国家共同体在特定的条件下以其固有的文化传统为基础而进行的文化传承、变革与创新的历史活动过程。无论如何，文化传统是文化建设的历史条件、基本要素，能够决定或制约文化建设的方向、目标、进程，并对新文化的形成和特质产生巨大的影响。尤其是对于中国而言，优秀传统文化对于社会主义和谐文化建设有着更加重要的作用：一方面，在世界文化体系中，独有中国文化是延续五千多年而没有中断的文化，体现了中华文化的源远流长与强大生命力；另一方面，更加重要的是，中国传统文化的核心价值就是"和""和谐""和合"。因此，我们说中国传统文化为社会主义和谐文化建设提供了丰富而厚重的历史文化资源，甚至可以说我们今天建设的和谐文化其实就是中国传统和谐文化发展的现代形态。

　　中国传统文化的理念和核心价值是和谐。我们可以将其简要地概括为三个层次：其一，是宇宙的和谐。由于宇宙中只有人是主体性的存在，故而宇宙和谐的关键在于天与人的和谐。中国传统文化的重要观念"天人合一"，就是指人与自然世界的关系不是对立的，而应该是一种和谐一体的融通关系。其二，是社会的和谐。中国传统社会是一个有着明显等级差异的社会，中国传统文化则强调不同社会身份者的和谐相处，故而传统文化总是将如何实现社会和谐作为重要的价值观念和人文理想。儒家经典将建立和谐社会的途径、方法归结为仁爱，具体是指孔子的忠恕之道，而其理想的目标、状态则是达到"父子有亲，君臣有义，夫妇有别，长幼有序，朋友有信"。其三，是心灵的和谐。人的心灵是包括心理、情感、观念、思想、信仰等在内的精神世界的总和，在人的心灵世界中，不仅存在着情感与理性、知识与信仰的矛盾，而且各种心理、情感、思想、观念的因素内部也往往存在着冲突。而中国传统文化总是将平和心理冲突、追求心灵和谐作为个体的价值目标，无论是"养心""正心"，还是"心斋""坐忘"，其目标均是追求一种心灵和谐的境界。

中国传统文化的核心价值体现在上述的宇宙和谐、社会和谐、心灵和谐三个方面，它们构成建设社会主义和谐文化的思想文化源泉。但是，我们还可以做进一步探讨和深一层思考，考察中国传统和谐文化中"心灵—社会—宇宙"的内在联系，这应该是传统和谐文化中很有价值的地方。

首先，关于心灵和谐与社会和谐的互动关系。儒学一直十分重视这一点。本来，心灵和谐所涉及的是个体的精神世界，而社会和谐所关注的是人与人之间的社会关系。但是，儒家学说则强调这两者之间的联系、沟通和互动。一方面，儒家十分强调人的心灵和谐，他们既充分肯定个体情感欲望存在的合理性，又反对放纵一己的情感欲望，故而总是强调情感与理性、欲望与道德之间的"中和"，他们倡导的关于人的喜怒哀乐要能发而皆中节，其实就是指个体的心灵和谐。儒家常常将这种心灵和谐的状态称为"乐"，认为这是一种因情与理的中节而达到的一种平和、安宁、充实、喜悦的精神境界，这正是儒家常常津津乐道的"孔颜乐处"。这种心灵和谐的乐不仅仅是一种"乐己"，同时更直接是一种"乐人"。因为这种"乐"是建立在情感欲望合乎社会伦理要求的基础之上的，此"理"所表达的正是社会和谐的道德要求。另一方面，儒家强调推己及人，即通过"己欲立而立人，己欲达而达人"的所为，从一己之乐推广到众人之乐。这样，就可以从个体的心灵和谐通向群体的社会和谐，即实现孔子所说的"修己以安人""修己以安百姓"。当然，一个能够实现人与人之间和谐相处的社会群体，同样能够促使每个社会成员的心灵和谐，因为儒家理想的社会不仅仅是一个人人能和谐相处的社会，同时也是一个能使人人具有和谐心灵的社会。

其次，心灵和谐与宇宙和谐的互动关系。中国传统文化对这个问题也有深入的思考，尤其是先秦道家。道家认为，在没有人为干预的情况下，宇宙自然本来是十分和谐的。但是，人们为了满足自己的欲望而对自然宇宙的种种干预，破坏了宇宙自然的和谐，所以，道家所推崇的"道"，是强调回归到没有人为干扰的和谐自然状态，即所谓"道之尊，德之贵，夫莫之命而常自然"。道家还认为，人的贪欲也破坏了自己心灵的和谐，故而主张仿效无为的自然，即所谓"人法地，地法天，天法道，道法自然"，才能建设和谐的心灵。可见，在先秦道家那里，人的心灵和谐与宇宙和谐之间有一种很强的互动关系，宇宙自然本来是十分和谐的，而宇宙自然和谐决定着人的心灵和谐；同样，人要保持自己的心灵和谐就必须效法宇宙自然的和谐，不做任何违背天道自然的事情。道家提供的许多修养方法就是教人们如何实现"我与万物合而为一"的天人和谐。道家也将这种境界称为"乐"，但谓"天乐"。道家认为，人"与天和者，谓之天乐"①。显然，"天乐"所达到的正是"心灵—宇宙"和谐统一的精神境界。

上述儒家关于心灵和谐与社会和谐的互动是"人和"，道家心灵和谐与天道和谐的互动是"天和"。但是，只有实现心灵和谐、社会和谐、宇宙和谐三者的统一，才能最终达到"天人和"的境界。在唐宋以后中国思想文化综合创新的大背景下，出现了儒、释、道诸家努力追求"心灵—社会—宇宙"普遍和谐的趋势，其中尤以占东亚文明主导地位的宋明儒家因成功综合中国传统思想文化，在追求"天人和"的境界上达到最为圆融的境地。宋明儒家一方面继承了原始儒学注重心灵和谐与社会和谐互动的思想传统，努力通过建构和谐心灵以建立和谐社会，同时又希望通过和谐社会的建立去实现和谐心灵。另一方面，宋明儒家将"和谐心灵—和谐社会"的互动关系纳入"和谐心灵—和谐宇宙"的更大体系之中，从而建立了一个以儒家人文价值为本位的"天人和"的宇宙论体系。在这个新的思想体系与价值体系之中，"心灵—社会—宇宙"三极成为一个十分和谐的整体。

这里再以宋明儒家的"仁者"人格与"乐"的境界两个方面来做进一步考察。宋明儒家既推崇"仁者"的人格，又追求孔颜之乐的境界，这种仁者人格和孔颜之乐其实就是一种能够超越个人的得失穷达、平衡内心的喜怒爱恶，从而达到一种安宁、平静、充实、和悦的和谐状态。仁者的心

---

① 《庄子·天道》。

灵和谐必然会走向社会和谐，因为一切仁者都必然具有"感通"之心，即由一己的喜怒哀乐而感通到他人的喜怒哀乐，由一己的父母兄弟而感通到他人的父母兄弟，最终实现孔子的"博施济众"与孟子的"仁民爱物"。宋明儒家更进一步强调必须由这种"心灵—社会"的和谐走向"心灵—宇宙"的和谐，他们认为仁者不仅能与人类社群感通，而且还能够与天地万物感通。他们提出"民吾同胞，物吾与也"（张载）、"仁者以天地万物为一体，莫非己也"（程颢）、"大人者，以天地万物为一体者也，其视天下犹一家，中国犹一人焉"（王阳明）。达到这种人生境界的人，不仅能与他人和谐相处，而且能够和大自然和谐相处。朱熹在解释孟子的"仁民爱物"时说："物谓禽兽草木，爱谓取之有时，用之有节"①。可见，在宋儒眼中的"仁者""大人"，就是一种在"心灵—社会—宇宙"的关系上均实现一体和谐的人。宋儒的"仁者"不仅能够博施于民而能济众，从而对人民产生普遍的仁爱之心；而且能够仁民而爱物，将仁爱之心扩充到禽兽草木、天地万物。这种对自然万物的"取之有时，用之有节"的精神，表达了人类与自然和谐相处的价值目标。

（原载于《光明日报》2006 年 7 月 24 日）

①《孟子集注》卷十四。